体育产业发展清华丛书
营│销│系│列

CASES OF
SPORTS
MARKETING
INNOVATION
IN CHINA
II

中国体育营销创新案例 II

史丹丹　谌莉 ◎ 编

清华大学出版社
北京

内 容 简 介

本书精心选取近 3 年来清华大学体育营销案例分析大赛的优秀案例及获奖的参赛报告，紧紧围绕体育产业中的前沿和热点问题编撰而成。内容涵盖范围广泛，涉及体育赛事、体育俱乐部、体育场馆、体育公园、体育旅游、体育展会、体育线上服务平台、体育赞助等不同体育领域的营销问题。每个案例均由案例、案例分析报告节选以及案例点评三部分组成，案例内容丰富，案例分析创意与可操作性兼具，案例点评理论与实践结合。

本书可作为体育营销相关从业人员的参考用书，也可作为各类体育营销专业的案例教材。

本书封面贴有清华大学出版社防伪标签，无标签者不得销售。
版权所有，侵权必究。举报：010-62782989，beiqinquan@tup.tsinghua.edu.cn。

图书在版编目(CIP)数据

中国体育营销创新案例.Ⅱ/史丹丹，谌莉编.—北京：清华大学出版社，2021.9
（体育产业发展清华丛书.营销系列）
ISBN 978-7-302-58683-8

Ⅰ.①中⋯ Ⅱ.①史⋯ ②谌⋯ Ⅲ.①体育-市场营销-案例-中国 Ⅳ.①G80-05

中国版本图书馆 CIP 数据核字(2021)第 142611 号

责任编辑：张 伟
封面设计：李召霞
责任校对：王荣静
责任印制：宋 林

出版发行：清华大学出版社
    网 址：http://www.tup.com.cn, http://www.wqbook.com
    地 址：北京清华大学学研大厦 A 座 邮 编：100084
    社 总 机：010-62770175 邮 购：010-62786544
    投稿与读者服务：010-62776969, c-service@tup.tsinghua.edu.cn
    质量反馈：010-62772015, zhiliang@tup.tsinghua.edu.cn
印 装 者：三河市国英印务有限公司
经 销：全国新华书店
开 本：170mm×240mm 印 张：26.25 字 数：351 千字
版 次：2021 年 9 月第 1 版 印 次：2021 年 9 月第 1 次印刷
定 价：99.00 元

产品编号：093582-01

体育产业发展清华丛书编委会

编委会主任

杨　斌

编委会成员（以姓氏拼音为序）

白重恩　鲍明晓　胡　凯　李　宁
史丹丹　王雪莉　杨　扬　赵晓春

丛书序

开卷开步开创,发展体育产业

半年前,得赖于一批忠诚母校、热心体育的校友的支持,以及英迈传媒的带头出力,清华大学体育产业发展研究中心成立,希望能够充分发挥清华大学学科齐全、人才密集、体育传统深厚的优势,创造性地开展研究,发挥体育产业一流思想与行动平台的作用,为落实国家体育产业发展战略、推动体育产业升级及企业发展提供智力支持。中心筹建之初,就发现虽然国家把体育产业作为绿色产业、朝阳产业加以培育和扶持,政府官员、专家学者和实践者也已经达成共识,认为体育产业将会成为推动中国经济转型升级的重要力量,但遗憾的是,毕竟中国的体育产业尚在起步期,呈现价值洼地、人才洼地和研究洼地的现状。因此,中心决定与清华大学出版社合作,策划出版"体育产业发展清华丛书",组织专家团队选书、荐书。在出版社的大力支持和密切配合下,令人高兴的是,中心成立半年之后,丛书首批已与读者见面。

"体育产业发展清华丛书"计划分批、分层次地出版体育产业相关的书籍,既包括引进版权的国际经典著作,也包括国内学者原创的对于体育产业发展和体育管理方面的真知灼见；既有对于具体运动项目的精准聚焦研究，也有结合某一体育管理领域的深度剖析探查。我们相信，只要开始第一步，踏实耕耘，探索创新，日积月累，坚持下去，这套丛书无论是对促进体育产业的研究，还是对指导体育产业发展的实践，都是有价值的。

清华大学的体育传统非常悠久。马约翰先生曾经说过："体育可以带给人勇气、坚持、自信心、进取心和决心，培养人的社会品质——公正、忠实、自由。"在庆祝马约翰先生服务清华五十年的大会上，蒋南翔校长特别号召清华学生"把身体锻炼好，以便向马约翰先生看齐，同马约翰先生竞争，争取至少为祖国健康地工作五十年"。2008年，时任清华大学党委书记的陈希同志说过："五十年对一个人来讲，跨越了青年、中年和老年，为祖国健康地工作五十年，就是要在人生热情最高涨、精力最充沛、经验最丰富的各个阶段为党和人民的事业作出贡献。"中心成立这半年来，国家先后发布《全民健身计划（2016—2020年）》和《"健康中国2030"规划纲要》，国民强身健体、共建健康中国，成为国家战略。"为祖国健康工作五十年"这种清华体育精神在当下绝非赶时髦，而是清华体育传统的强化与传承。

清华体育，在精神层面也格外强调sportsmanship（运动家道德）的传统，这里回顾一下老清华时期的概括：承认对手方是我的敌手，不在他面前气馁也不小视他；尽所能尽的力量去干；绝对尊重裁判人的决定，更要求学生"运动比赛时具有同曹互助之精神并能公正自持不求侥幸"。据我所知，许多企业的核心价值观中亦有sportsmanship的表达，甚至直接就用这一词语作为组织成员的行为规范（如韩国SK集团）。当我在"体育产业发展清华丛书"中看到描述体育产业中的历史追溯、颠覆创新、变革历程以及行业规范时，这个词再次浮现在眼前，这其实既是商业的基本规则和伦理，也是产业成长的核心动力和引擎。

体育产业发展，需要拼搏精神，需要脚踏实地，来不得投机，也无捷径可走。因此，中国的体育产业发展，就更需要所有利益相关者多些培育心态，方能形成健康的生态共同体。同时，体育产业发展，需要尊重规则和规律，无论是运动项目的发展规律，还是商业活动的规则、规范；无论是与资本握手的契约精神，还是商业模式中利益相关者准确定位的角色意识。我很希望"体育产业发展清华丛书"能借他山之石对中国体育产业发展的路径和模式有所启发，能用严谨、规范的研究和最佳的实践案例对中国体育产业与体育管理的具体问题有所探究。

每一步，都算数！无体育，不清华！

杨　斌

清华大学经济管理学院教授、领导力研究中心主任

2016年12月

前言

近些年,随着党中央、国务院的高度重视,促进体育产业发展的相关文件不断出台,加上日益增长的居民体育消费,推动着我国体育产业快速发展,彰显出体育市场的巨大潜力。虽然2020年受新冠疫情的影响,体育产业遭受重创,我们经历了奥运会延期、联赛采用无观众比赛、重大赛事取消(如中网)、线下健身俱乐部停业等,但一些新的业态也应运而生。体育产业的形态发生了深刻改变,但我国体育产业高质量发展的趋势并未改变。在疫情防控常态化下,国家体育消费试点城市的体育消费券有效拉动了体育产业的快速复苏。人们健身和健康意识不断增强,青少年体育和学校体育得到更多重视,数字化和虚拟技术在体育领域中应用增加,推动了体育消费市场的提质扩容。东京夏奥会(2021年)和北京冬奥会(2022年)将在不到一年的时间相继举办,作为体育产业链中重要的一环,体育营销的价值更加凸显。

在《中国体育营销创新案例》一书中,我们提到,清华大学体育产业发展研究中心携手英迈传媒特发起并举办清华大学体育营销案例分析大赛,挖掘和总结体育产业中营销的经典案例,旨在通过比赛的形式,提供一个对体育产业实践进行分析、思考与讨论的平台,激荡思想,为案例企业提供营销分析与决策的参考,实现行业交流和经验分享,训练和提升参赛者的营销分析与决策能力,培养更为成熟的体育营销思维。这些案例将企业在体育营销实际操作中遇到的各种各样问题、困惑,甚至困境呈现出来。整理这些案例及参赛小组报告的精彩部分,并从专业视角进行案例点评,可以为体育产业中广大从业者和未来的管理者提供更为开阔的思路和全新的视角。

在三年后的今天,我们欣喜地看到,清华大学体育营销案例分析大赛已经极具影响力。从第三届到第五届,案例问题数量增加,而且难度提高,但参赛作品的质量越来越高,科学规范性越来越强,营销分析越来越全面,研究方法越来越多样化。体育营销方案的内容中,既有营销战略的讨论,又有营销战术的策划;既有令人称赞的绝妙创意,又有脚踏实地的实操考虑。案例企业从中受益匪浅,学生在参赛过程中体育营销分析和解决问题的能力也得到极大的提升,实现了我们办赛的初衷。同时报名参加的人数越来越多。尤其是第五届,吸引了 100 多支参赛队伍报名,参赛选手的学校不仅有国内院校,还有国外院校。一方面,说明了赛事的吸引力;另一方面也让我们看到体育产业的吸引力,体育产业发展所需的人力资源正在不断地壮大。

本书收集了第三届到第五届清华大学体育营销案例分析大赛的案例、获得冠军的小组报告节选部分以及专家的点评。本书体育营销案例内容主要涉及当前体育产业中的热点问题,重点关注体育的营销(marketing of sport),而这也是我国体育产业发展中亟待解决的重要问题。在体育市场方面,重点讨论中国大学生体育市场,紧跟当下学校体育热点。在体育赛事 IP(知识产权)方面,既有中网这样的国内顶级赛事,也有"小铁三"这样的小众体育赛事,还有新创的中国青少年滑雪大奖赛,可以让读者从不同角度思考赛事营销。在体育俱乐部方面,既有国安职业体育俱乐部探究高校足球文化的推广,也有国安青少年体育俱乐部关于青少年体育培训市场的研究。两种不同类型的体育俱乐部营销可以带给我们更多的启发。在体育公园方面,既有作为北京夏季奥运会遗产之一的奥林匹克森林公园如何开发利用,也有因北京冬季奥运会契机而建设的首钢极限公园如何选择新业态的问题。在体育场馆方面,探讨冠深集团围绕以体育场馆为核心的业务,如何在不同区域进行运营的市场策略。在体育旅游方面,以松花湖度假区为例,尝试解决滑雪度假区面临的季节性需求的世界难题,设计非雪季营销方案。在地产和体育产业融合方面,既有城市综合体六工汇项目体育产业招商和运营方案的探索,也有星河WORLD产业园区寻求与城市足球融合路径的思考。本书新增了体育展会方面的案例,探讨体博会"大健康"板块下的品牌营销策略,同时新增了体育资产商业化服务平台案例,对共享竞界的探讨让大家对体育产业了解更为深入。在体育赞助方面,选择了三个有代表性的案例企业:赞助冬奥会的恒源祥、赞助中国男篮的己所欲以及赞助中国女排的惠达卫浴,围绕企业不同的体育赞助目标进行精心策划,富有创意的方案让人耳目一新。

  体育营销与其他领域的营销在许多方面是类似的。例如在案例分析中,会通过市场分析,选择目标市场,找到对应的目标客户,给目标客户一个选择和购买的理由,再通过恰当的营销组合,让目标客户理解和认同该购买理由。但是体育营销涉及范围极为广泛,营销组合的要素比较复杂,具有自己鲜明的特性。体育核心产业提供的产品大多属于体育服务,如体育赛事产品组合,不仅要考虑服务产品的特性,还要考虑体育运动本身特点(如比赛、规则、技巧)、比赛场馆的硬件条件(如设施、位置)、活动、美食、文化、体验内容、服务流程的设计以及沟通传播等,同时在营销决策中需要考虑众多的利益相关者以及体育本身的公益特性。因此,在体育营销规划中,我们要充分考虑共性和个性的平衡点。

  由于篇幅有限,本书提供的报告节选部分主要选自优秀案例分析报告中市场分析后的内容,即设计科学的、可执行的、充满创意的营销规划方案,并对营销方案进行评估。未来,清华大学体育产业发展研究中心将持续关注我国体育产业的发展,不断将鲜活的体育营销案例呈现给读者。

从本书选择的案例中可以发现,越来越多的企业静下心来,积极探索如何采用更有效的体育营销策略以期在体育产业中寻求更好的发展,推动体育与相关行业深度融合,推动区域体育产业协调发展,努力培育新的体育市场,满足体育消费需求。面对体育产业发展的新格局和新挑战,我们应紧跟历史机遇,扎扎实实在体育产业中耕耘,采用科学规范系统的营销方法和手段,同时要有创新的理念和跨界的思维,洞察并满足体育消费需求,充分发挥体育营销的价值,为新时代我国体育产业高质量发展和跨越式成长保驾护航。

编 者

2021年4月

目 录

案例1　中国大学生体育市场的机会与选择 …… **1**
　　案例 …………………………………………… 1
　　案例分析报告节选 …………………………… 2
　　案例点评 ……………………………………… 15

案例2　冬奥经济下，如何打造中国青少年滑雪第一赛事 IP …………………… **18**
　　案例 …………………………………………… 18
　　案例分析报告节选 …………………………… 19
　　案例点评 ……………………………………… 39

案例3　中网如何利用假日经济提升品牌形象 …………………………………… **43**
　　案例 …………………………………………… 43
　　案例分析报告节选 …………………………… 44
　　案例点评 ……………………………………… 61

案例 4　以"小铁三"为代表的小众体育 IP 市场推广策略 … 63
　　案例 … 63
　　案例分析报告节选 … 64
　　案例点评 … 87

案例 5　北京中赫国安俱乐部高校足球文化推广路径探究 … 90
　　案例 … 90
　　案例分析报告节选 … 91
　　案例点评 … 109

案例 6　后疫情时代，如何创新国安体育"青少年校园体育俱乐部"培训业务 … 112
　　案例 … 112
　　案例分析报告节选 … 113
　　案例点评 … 139

案例 7　首钢极限公园的新型业态打造 … 141
　　案例 … 141
　　案例分析报告节选 … 142
　　案例点评 … 164

案例 8　目的地滑雪度假区的非雪季营销方案——以松花湖度假区为例 … 167
　　案例 … 167
　　案例分析报告节选 … 168
　　案例点评 … 195

案例 9 冠深集团——打造以体育场馆为核心、文体综合运营商第一品牌的市场策略 ········ **198**
    案例·································· 198
    案例分析报告节选······················ 199
    案例点评······························ 224

案例 10 城市公园的运营升级——以北京奥林匹克森林公园大树园为例 ·········· **226**
    案例·································· 226
    案例分析报告节选······················ 227
    案例点评······························ 249

案例 11 城市综合体六工汇项目体育产业招商策略和运营方案 ······················· **251**
    案例·································· 251
    案例分析报告节选······················ 252
    案例点评······························ 274

案例 12 产业园区与城市足球的融合之路 ··········· **277**
    案例·································· 277
    案例分析报告节选······················ 278
    案例点评······························ 294

案例 13 体博会"大健康"板块下的品牌营销策略探究 ································ **296**
    案例·································· 296
    案例分析报告节选······················ 297

案例点评 ·· 313

案例 14　共享竞界——体育产业建设者之路 ··············· 315
案例 ·· 315
案例分析报告节选 ··· 316
案例点评 ··· 337

案例 15　借势中国男篮大 IP，己所欲·亚麻籽油的全国化推广策略 ············ 340
案例 ·· 340
案例分析报告节选 ··· 341
案例点评 ··· 365

案例 16　恒源祥如何借势冬奥赞助商身份打造年轻化品牌 ············ 367
案例 ·· 367
案例分析报告节选 ··· 368
案例点评 ··· 385

案例 17　中国女排"黄金 IP"加持，惠达卫浴如何实现体育赞助价值最大化 ············ 387
案例 ·· 387
案例分析报告节选 ··· 388
案例点评 ··· 401

案例 1
中国大学生体育市场的机会与选择

案例

英迈文化传媒有限公司成立于 2003 年,以电视广告为起点,在客户广告代理业务基础上,发展形成了英迈广告、英迈体育、英迈互娱三大业务板块,构建了营销新生态,是业内专业领先的整合传播营销服务机构。英迈体育是旗下独立业务板块,目前主要从事体育营销业务,除了作为中央电视台体育频道(CCTV5)的核心代理外,还代理客户赞助了中国超级联赛(以下简称"中超")、CBA(中国男子篮球职业联赛)、中国网球公开赛(以下简称"中网")、上海大师赛、马术世界杯等众多国内顶级的体育赛事和部分马拉松赛事,是业内居于领先地位的本土体育营销公司。

大学生是最具活力的群体,在体育产业获得国家政策重点扶持发展的大背景下,英迈体育格外关注大学生群体的体育市场开发,期望能结合自身在行业经验、客户广度、资源整合能力方面的优势,结合大学生对于体育的兴趣偏好和切身需求,在体育产业链中有所延展。如果进入大学生体育市场,应选择哪些体育项目进行开发?进入大学生体育市场,企业的盈利模式与传统的竞技体育市场有何不同?在大学生体育市场的开拓过程中,以何种模式进行市场推广以获得最佳效果?英迈体育(以下简称"英迈")主要从这几方面展开深入探讨。

(请扫描二维码阅读完整案例)

案例分析报告节选

该报告首先介绍了目前中国体育市场的概况,进而从体育参与程度和体育消费规模两个角度对中国大学生体育市场情况做了阐述,提出了中国大学生具有"足篮排""乒羽网""跑游车""电子竞技""冰雪"和"户外运动"六大类体育项目偏好。接着,从体育市场开发主体的角度出发,对目前在中国大学生体育市场中开发和运营的体育企业进行了分析,找出市场空白和市场痛点,以期从中找寻市场机会。其次,从英迈的现状和其希望进入大学生体育市场的愿望出发,对英迈进行SWOT(strengths 优势、weakness 劣势、opportunities 机会、threats 威胁的简称)分析,明确自身的优势资源和困境。根据当下中国大学生体育项目偏好、中国大学生体育市场的开发状况以及英迈的实际情况,按照英迈进入该市场的难易程度,将所有常见体育项目分为难、中、易三类,并分别选取典型项目提出了英迈进入市场的新思路:另辟蹊径、趣味组合与价值创新,并列举了具体方法。提出英迈应对以马拉松为代表的跑步类项目,以武术为代表的民族传统体育项目和以冰球为代表的冰雪项目进行市场开发,阐明了市场开发的核心、形式、目标群体和不同阶段的侧重点,介绍了"赛事+""平台+""体验+"和"体育+娱乐"四种盈利模式,以此从三个维度构建了英迈进入中国大学生体育市场的"EMP三阶模型",并对该模型进行了动态演绎。最后,对整体方案进行了可行性分析。以下为案例报告的节选部分。

一、项目选择与市场开发方向

(一)项目分类

依据大学生群体在体育项目中的参与人数多少、参与项目的门槛高低以及参与项目需要的价格高低、项目具体的市场开发和运营状况、竞争对手情况等,结合英迈自身情况,按照进入该运动项目市场难易程度对项目进行分类(表1-1)。

表1-1 项目决策最终结果

市场进入难易程度	运动项目
易	田径、冰壶、滑冰、滑雪、武术、冰球
中	乒乓球、羽毛球、登山、棒球、垒球、拳击、柔道、空手道、攀岩、橄榄球、轮滑、台球、棋牌、游泳、排球、飞镖、拔河、摔跤、跆拳道、网球、体育舞蹈、自行车、马术、体操、高尔夫、保龄球、手球、赛艇、皮划艇、曲棍球、举重、现代五项、击剑、射击、射箭、帆船、雪橇、冬季两项、北欧两项、冲浪、龙舟、滑翔伞、潜水、铁人三项
难	足球、篮球、电子竞技

(二)"难"类项目——另辟蹊径

在这类项目的介入方式上,英迈可以选择"另辟蹊径"。寻找市场空白和市场痛点,结合自身的有利资源和优势,从大学生体育需求的角度出发,推出精心打造的产品组合。

1. 聚集和服务球迷

英迈可以选择直接与"虎扑""懂球帝"合作,面向大学生发起丰富的线下活动,聚集大学生体育群体,树立良好的企业形象和客户口碑。选择与此类垂直App(手机软件)直接合作,能减少中间环节,有效降低运营成本。

从当代大学生球迷群体的需求出发,线下球迷活动的形式主要包括:在主题酒吧、轰趴馆、影院等场所举办特定球队的球迷观赛派对,聚集同一主队的球迷,给球迷提供良好的线下观赛体验,找到球队组织,使球迷体会到归属感和认同感;组织举办同主队球迷之间的比赛,以球会友,以体育实践的方式加深体验和球迷之间的交流;通过与旅行社和票务代理方的合作,推出组团观赛的体育旅游套餐;举办职业体育联盟和职业体育俱乐部的主题展览,让球迷更加深入地了解联盟和俱乐部的历史和文化,而不是仅仅观看主队的比赛;招募忠实球迷,举办球星见面会;根据大学生球迷的需求和消费能力,定制中国大学生群体的球迷权益;举办以俱乐部历史和文化为主题的趣味知识问答,评选出"死忠球迷"……甚至,在条件成熟的情况下,还可以拓展开展体育培训板块。

聚集球迷群体,并从球迷需求的角度出发,为球迷提供真正专业的体育服务,打造自身品牌,是在如今的市场环境下,英迈进入时的一种新思路。

2. 海外淘金

针对篮球方面对英迈主要提供两方面思路。

(1) 打造一款集合社交、篮球场地预订、线下社区和线下联赛的线上篮球平台,逐步向篮球文化品牌靠近。

其特点在于结合了篮球和华人的元素,如在社交方面主要通过引入国外民间篮球高手和海外华人球员,和国内的篮球用户形成互动。而在社区方面,则引入海外篮球的流行设计潮流,引领国内的篮球文化,提升社区活跃度,从而延伸出海淘业务。

分析发现,英迈面临的最大难题是获得海外篮球资源和用户。所以接下来的目标是聚集非一线的职业篮球KOL(关键意见领袖)和篮球训练师,吸引广大海外留学生群体入驻社区。这两部分海外篮球

KOL 资源，可为国内用户和国外篮球高手提供互动平台，提升用户活跃度。而国外部分的篮球 KOL 和篮球训练师，也有进入国内市场的需求。因此，篮球经纪将会是下一个业务模块。可以利用英迈在娱乐资源上的优势，打造一批留学生篮球新星。

海外留学生群体中的篮球用户，相对较为新潮的生活方式，预计能为国内用户形成引领作用。因此，国际球衣球鞋的海淘业务将会是一个盈利点，有助于挖掘篮球文化品牌的潜力，未来通过设计篮球周边产品，进行电商拓展。

目标推广地：华人留学生聚集的国家和地区，如英国、澳洲等。

（2）创办一个全新的海外留学生篮球赛事 IP，结合摄影摄像，三大赛事同期举办，以球员为中心聚集亲朋好友，借助自媒体平台打响知名度。

（三）"中"类项目——趣味组合

针对中等难度项目，以"趣味组合"的形式进行市场开发。此类项目多为一些个体项目，不属于强对抗类项目，参与门槛更低，大学生参与的热情也更高。这类项目并非传统大项，因此采用项目组合的形式来举办挑战赛，更能激发大学生的参与热情。

我们从中选取"自行车＋登山＋飞镖"三个项目进行组合举办户外趣味运动项目比赛，现暂时取名为"英迈杯中国大学生山地障碍系列挑战赛"。该挑战赛大致可分为"英迈杯中国大学生山地障碍系列挑战赛"——常规赛、"英迈杯中国大学生山地障碍系列挑战赛"——排位赛、"英迈杯中国大学生山地障碍系列挑战赛"——淘汰赛三种类型。

（四）"易"类项目——价值创新

被最终确定为"易"类的项目，是本策划建议英迈进入中国大学生体育市场时选择的重点项目，此类项目的大学生市场大多开发不成熟、不完全，甚至部分项目有较大的市场空白，适合英迈进入。建议在尽量节约成本的前提下，使产品的功能最大化，以这样一种价值创新的方式来设计产品，使英迈能够最大限度地获得经济效益和社会效益，推动自身的发展，也使中国大学生体育发展得更快更好。

二、EMP 三阶模型

我们为英迈进入中国大学生体育市场从项目（event）、市场开发（marketing）、盈利（profit）三个维度构建了"EMP 三阶模型"（图 1-1）。

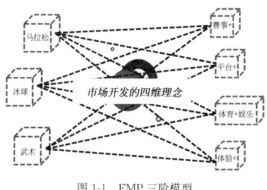

图 1-1　EMP 三阶模型

（一）三大类项目

基于上述筛选的标准和英迈本身的状况，结合当下的市场环境，我们为英迈选择了以下三大类项目来进行重点市场开发。

1. 以马拉松为代表的跑步类项目

马拉松赛事如今在中国大热，全年各种各样的马拉松赛事超过千场，但作为一项群众基础好、参与门槛低，且整体上仍处于上升态势的大众项目，针对中国大学生的马拉松项目的开发仍然有非常大的空间。目前，面向中国大学生开展的跑步类赛事以校园跑为主，英迈在其中大有可为。

2. 以武术为代表的民族传统体育项目

在广泛的市场调查之后发现，我国大学生体育市场目前的最大空白在于对两大留学生群体（在华留学生群体和海外华人留学生群体）的忽视。一直以来，留学生作为一个少数和边缘群体存在，这或许与他们相对分散的分布、与当地较大的文化差异和相对较少的数量密不可分。调查发现，以武术为代表的中国传统项目在外国留学生群体心中的地位不可撼动,以此作为宣传点必将在留学生群体中引发一阵轰动。

3. 以冰球为代表的冰雪项目

随着"三亿人上冰雪"口号的提出,"冰雪进校园"活动也在如火如荼地展开。但是目前"冰雪进校园"的覆盖地多集中在东北、华北的幼儿园和中小学,很多大学校园内的冰雪爱好者很难找到组织和平台,大部分地区的大学冰雪文化普及还有一段很长的路要走。英迈可以提前抓住冰雪特长生这一资源,以大学为重点,把目光投向即将进入大学的未来校园冰雪文化领军人物,占据大学冰雪市场。

大学生群体对于新项目的热情和好奇心超过其他任何年龄段的体育群体,NHL(国家冰球联盟)中国赛得到了大学生群体的广泛关注。如果英迈帮助NHL拓展大学生球迷群体,链接起这个顶级的冰球联赛与中国最具活力的体育群体,将有非常广阔的盈利空间和丰富的盈利方式。

(二)市场开发的四维理念

英迈如果想要进军大学生体育市场,那么应主要以市场开发的核心、目标群体、形式、不同阶段的侧重点四个维度为宗旨进行开发。

1. 市场开发的核心

大学生体育市场除了具有一般体育市场的特征以外,更有其独有的特点。培育以母校情结为核心的大学生体育文化是市场开发中策略的核心所在。NCAA(全国大学体育协会)如今之所以能取得如此大的成功,与其大学体育文化的发展密不可分。因此强调高校竞争,是制造热度的有效手段。

2. 市场开发的目标群体

要对中国大学生体育市场进行开发,目标群体除了大学生群体以外,还应该包括与大学生有紧密联系的人,如大学生的亲朋好友。这样的目标市场体量更大,辐射效应更好。不仅让大学生有更好的参与体育、为体育"买单"、享受体育带来的各种乐趣的机会,还会影响大学生身边的人群,产生联动。

大学生群体还可以被细化为体育爱好者(包括对竞技赛事的爱好者和对休闲活动的爱好者)、潜在体育爱好者和非体育爱好者。在方案中我们不仅有针对竞技赛事爱好者开发的马拉松赛事,也有针对休闲活动爱好者开发的趣味赛事,同时还有针对潜在体育爱好者开发的(与体育赛事方合办)文化节。非体育爱好者也可以在一系列赛前、赛时、赛后活动的辐射作用下受到影响,成功转化为体育爱好者。

此外,国内的国际留学生和在海外的华人留学生群体虽然分散,但是他们都有共同的文化背景,很容易通过赛事被聚集起来。同时他们具有消费水平较高、消费方式感性化的特点,对于和自身文化相关的产品的价格敏感度低于普通大学生对于同样产品的价格敏感度(图 1-2)。

- 大学生体育文化
- 高校竞争
- 母校情结

- 大学生
- 关系亲密的人
- 在华国际留学生
- 海外华人留学生

图 1-2 市场开发的核心和目标群体

3. 市场开发的形式

在对不同的项目进行市场开发时,应根据特定的目标群体和项目特点开展不同类型的活动,以线上活动和线下活动两种形式展开。具体如图 1-3 所示。

4. 市场开发不同阶段的侧重点

针对具体项目推广的前期、中期、后期,基于不同的效益目标,不论是社会效益抑或是经济效益,设计具体的线上传播推广活动和线下体验实践活动。在项目推广的不同时期,应该有不同的侧重点。

线上
病毒式营销
- 转发集赞投票、转发锦鲤、朋友圈LBS
- 与不同社交平台、不同类型的KOL合作
- 在短视频App（抖音）里投放宣传视频
- 与直播平台合作
- 线上答题
- 制作节目IP

线下
- 体验经济模式
- 虚拟现实
- 与线上借势文案结合，张贴海报、制作展板等
- 体育赛事、文化节、摄影比赛等多种形式的活动结合
- 注重赛前预热、赛后回温，通过一系列活动增加曝光时间，吸引更多受众

图 1-3　市场开发的形式

下面以冰雪项目的推广和市场开发为例。

（1）在项目推广的前期，应首先追求社会效益，响应国家号召，对于英迈来说，还能借此机会来扩大品牌知名度和美誉度，聚集客户群体。

（2）在项目推广的中期，应该结合项目的特点、大学生对此项目的需求来设计独特的产品，产品的类型可以是体育产业的各种形态，尽可能地以自身具有的资源来满足市场的需求。以这样的思维出发，在项目推广的中期打造独特的产品组合，建立起强大的头部赛事IP，就能在该项目的市场开发中占据一席之地。

（3）在项目推广的后期，应该考虑激活此前聚集的客户群体。为此，应拓展产品类型，丰富产品组合，最终使这些产品之间相互联系，形成闭合的生态系统，这样才能持续保留客户群，并使客户群的需求得到充分满足，打通了客户"买单"渠道，企业也就能盈利了。

（三）盈利模式

面对广阔的中国大学生体育市场，我们认为英迈在进行市场开发时，主要以"赛事＋""体验＋"两种传统业态，"体育＋娱乐"的跨界组合,以及打造独一无二的大学生体育"平台＋",共四条主线来获得收益。

打造专属于中国大学生的体育"平台＋"是应用英迈自身优势资源进行市场开发的创新思路,也是最核心和最不可替代的一条主线。

"赛事＋"是面向更广阔的普通大学生群体,而不是体育精英群体,来举办特定的品牌赛事,可以从赛事版权、报名费、广告与赞助、互动活动、赛事衍生品等方面来获取收益。

"体验＋"是以体验经济的模式来盈利。

"体育＋娱乐"的跨界组合则是更多以泛娱乐产业的模式来盈利。

1."赛事＋"

以马拉松为代表的"赛事＋"模式,建议举办英迈"Loving Game"中国大学生马拉松联赛(图1-4)。

- 身份认证
- 满足大学生需求（服装）
- 学院运动代表队
- 个人参赛与组队参赛
- 竞猜
- 赛道元素设计
- 自我实现&社交

图1-4 "Loving Game"中国大学生马拉松联赛

以冰球为代表的冰雪项目的"赛事＋"模式,建议英迈帮助NHL开发中国市场,使NHL在中国落地。英迈利用自身丰富的媒体资源,来帮助NHL在多个渠道进行推广,搭建起NHL与中国市场的桥梁,帮助NHL提高知名度,扩展球迷基数,扩大群众基础,吸引和发展更多的球迷。

同时,还可以借鉴NBA(美国职业篮球联赛)中国的推广模式,采用金字塔模式来提高NHL在中国冰雪界的影响力:顶层是NHL精英冰球学院,用来寻找、培训、发展中国最优秀的青少年冰球运动员。中层是 NHL 冰球学校,一部分可以获得奖学金,还有一部分采用学费的方式,跟随最好的教练、营养师和训练师学习冰球运动各方面的知识。底层是和 Jr. NBA(少年 NBA)类似的校园课程,开展"冰球进校园"活动,为有条件的中小学设计冰球课程,覆盖东北和华北的主要城市。

2. "平台＋"

英迈可以为大学生打造专属的体育平台,包括赛事直播和转播平台、内容生产和输出平台、活动发起和组织平台。这样的"平台"角色,使英迈能够在投入较少成本的情况下,通过品牌效应、口碑传播和庞大的目标客户群体取得较为可观的盈利。

所谓赛事直播和转播平台,就是以英迈的媒体资源为基础,与 B 站(哔哩哔哩)合作,打造一个专门直播和转播大学生体育比赛的频道。除了对大学生赛事进行直播转播之外,还可以策划多档自制节目,生产当代大学生喜闻乐见的视频、音频节目。

所谓内容生产和输出平台,除了上述的媒体内容的生产和输出,还可以借鉴体育类垂直 App 的模式,打造出一个专属于大学生的体育资讯平台或门户网站。

所谓活动发起和组织平台,就是基于大学生体育群体和顶尖职业体育俱乐部距离感强的市场痛点,以英迈自身的合作资源,发起正规的官方活动,链接俱乐部和球迷。英迈聚集大学生体育迷的同时为他们提供服务,也为职业体育的生产者提供服务。

"平台"角色将帮助英迈以较少的投入获得用户群体,同时树立品牌。

3. "体验＋"

"体验＋"的盈利模式以体验经济的特点为核心。体验经济强调客户参与及亲身体验,通过体验获得美妙深刻的印象,并达到自我提升的高层境界。从行业数据分析看,人们的消费趋势背后蕴含着高效、智能、健康、美学。中青年群体是体验经济的主力军。大学生的经济水平处在逐步上升阶段,如果能打造一款个性化的服务产品/体验产品,会让追求时尚个性的大学生主动买单。

从模型的三个项目来说,英迈可做"体验+"的尝试如下。

(1) 举办大学生马拉松主题跑。

马拉松作为时下热潮,各种类型的跑步活动层出不穷,大学生对马拉松的需求也呈现多样化的态势。英迈可迎合大学生的多样需求,开发马拉松主题跑(如 color run、cosplay run 等),增强校际互动,让大学生充分感受主题跑带给他们的别样体验,进而让他们愿意在主题跑上消费。

(2) 以中介形式开展武术培训并颁发资格证书,主要针对在华留学的海外留学生(图 1-5)。

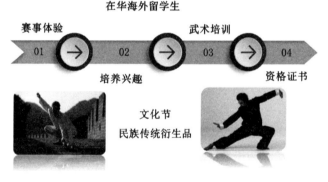

图 1-5 体验+武术

(3) 自助冰雪 VR(虚拟现实)体验 + 知识付费。

思路 1:合作开发线下自助冰雪 VR 体验机器,申请专利并在学校布点。

思路 2:建立平台,设计线上冰雪知识付费频道。面向大学生群体,以公益推广冰雪知识为开端,为后期的知识付费频道积累人气。

具体可参考形式如下。

前期:知识、平台、娱乐相结合。在小程序内设计一款"冰雪你画我猜"的小游戏,邀请好友后即可开始PK(对决),采用积分累计的形式。输入所在高校信息后,方可代表本校进入高校联赛。每局游戏结束后可观看排名,邀请好友和赢得比赛均可增加积分。每天晚上10点更新排名,每月累计积分排名位于本校内前三可获得英迈承办的其他赛事的门票一张。

后期:利用大学生碎片化时间较多的特点,定期以音频录播、图文分享、在线问答、视频直播、视频录播等多样化形式分享冰雪知识,以满足大学生用户多层次、多维度的需求。同时与线下定期举办的"大学生冰雪知识挑战赛"结合,进一步满足大学生对冰雪相关知识的需求,线上线下形成良好的互动盈利模式。

4. "体育+娱乐"

进入2018年以后,我国的娱乐产业细分领域呈现多元化和碎片化趋势。例如抖音短视频等新型娱乐方式不断涌现,如今内容输出变得越来越垂直化,我国"娱乐+产业"也将朝着精细化和集约化方向发展。就大学生体育市场的开发而言,目前英迈可考虑以下三个发展方向。

(1) 海外留学生武术中华文化体验真人秀。英迈可考虑做线上大学生真人秀系列节目。该档节目可邀请当前在互联网上人气较高的海外留学生,选取国内十大特色城市,以国内各地武术发展为主线进行海外留学生的中华文化探秘活动。

(2) "雪战到底"。"雪战到底"实为冰雪版一战到底,英迈可借助其传统电视台资源与江苏卫视达成合作推出冰雪系列节目。该档节目可邀请国内各高校学生参与其中,就冰雪知识进行知识问答,如图1-6所示。

(3) "跑向北马"主题短视频。如今大学生对于马拉松赛事的热情不断高

图1-6 "雪战到底"海报

涨,国内以北马为代表的马拉松大学生很难通过中签的形式获得参赛资格,英迈可在自己开发的平台上发起"跑向北马"主题活动。跑步爱好者可每天定时打卡,随时随地分享自己奔跑日常的短视频,通过点赞、积分、组队 PK 等形式进行对抗。英迈可依托自身的相关资源获取北马、杭马、上马、厦马等一定参赛名额吸引大学生的参与。

现如今"体育+娱乐"确实为中国娱乐市场注入一股新力量,让市场看到了体育题材的潜力和可塑性。但目前我国体育综艺市场还是存在粉丝少、难出彩、不赚钱的现实。英迈如果想要实现体育市场的"娱乐+",实现真正的商业化可能会碰到以下挑战。

（1）体育有自己的赛制,娱乐有自己的规则。

（2）项目选择门槛高,观众参与度低。

（3）注重内涵,如何才能真正感染大众。

（四）模型动态演绎

"EMP 三阶模型"从项目类型、市场开发和盈利模式三个维度构建了英迈进入中国大学生体育市场的方式,帮助英迈作为市场进入者在竞争激烈的中国大学生体育市场中站稳脚跟,塑造品牌形象,为未来获得更大的市场份额打下坚实基础。

在牢牢把握市场开发的四维理念的前提下,从该模型的三个维度中,选取任意一个项目加上任意一种盈利模式都可以进行体育市场产品的设计和研发。

我们以马拉松项目为例对模型进行动态演绎。

（1）按照"赛事+"的思路,举办"英迈杯全国大学生马拉松联赛",强调每个高校独特的元素和校园文化,突出高校之间的比拼和竞争,为大学生群体提供一次参加高品质马拉松赛事的机会,在赛事的每个环节体现赛事文化和特色。

（2）按照"平台+"的思路,以英迈自建的 B 站频道对该赛事进行直播和转播,以发送带有指定关键词或指定格式的弹幕来引起互动,制造赛事热度,辅以线上竞猜,同时对赛事直播产品进行包装,重点推出以参赛者个人和校园文化为特征的原创视频节目。在英迈的 App 上设计该赛事的板块,开通新媒体客户端的传播渠道。

(3) 按照"体验＋"的思路,举办马拉松主题跑,提供跑步的参与机会。在主题跑的各个环节上,与"英迈杯全国大学生马拉松联赛"保持一致,保证品牌口碑。

(4) 按照"体育＋娱乐"的思路,让某明星作为高校跑步代言人,或推选出每个高校的跑步代言人,积极参加教育部发起的阳光体育运动,配以积极健康的大学生体育文化。形成英迈的大学生体育品牌后,在后期,还能以高校代言人为嘉宾制作综艺,以"高校明星运动会"的形式,制作一档贴近大学生生活的体育综艺。

上述三类项目中选取任何一个项目,按照四种盈利模式的思路都能设计英迈独有的产品,在考虑成本的情况下,可选取某一种模式来设计,也可四种模式同时进行,相互促进,形成合力,产生"1＋1＋1＞4"的效果。

同理,其他两类项目按照该模型进行产品研发也能达到类似的效果。

(冠军"我们"队的成员:晏莉、张懿、许心仪、童文蕴、许朝焱、吴杨)

案例点评

近年来,我国青少年体育在多方政策的大力扶持下,从产业投入到产业规模都得到了极大的提升。大学生体育市场作为青少年体育市场的一部分,因其特有的消费群体而具有鲜明的市场特点,逐步受到众多企业的青睐。

案例中的英迈体育,系英迈传媒旗下独立业务板块,主要从事体育营销业务,提供体育营销全案服务、整合传播服务、定制化赛事服务、以及体育经纪代理、俱乐部运营推广、赛事运营推广服务。依托公司强大的媒体资源和营销经验,英迈体育积极整合全球范围内体育产业的创新资源,助力我国未来的体育产业大发展。大学生体育市场是英迈体育想进入的市场之一。

本案例提出的任务是对英迈体育在大学生体育市场上可以选择的体育项目及其开发方式、盈利模式和市场推广模式进行研究策划,为英迈体育提供可操作、可持续的思路和方案。

在案例分析部分,需要重点考虑的有以下几个方面:一是了解中国大学生体育市场情况,明确大学生体育市场的内涵、特点、范围以及市场容量;二是对英迈体育的外部环境和内部环境进行分析;三是调查当前我国大学生体育消费者需求;四是对行业竞争对手进行分析,了解目前进入大学生体育市场的企业分别提供什么业务,分析其特点,然后结合英迈体育可以在该市场利用的资源和能力详细分析,为后续的策划提供决策依据。例如冠军"我们"队从中国大学生体育市场开发现状入手,对运动项目、参与的企业、开发形式、开发内容及开发潜力进行了全面的调查和分析,同时认为英迈的传统媒体资源和智库非常丰富,在外部环境有利的情况下,英迈可以成为中国大学生体育市场的培育者。

在如何进入大学生体育市场方面,需要先考虑体育运动项目与市场开发方向的选择。合理正确的方向为后续活动设计提供指引。运动项目的选择需要有决策依据,要解释为什么这样选择。结合市场环境和英迈体育实际情况,应分析和评价各类运动项目,选择比较适合大学生的体育项目,寻求恰当的商业机会。

设计市场开发方案时,需要结合所选的运动项目,对其市场开发进行策划,包括开发内容、开发方式和盈利模式等,要把开发内容、开发方式与如何盈利之间的逻辑关系交代清楚,同时区分该盈利模式与竞技体育市场盈利模式的不同之处。围绕运动项目市场开发策略制定详细的市场推广策略,市场推广要能落地执行。初赛时不少参赛队伍提出了好的建议和想法,但具体到盈利模式和项目如何落地方面则研究不够深入。冠军"我们"队自设了体育项目的划分标准和评价标准，对所有的奥运项目和非奥项目进行了从难到易的等级划分，将项目进行分类和分级（虽然具体评价方法表述不是很清楚），然后针对各类各级项目进行讨论，确定哪些类型可以进行商业化并讨论其盈利模式。该方案覆盖不同运动项目，范围较广，前后连贯，思路清晰，具有实操性。亚军队则直接从大学生群体出发，提出轻实习的理念，以轻实习和定制实习作为主要产品，进入国际体育实习市场，并围绕主要产品探讨了其盈利模式。亚军队主线清晰，方案比较深入。

在市场推广策略制定方面，需要把握一个度，既要有创新，也要能落地。初赛的很多参赛作品创新程度很好，但落地性较差。究其原因，可能实践经验缺乏，另外对企业情况了解不足，分析不到位。在市场推广策略制定的具体内容方面，各队设计的活动或赛事需要自成逻辑并兼具创新和可操作性。例如冠军"我们"队以大学生体育市场新进入者的视角，寻找市场机会，着重培养大学生的体育文化和母校情结，强调高校竞争。该队提出的 EMP 三阶模型，将不同类型的项目和活动贯穿起来形成联动效应，对企业在进行市场开发时具有框架性的指导作用，营销人员可以从赛事、平台、娱乐和体验四个维度进行设计，并考虑与不同维度的盈利点相结合。

案例 2

冬奥经济下，如何打造中国青少年滑雪第一赛事 IP

案例

"中国青少年滑雪大奖赛"由国家体育总局冬季运动管理中心、中国滑雪协会主办，国安体育文化发展（北京）有限公司（以下简称"国安体育"）承办，是唯一国字号青少年"U 系列"滑雪积分赛事，从赛制设定、参赛选手组别划分到赛道设计均与国际接轨，仅首个赛季便成为国内参与人数最多、规格最高的青少年滑雪赛事，为冬奥及冬奥后期打造一个让喜欢滑雪的青少年可以参与进来的比赛平台。

滑雪赛事面临赛事规则的普及、运动文化的推广，以及赛事过程中最重要的安全问题，针对这些问题国安体育在 2019—2020 赛季将相关的普及工作提前，以大众更容易接受的方式来普及推广滑雪赛事的相关知识。随着

案例2 冬奥经济下,如何打造中国青少年滑雪第一赛事IP

2022年冬奥会的到来,滑雪运动越来越火爆,更多的青少年将参与到滑雪运动中来,国安体育手里的中国青少年滑雪大奖赛这一IP如何才能更好地抓住机遇,分享冬奥经济带来的市场红利?

(请扫描二维码阅读完整案例)

案例分析报告节选

该报告对中国冬奥大背景下的滑雪项目进行了外部环境分析,并针对同类赛事案例进行研究分析;编写"大众对滑雪赛事观看与参与度调查问卷"并通过问卷星在微信上发放,共回收问卷304份。其中观看过滑雪赛事的受访者188名,占61.84%。通过188份数据对滑雪赛事观看渠道、观众最感兴趣的环节、滑雪赛事存在的不足、赛事周边活动参与意愿以及观看意愿及体验等进行分析,在此基础上提出了中国青少年滑雪大奖赛营销策划方案。以下为案例报告的节选部分。

一、中国青少年滑雪大奖赛营销策划方案

(一)赛事分析

1. 赛事定位

国内参与人数最多、规格最高的青少年滑雪赛事。

2. 赛事目标

(1)提高赛事品牌知名度,成为中国青少年滑雪第一赛事。

(2)为全国青少年滑雪爱好者提供展示自我的机会和平台,带动更多人参与冰雪运动,扩大冰雪项目在青少年人群中的普及程度,全

面推动青少年冰雪运动广泛开展,并为参与者提供更加专业、科学完善的服务。

（3）为我国滑雪项目的后备人才储备提供保障。

（4）将赛事带进国内各个有雪资源的省区市,让冬奥对于滑雪产业的激励效果通过比赛得以体现,吸引更多青少年滑雪爱好者走上雪场,参与到这项运动中来。

3. 赛事目标受众

全国17周岁及以下有一定滑雪技能的青少年及有17周岁以下孩子的父母。

4. 赛事营销现状优劣势分析

1）优势

（1）背靠国家体育总局,政府的支持为赛事"背书"。由国家体育总局冬季运动管理中心、中国滑雪协会所主办,是唯一国字号青少年"U系列"滑雪积分赛事,能够更好、更有效地利用社会资源。

（2）中国青少年滑雪大奖赛的赛制设定、参赛选手组别划分以及赛道设计均与国际接轨,有专业的国家裁判团队以及人性化的赛事服务保障,为参赛小选手们提供全方位的赛事服务和良好的赛事体验。

（3）赞助商资源丰富,可挖掘空间大,资金链、场地及物料供应链较为充足。

2）劣势

媒体宣传渠道有限,营销形式单一,难以享受线上流量红利。据不完全统计,中国青少年滑雪大奖赛截至目前还未有同名的官方微信公众号和官网,所有的赛事资讯内容都推送在"国安体育"这一公众号及官网上,无法将赛事用户群体抽离出"国安体育"这一平台,受众识别度较低,赛事相关周边娱乐新闻及赛事本身资讯的传播受平台限制而不能达到最大的覆盖面。另外,原创推文质量较低,项目推文缺少阅读量、缺少关注点,无法最大限度地起到吸引人眼球的效果。

受众开发难度较大,办赛及参赛成本高。我国现有的滑雪运动场地主要集中于华北与西北地区,华南地区基本属于人工雪场,维护成本高。华北现有的雪场有限,能够服务的范围相对较小,且雪票费用较高。我国冰雪运动在申奥成功之前的普及程度较低,专业人才相对紧缺,且能够服务的人群有限,无法满足现今对于冰雪运动的需求。

5. 赛事的波特五力分析

(1) 潜在进入者分析:青少年体育兴起以及赛事IP红利吸引进入者,使得赛事需要树立比赛的差异性才能应对潜在进入者的威胁。

(2) 替代品威胁:滑雪赛事并非青少年运动的唯一选择。滑雪项目的培养面临青少年占用整段时间到外参与活动的问题,还对中国青少年的整体身体素质有一定要求。这些困难需要克服。

(3) 行业竞争者竞争:缺少相应项目龙头。滑雪的普及目前在国内还比较有限,滑雪赛事还没有绝对的龙头标杆。目前的竞争者包括国家体育总局的"太舞杯"全国青少年高山滑雪赛。这一项目背靠国家体育总局,拥有较为强大的赞助商支持,但却不能够在赛事特色以及赛事宣传上有独特优势。因此,从产品端打造自身的赛事特色,吸引更多的受众群体,对于打造龙头标杆非常重要。

(4) 供应商议价能力:场地提供者与赛事组织者占有议价优势。滑雪赛事相比其他传统体育赛事的劣势在于需要远离城区、规模较大、正规的大型滑雪场。只有在北京—张家口,符合类似要求的固有场地可选择空间才比较大。但在其他城市,场地供给量较小,议价能力较强。

(5) 购买者议价能力:用户体验重要性显著。参与者的需求意愿对于滑雪项目的市场开拓以及项目发展非常重要。一方面,家长希望青少年从相关赛事或者培训中获得什么;另一方面,怎么才能让青少年真正在其中获得更大的收益,这些都是值得国安体育思考的问题。另外,滑雪项目需要依靠参与者的宣传来提升口碑。国安体育需要通过项目的合理设计来提高参与者的用户黏性,并通过优质的服务使更多参与者帮助宣传,实现口碑的树立。

(二) 具体策划方案

1. 线上传播方案

微信公众号为主要新闻资讯投放平台,抖音、微博以及垂直媒体作为辅助宣传。在休赛期以及赛事淡季需要保持一定的微信公众平台推送、微博更新频率来维系原有关注人群;在赛事预热期要保证赛事信息的准确与报名通道的正常运作。

1) 微信公众号

建立"中国青少年滑雪大奖赛"的官方微信公众号,做好媒体公关,重要原创内容同时在"国安体育"公众号、垂直媒体上投放,原创新闻稿、公关稿打包发送至各大合作体育媒体平台。

"中国青少年滑雪大奖赛"公众号运营分为三个阶段,具体运营方案如下。

(1) 赛事前期(赛事淡季+赛事预热期)。赛事淡季投放原创科普性、娱乐性文章,做好借势营销。以较低的频率更新公众号内容来维护受众忠诚度、赛事热度,坚持公众号运营的长期性原则,唤醒原有受众的记忆。若有冰雪相关的热点大事件的发生,如京张高铁的运行等,要及时把握营销势头,借助该事件原有热度,宣传本赛事(表2-1)。

完善公众号底端导航栏,方便公众号的关注者快速了解赛事及组织基本信息。

赛事预热期传递精准赛事信息,开放报名渠道,给参赛者与相关人员提供便利。确保参赛者及其父母能通过公众号了解到赛事的方方面面。

预热期新闻发布会公关稿创作与投放,建立良好的媒体关系。尽快向各大合作媒体平台提供有关事件的信息,尽可能给新闻界留下赛事组织将在一切可能的范围内竭力提供各种信息的印象,并让其通过原创内容来获取到赛事的传播价值,主动挖掘更多的赛事热点,对赛事相关信息进行大规模创作、传播(表2-2)。

表 2-1 推文计划

推送时间及频率	推文类型	推文标题	推文创作背景	推文语调	推文目的与意义
休赛期及赛事淡季 2 天一更一次一条头条文章即可	**科普类** 扫盲文 介绍有关滑雪项目的基础信息，涵盖，如：安全、反兴奋剂、国际比赛滑雪项目的基本赛制、分类及规则；滑雪项目的历史由来；强国介绍；2022 年冬奥会相关资讯播报等	萌新不知道的滑雪二三事之滑雪项目有多少	在奥运会的分类中滑雪项目被分为自由滑雪、越野滑雪、高山滑雪、单板滑雪、跳台滑雪和北欧两项，而刚开始练习单双板的小萌新可能对滑雪项目的分类一知半解	诙谐、幽默	让滑雪萌新和参赛青少年的父母更能了解滑雪项目，用精美的配图和简洁的文字，吸引受众参与到滑雪里来
	技术文 分享一些滑雪小技巧，技术动作指导等，如：国家级教练滑雪动作分解视频教程；欣赏高手驰骋于滑雪赛道上的英姿视频；滑雪前应该怎样进行热身	从双板萌新到滑雪大神，你只需要做到这几步……	有许多受众的滑雪技巧需要进行指导，如：双板式过渡到平行式，给出一些在滑雪过程中的动作技术要点，给受众提供借鉴	专业	让公众号受众能从推文中得到一些技术指导，从中受益

续表

推送时间及频率	推文类型	推文模板示例			
		推文标题	推文创作背景	推文语调	推文目的与意义
休赛期及赛事淡季 2天一更一次一条头条文章即可	**影音推荐类** 分享一些滑雪相关的影音资料,如滑雪相关的电影、综艺里的滑雪片段	表情包4岁开始滑雪,现在7岁竟然已达到大神水平?!!	因韩国综艺《超人回来了》而被大众所熟知的网民常用表情包"大韩民国万岁"三胞胎在2016年的节目中被父亲宋一国带领参与滑雪学习,而在2018年末一国在SNS上发布了三胞胎滑雪的视频,动作精湛,赢得网民纷纷夸奖	幽默,轻松	以同龄明星小孩给青少年树立榜样,让公众号受众在观看综艺片段的同时能被滑雪运动所吸引
	娱乐周边 **人物篇** 分享滑雪人物相关的事迹,如中国滑雪奥运明星的滑雪故事、上一届中国青少年滑雪大奖赛的优秀选手的相关故事	徐梦桃:追梦的路上,我不服输	徐梦桃是我国征战冬奥会的种子选手,具有很高的知名度,并且是中国青少年滑雪大奖赛的助力明星,能对赛事起到很好的宣传效果	专业,热血	给受众介绍徐梦桃奥运动员,让人们更加了解奥运动员身上坚毅不屈,不畏困难的优秀品质,在叙述故事的过程中了解滑雪运动的魅力与挑战性

案例2 冬奥经济下,如何打造中国青少年滑雪第一赛事IP

续表

推送时间及频率	推文类型	推文模板示例			
		推文标题	推文创作背景	推文语调	推文目的与意义
休赛期及赛季淡季 2天一更 一次一条头条文章即可	娱乐周边 **旅游类** 分享全球冰雪胜地并给出一些旅游攻略,如北欧国家的天然滑雪场、张家口各大滑雪场体验与推荐、举办过冬奥会的国家等	崇礼滑雪场,你滑过几个?	崇礼每个冰雪小镇都有其特色、交通、雪道难度、基础建设等各有不同。详细的崇礼滑雪场推荐与排雷是十分有必要的	专业	帮助受众了解崇礼作为2022年冬奥会主办地的基本情况,也能对受众的度假、休闲娱乐选择作出指导与推荐
	蹭热点 一旦出现有关冰雪的热点,就可以根据具体情况撰写推文	这个冬天不仅有中国青少年滑雪大奖赛还有《冰雪奇缘2》! 京张高铁开通啦! 从家出门到滑上雪只要1小时!		幽默、轻松	蹭热度让推文有热度加持,提高阅读量,扩大受众面
	赛事相关类 **滑雪进校园活动** 赛事在各地中小学进行的"滑雪进校园"宣传活动,推文涵盖活动前的活动告知及活动后的总结报道	在学校也能体验滑雪高科技,VR让你驰骋冰雪之上	在滑雪中有许多有趣的环节,能让校园里的青少年参与滑雪	幽默、轻松	宣传滑雪进校园活动,能让更多孩子了解滑雪这项赛事
	培训类 1. 滑雪冬令营 2. 滑雪夏令营	冬令营来了,滑雪就得从娃娃抓起	在当今大众冰雪热的市场背景下,青少年对于滑雪的需求日益增长	幽默、轻松	赛事通过举办培训类的活动并对其进行预告或活动后报道,能吸引新一批的滑雪青年加入运动中来,并能通过训练营引流,为赛事注入新鲜血液

表 2-2 赛事预热期微信具体内容传播方案

推送时间及频率	推文类型及内容		内容概要	推文目的与意义
赛事预热期 1天1～3更一次一条头条文章即可（发送内容都与赛事有关）	基本信息	官网引导	介绍官网的网址及功能	推出独立于"国安体育"官网的赛事网站后,通过公众号为赛事官网引流。能提高赛事官网的关注度,同时为媒体、赛事参与者、爱好者提供便利
		预热宣传	告知受众比赛基本信息、举办地点等,对赛事做预想与展望	传递比赛基本信息
		报名渠道	详细介绍办赛信息,汇总赛事所有的报名方式及链接	为受众报名赛事提供便利
	媒体关系	新闻发布会新闻稿及公关稿	专业的发布会公关稿件及新闻稿件撰写,介绍新闻发布会中的官方重要信息	目的是建立良好的媒体关系、赞助商关系,为合作媒体提供便利,方便其挖掘赛事爆点,提供写作基本资讯给被邀请的媒体朋友;为维护赞助商权益而服务
	赛事造势	赛事设计传播	推出赛事相关设计,如宣传海报、宣传册H5、吉祥物	给受众构建赛事的主视觉印象,通过赛事设计传播有利于在受众心中树立一个较为具体的形象,提高赛事辨识度
		赛事精彩预告	选择性地介绍几个赛事现场,对线下或线上将会开展的活动进行预告	让受众产生好奇感并对赛事产生兴趣,能更大限度地提升传播效果

（2）赛事进行期（从赛事正式开始到赛事结束）。赛事进行期吸纳新受众,保证每个参赛者及其父母都能关注官方微信号。本时期是微信公众号得以大规模传播及涨粉的阶段。为让每个参赛者及其父母都能及时地通过公众号获取资讯并自发分享转发,我们规划了以下几点。

① 原创内容。

开幕式公关稿、新闻稿撰写,并向各大合作媒体平台发送。

每日赛事新闻资讯、战绩战报投放。

互动、娱乐活动文章撰写。此次滑雪赛事加入"滑雪赛事＋摄影赛事"的环节,各个参赛者及其亲属可以拍摄参赛者比赛、比赛期间日常以及滑雪小镇美景参与到摄影赛事中来,公众号会对入选的精美照片进行展示及组织投票,参赛者能通过转发文章呼吁亲朋好友投票,最终对摄影比赛的评比情况进行公布。除此之外,还将通过微信投票文章的推送,推选出每个组别的"最佳人气奖",人气奖获得者将获得赛事组织方准备的精美礼品。

② 底端导航栏策划。

公众号底端导航栏加入图片直播模块。图片直播模块直接链接到拍立享相册,在比赛开始之前为每位小选手拍摄定妆海报,通过拍立享 App 即刻同步到微信公众号后台(关注公众号即可查看),所有的可供传播使用的照片都印有赛事官方微信公众平台的二维码,保证较高的微信公众平台增粉率。

公众号底端导航栏加入视频直播模块。与合作的媒体平台进行赛事直播,并能在公众号直接点击链接接入直播间,让不在赛事现场的滑雪爱好者及参赛者家属都能及时获取比赛动态,远程参与到赛事中来。

③ 互动环节。

参赛者可通过编辑问题或建议至公众号后台,公众号运营者随时查看并及时回复,有问必答,形成良性互动。

对滑雪公园内有趣的环节、事件进行介绍并推文。

(3) 赛事休整期(赛事余热期＋赛事淡季)。

比赛结束后尚有余热阶段,开展人物采访及专题报道、撰写故事。对成绩优秀、经历丰富的参赛者及其家长进行赛后采访,了解青少年参与者背后的故事,挖掘选手的可写作点并撰写成文,为别的滑雪青年爱好者树立榜样,打造赛事 IP 产业链中的赛事明星 IP。若有很好的人物素材,可考虑将其拍成微电影。

人物追踪报道。在赛事结束后,获胜者得到了出国旅游、体验国外冰雪环境的奖励,赛事组织者需对其进行追踪报道。

2) 微博

微博可以成为体育赛事信息发布的平台、赛场内外互动的桥梁,在节约传播成本之余,还可以及时应对、解决赛事危机。微博可以作为微信公众号的补充传播平台,弥补公众号有发送数量限制及缺乏实时性的缺陷(表2-3)。

表2-3 微博内容具体传播方案

更新时间及主题	话题	发送内容(图文兼备)	文案示例
休赛期及赛事淡季(一天1条)	#滑雪进校园# #后生可畏# #中国青少年滑雪大奖赛# #年少有为# #go skiing#	可借势热点科普性内容(滑雪安全、滑雪技巧、滑雪装备等)	#中国青少年滑雪大奖赛# #go skiing#京张高铁正式开通了,这个冬天带上雪具与雪为伴!
		滑雪进校园	#滑雪进校园#滑雪进校园活动来到了××学校,通过有趣的活动让孩子们更加了解滑雪、亲近滑雪运动!
赛前预热(一天1~3条)		比赛场地风光	#中国青少年滑雪大奖赛#带大家来领略一下云顶滑雪场的冬日风光@云顶滑雪场
		赞助商宣传	#中国青少年滑雪大奖赛#×××赞助本次中国青少年滑雪大奖赛,助力冰雪,帮助青少年滑雪爱好者的冰雪梦想扬帆起航!
		报名通道	#中国青少年滑雪大奖赛# #年少有为# #后生可畏#官方报名渠道开放了!这个冬日,让孩子徜徉在白雪的海洋,放飞梦想!@各大赞助商官博
		新闻发布会召开	#中国青少年滑雪大奖赛#今日在××地点召开大奖赛的新闻发布会,感谢各位媒体、各位赞助商的莅临,我们一定竭尽全力,为青少年滑雪爱好者们举办一场冬日只属于他们的冬日狂欢@各大合作媒体官博@各大赞助商官博

续表

更新时间及主题	话题	发送内容（图文兼备）	文案示例
赛前准备（一天1～3条）	#滑雪进校园# #后生可畏# #中国青少年滑雪大奖赛# #年少有为# #go skiing#	选手报道签到	#中国青少年滑雪大奖赛##年少有为##后生可畏#小选手们在比赛前一天到达雪场，不知道心里有没有一丢丢的小激动和小紧张呢
		比赛雪道介绍	#中国青少年滑雪大奖赛##go skiing#这次比赛在××赛道进行，在这蜿蜒崎岖的雪道将会谱写出怎样的奇迹呢～让我们拭目以待@云顶滑雪场
比赛进行中		比赛相关内容介绍播报	#中国青少年滑雪大奖赛##后生可畏##年少有为#×××小朋友在××组比赛以××的成绩轻松夺冠！用行动给我们诠释了什么叫长江后浪推前浪！
		娱乐相关内容介绍	#中国青少年滑雪大奖赛#又能看滑雪比赛，又能吃好吃的，又有好玩的！还在等什么，大奖赛现场滑雪公园为你提供最精致的娱乐活动，come and join us！
		微信公众号引流	#中国青少年滑雪大奖赛#关注赛事官方公众号，各种赛事惊喜等你哟
赛事结束		赛事回顾	#中国青少年滑雪大奖赛#赛事圆满结束，充满回忆与不舍，希望每位青少年都能在运动中成长！
		赛事纪录片	#中国青少年滑雪大奖赛##年少有为##后生可畏#2019年中国青少年滑雪大奖赛纪录片新鲜出炉，圆梦冬日，助力冬奥。

3）官网

目前中国青少年滑雪大奖赛的官网挂靠于国安体育官网,在国安体育官网中的"国安冰雪"模块中,分为首页、赛事信息、积分榜、精彩回顾以及联系我们五个板块(图2-1)。

2018—2019中国青少年滑雪大奖赛

"2018-2019中国青少年滑雪大奖赛"由国家体育总局冬季运动管理中心、中国滑雪协会主办,国安体育文化发展（北京）有限公司承办。

图2-1 国安体育官网中的"中国青少年滑雪大奖赛"模块

建议建立一个独立于国安体育的赛事官方网站,具体设计见表2-4。

表2-4 中国青少年滑雪大奖赛网站框架图设计

中国青少年滑雪大奖赛 Logo				搜索引擎			会员登录
新闻	视频	报名渠道	赛事数据	趣事	社区	商店	联系我们
带有大张图片的头条新闻							广告区
其他重点新闻及视频推荐							
国安体育简介及国安体育重要新闻发布							滑雪爱好者互动区
参赛者信息及赛事数据统计							
国安体育、赞助商、微信公众号、微博等相关信息导航							

受众可以通过新闻栏获取各项赛事的新闻;视频栏不仅包含比赛宣传视频,还有赛事淡季的相关活动及赛事基础信息介绍、回顾历史

的相关视频;赛果数据栏提供详细的比赛数据以便参赛者及其父母随时了解比赛情况;趣事栏可以设计一些线上互动小游戏,类似于微信小游戏,并给玩游戏者提供一定的奖品福利;社区栏设有赛事论坛及留言板,参赛者及其父母还有观众可以注册账号进入论坛和留言板,同其他的小伙伴进行交流,参赛者及其父母可以在留言板上写下对参赛的期望和寄语;此外,官网还设有明星打call员的互动区,受众可以和滑雪明星互动交流;最后,消费者可以通过官网的在线商店了解"中国青少年滑雪大奖赛"的相关纪念品并在线购买。

4) 百科词条

目前国内三大搜索平台以"中国青少年滑雪大奖赛"为词条的百科均有建立,让需要了解赛事基本情况的人群能很方便地通过搜索引擎搜索到赛事信息,并让赛事更加具有权威性与正式感。但百科词条还是信息供给较少,不能满足受众基本的赛事信息知晓需求。特提出以下两点改进措施。

(1) 完善百科内的信息板块,添加"基本信息""办赛理念""历届赛事""历届成绩"等基础信息栏,增加相关信息,建立完整的百科词条内容。

(2) 增加词条图册。将历年赛事精选的比赛图片上传至百科词条,让受众在阅读文字的过程中,有图片的印象加成,形成一个对"中国青少年滑雪大奖赛"的专业性印象。

5) 赛事直播

赛事直播能保证赛事精彩画面的记录以及让未到现场的观众依然有渠道观看到精彩的赛事。直播画面中赞助商Logo(标志)的播出也是赞助商权益维护的一种体现。

而滑雪赛事对于直播条件的要求很高,因为比赛是在中高级雪道上进行,受场地限制,直播难度很大,一般采用"无人机拍摄+现场固定机位"来进行直播,并需要现场技术人员对直播质量的把控。

传统媒体也需要进行赛事的传播。可以适当选择在CCTV5或BTV(北京广播电视台)等传统电视媒体,以及中国体育报等纸媒上进行宣传。若赛事观赏性不高或电视直播要价过高,可选择寄送赛场精彩瞬间录影资料发送给 CCTV、BTV 等平台,在非黄金时段进行赛事回放。

2. 线下传播方案

1)赛事淡季、赛事预热期

(1)举办滑雪夏令营。

让滑雪项目不止出现在冬季,维持滑雪运动一年四季的热度,改变大众传统的只有在冬季才可以进行滑雪的观念。国安体育举办滑雪夏令营,主题可以定为"清凉一夏""冰火两重天"等,让人耳目一新。夏令营表现好的选手可以获得中国青少年滑雪大奖赛参赛券、大奖赛参赛优惠、冬令营直通券、冬令营优惠券等。

(2)滑雪进校园。继续在中小学开展滑雪进校园活动,在原有滑雪进校园活动内容的基础上加入以下内容。

① 开展滑雪明星小课堂。

② 播放往年青少年滑雪大奖赛精彩视频,激发学生进行滑雪运动及参赛的兴趣。

③ 在校园内开展滑雪体验区,包括 VR 滑雪体验区、滑雪机体验区体验旱地冰雪。在有限的场地内让学生体验滑雪的乐趣。

④ 组织集体室内滑雪活动,让学生真切地体验滑雪的乐趣。

(3)在各地室内滑雪场、室外滑雪场宣传中国青少年滑雪大奖赛。

在雪场张贴大奖赛海报。海报可分为:大奖赛宣传海报,包含大赛 Logo、大赛信息、赞助商信息等最官方的海报;明星代言大奖赛海报,代言明星可以分为专业滑雪明星运动员和娱乐圈爱好滑雪的明星,通过公众人物的影响力带动滑雪大奖赛的发展;往年比赛部分项目冠军的宣传海报,同龄人可以更好地激发学生的竞赛兴趣。

通过滑雪场售票处,给每一个买票者分发大赛宣传册。宣传册要简洁、完整、清晰、带有滑雪特色,让人有浏览的意愿,并且能够迅速找到自己想了解的重点内容。

(4) 赛事周边。

① 产品种类丰富。对于参赛者,可以推出比赛训练专业装备。对于大赛观众等非专业人群,可以推出带有大赛 Logo、吉祥物的明信片、钥匙扣、卡套、卫衣、T 恤、杯子、笔记本等成本较低的纪念品。

② 产品推广充分。拓宽产品销售渠道,除了在大赛现场售卖以外,还要充分利用微信公众平台、微博、抖音、官网等平台,对产品进行广泛宣传,同时可以在淘宝、京东、微信小程序上进行商品的售卖。

(5) 赛制更新:制定更利于新手参赛的赛制(表 2-5)。

表 2-5 赛制设计

赛　　制	专　业　组	体　验　组	趣　味　组
参赛者要求	1. 已注册参加过比赛。 2. 没有注册参加过比赛,但滑雪经验丰富,具备参加专业组的实力	1. 没有注册参加过比赛,且认为自己不具备专业组的实力。(每人仅能参加一次体验组的比赛,第二年不可再参加体验组比赛。) 2. 年龄在 14 岁以下	年龄在 10 岁以下均可参加
竞赛项目	1. 高山滑雪大回转。 2. 单板滑雪大回转。 3. 自由式滑雪坡面障碍技巧。 4. 单板滑雪坡面障碍技巧	1. 高山滑雪大回转。 2. 单板滑雪大回转	滑雪闯关趣味竞赛
竞赛组别	高山滑雪大回转、单板滑雪大回转(男子组、女子组) (1) U18:14～17 周岁 (2) U14:10～13 周岁 (3) U10:7～9 周岁 自由式滑雪/单板滑雪坡面障碍技巧(男子组、女子组) (1) U18:15～17 周岁 (2) U15:12～14 周岁 (3) U12:11 周岁及以下	高山滑雪大回转、单板滑雪大回转(男子组、女子组) (1) U14:10～13 周岁 (2) U10:7～9 周岁	滑雪闯关趣味竞赛(不区分男子组和女子组) U10:10 周岁及以下

续表

赛制	专业组	体验组	趣味组
奖项设置	1. 每个参赛者都可获得参赛证书及比赛奖牌。 2. 前八名认证的获奖证书（积分总冠军获得"中国滑雪未来之星"称号）。 3. 奖金及奖品奖励（前八名获得不同价值的滑雪装备礼包＋前三名获得现金奖励）。 4. 寻源追梦活动奖励 （1）"未来之星"获得寻源追梦活动奖励。 （2）总积分第2、第3名可获得寻源追梦单站旅游奖励，或冬令营/夏令营名额奖励	1. 每个参赛者都可获得参赛证书及比赛奖牌。 2. 奖品奖励（前八名获得不同价值的周边产品）。 3. 各项目前三名获得下一年大奖赛专业组比赛的邀请函	每个参赛者都可获得参赛证书及比赛奖牌

（6）选手参赛照的私人定制。与相关摄影 App 或拍立享平台合作，为报名者拍摄独一无二的参赛照，并在照片上选择性加入比赛 Logo、赛事吉祥物形象、官方微信二维码、赞助商等要素，将图片保存到云相册上传到云端，参赛者及其家长可在官方微信公众号下载，因在传播前经过提前处理，所以可供参赛者传播的图片都印有官微的二维码，可起到为官微推流的效果，同时赞助商 Logo 或产品的露出，也能成为赞助商权益维护的一部分。

选取部分选手的参赛照，在微信推送、微博、抖音进行宣传，并且参赛者会自发地将图片上传到自己的私人空间，如微博、朋友圈、QQ 空间等，形成了比赛信息的二次传播，让每一个参赛者和观众都成为赛事的传播者，让更多人了解这项赛事。

（7）赞助商、合作方的选择与洽谈。中国青少年滑雪大奖赛作为已经有一定影响力的重要赛事，是企业通过赛事进行营销和品牌推广的重要渠道，因此我们给出了赞助商选择的建议。

① 滑雪赛事装备类赞助商——服饰、装备品牌。目前而言，中国

青少年滑雪大奖赛的滑雪品牌赞助商仅ONEWAY一家,因此赛事可以继续拓展服饰、装备行业的赞助商。可以将赞助商的赛事装备作为运动员的奖品,并在赛事播出、赛后宣传时多次进行介绍,以提高赞助商的知名度。

② 体育赛事旅游类赞助商——旅行社和旅游App。可以将大奖赛与旅游结合起来,旅游可以作为大奖赛的奖励之一,也可以作为冬令营等活动的奖励,结合赞助商实现大奖赛与旅游的结合,将单独的滑雪赛事打造成集特色旅游、滑雪文化、赛事体验为一体的旅游产品。这种以滑雪运动为主题的旅游,还可以和各地雪场结合起来,将滑雪体验作为旅游一个项目,诸如此类的合作赞助商也可从中获得盈利。

③ 健康饮食类赞助商——运动餐饮、能量食品。健身餐、轻食等健康饮食作为刚刚发展起来的饮食文化,正在被大量年轻人所接受。作为年轻人更多选择的轻食、健身餐等品牌,必然也需要通过体育赛事进行一波有效的营销。可以在比赛期,将运动员的早餐或下午茶改为健康餐,并在比赛时为运动员发放能量食品,通过图片记录运动员吃这些食物的时刻,在赛事中加以宣传。通过宣传可以提高品牌的知名度,增加大众对品牌的接受和认可程度。

④ 火热小视频类赞助商——抖音。作为当今用户使用量极高的小视频App,抖音已经覆盖诸多赛事,但其中很少涉及体育赛事。从2018年全年的抖音用户画像可以了解到,抖音最主要的用户年龄集中在30岁以下,而滑雪也主要是年轻人从事的运动,用户的契合让这样的营销事半功倍。

⑤ 留住赛事精彩瞬间——Canon、Nikon。滑雪赛事作为精彩瞬间层出不穷,且比赛场地风景优美的一项赛事,必然会吸引一众摄影爱好者的目光。但在赞助商名单中并未出现摄影品牌的身影。摄影品牌赞助滑雪赛事,除了获得常规的赞助商权益外,还可以通过举办摄影展、"滑雪赛事+摄影赛事"(另行介绍)的方式,吸引更多人加入这一滑雪盛会中来。

2）赛事进行期

（1）"赛事+赛事"场景构建。作为青少年滑雪赛事，家长必然是观众中的主力军，如何让陪同的家长们同样融入赛事？摄影赛事必然是不错的选择。"赛事+赛事"这一构想期望将两项同样精彩的赛事进行绑定，滑雪赛事借助摄影赛事的图片等途径达到宣传的目的，摄影赛事的获奖作品可以通过宣传画册、明信片等途径出现在滑雪赛事的文化产品中。而滑雪赛事的精彩瞬间或是主办地的优美风景则为摄影赛事提供了现成的摄影素材。这样的构建既能提升赛事观众的参与度，又为宣传营销提供了素材，同时还可以吸引摄影品牌赞助商入驻。

（2）滑雪主题公园。滑雪主题公园更像是一种嘉年华活动，即在正赛开始期间，或提前于赛事开始、晚于赛事结束的时间段内，在比赛场地周边设置与滑雪项目相关的娱乐活动或项目体验，如平衡挑战、雪车体验等。通过这些赛事周边项目烘托赛事气氛，也让更多在现场观赛的观众亲身参与到滑雪运动中，感受滑雪文化带来的快乐。在滑雪主题公园的建设中有以下几点建议。

① 活动增设获奖环节来奖励那些成绩好的观众，有助于激发其参与热情。

② 鼓励赞助商设计与自身产品相结合的活动展区，达到嘉年华活动与赞助宣传的双重效果。

③ 增设与项目相关的体验活动区，让观众可以亲身体验赛事项目，请明星运动员参与现场交流，给观众普及滑雪规则及基本技术等。

对于滑雪文化主题公园的区域划分给出以下建议。

① 娱乐区：

体验：雪橇体验、雪车体验、雪地摩托车体验（可收费）；

普及滑雪：VR体验模拟滑雪；网红打卡；

拍照：竖物料牌or冰雪相关雕塑（Elsa、大白等）供观众打卡拍照。

② 文化区：赞助商商品展示；滑雪知识竞猜；表演赛；纪念品商店。

③ 休闲区：餐饮。

④ 互动活动：

通过直播平台对赛事进行互动直播。配备优秀的现场解说，不仅普及滑雪专业知识，还可以调动气氛。实现"赛事全程直播＋有奖互动"，在直播结束后抽取多名活跃用户赠送赛事周边小礼品。

在场地允许的情况下，在比赛中间穿插专业运动员的滑雪表演，如U形池表演、坡面障碍技巧表演等，使比赛更具有观赏性。

跟踪拍摄每个参赛者的比赛全过程，并将比赛视频链接发在指定公众号，供参赛者下载。让每个参赛者不论是否获胜，都能感受到赛事组织对他们的重视程度。

搭建音乐舞台，可邀请唱功佳的歌手进行现场表演，也可邀请DJ（电台音乐节目主持人）来现场烘托气氛。

3）赛事余热期

（1）滑雪冬令营。借助赛事结束后的热度开展滑雪冬令营，原来冬令营的报名时间是在9月份，冬令营开营时间是1—2月，现在可以在9月份开展一批报名，在大赛结束后再开展一批报名，但是价格可以比9月份时高一些。

（2）赛事微电影制作。

① 大奖赛纪录片。将大赛预热期、赛事期的每一个线下活动都通过视频记录下来，寻找精彩瞬间，制成赛事微电影，进行广泛传播。

② 为每个组别获胜者制作个人宣传短片。短片内容包括：对选手的采访，选手的滑雪历程，滑雪小故事，对滑雪的感受，大赛精彩瞬间、颁奖瞬间、日常训练、在校生活等。制成个人宣传短片在微信公众号、微博、抖音等平台传播，并在微信公众号进行"最佳人气滑雪小明星"的投票评比活动。

③ 获胜者旅游奖励，寻源追梦。对获得旅游奖励的参赛者进行视频记录，包括前期获奖的感受、对旅行的期待等。活动开始后对旅游团队进行视频追踪记录，寻找精彩瞬间。活动结束后再次对参赛者进行采访，让其谈谈对此次旅游的感受、对旅游的建议，以及这次旅游带给自己的成长等。

以上每一个部分可以分别制作视频,同时可以将三部分结合起来制作纪录片。

二、 赛事营销运营效果评测

(一) 新媒体的涨粉情况、阅读量、转载量

如今,微博、微信等新媒体已经成为不少人获取信息的主要来源,也已经成为不少机构企业和团体个人发布信息的最主要方式。根据微博账号的涨粉情况以及微信文章的阅读率、转发率等,可以测定文章的影响力(影响力＝10 000×阅读率＋10 000×阅读率×转发率×100),从而确定之后文章的方向和定位。

(二) 赞助商权益维护状况、作出详细赞助商权益展示

赞助商权益维护一览表见表2-6。

表 2-6 赞助商权益维护一览表

资　源	权　益	适 用 范 围
标志及称谓资源	1. 标志及称谓在各种广告平台的使用权益 2. 标志及称谓在产品包装上的使用权益 3. 标志及称谓在线下活动中的使用权益 4. 标志及称谓在赛事场地的展示 5. 冠名名称使用权	含秩序册、宣传册、媒体指南、新媒体平台 赛事周边产品 比赛打call主舞台、比赛期滑雪文化乐园展区、滑雪进校园活动 赞助商专用展台、出发门、比赛护栏牌、道旗 赛事冠名
广告权益	1. 官方传统媒体广告资源使用权益 2. 官方新媒体广告资源使用权益 3. 赛事官方活动优先赞助权益	官方印刷物、平面媒体、电视媒体、户外广告牌 官网、微博、微信公众号、抖音号 "滑雪赛事＋摄影赛事"活动、滑雪进校园活动
证件资源	为赞助商办理工作人员证件及其他通行证的权益	

续表

资　源	权　益	适 用 范 围
赞助商识别资源	赛事活动中免费宣传服务的权益	新闻发布会及赛事主持现场广播
市场营销支持资源	1. 赛事方为赞助商提供联合营销机会的权益 2. 赛事宣传与举办过程中提供产品销售机会	赛事官网、微店可作为赛事赞助商的售卖渠道之一 赞助商展台及售卖区
反隐性营销资源	为赞助商反隐性营销提供免费宣传与法律支持	
赞助类别排他资源	保证赞助商在同类产品企业中享有赞助权益的唯一使用权	

（三）参赛者对赛事的评价

比赛参与者的评价决定了比赛举办的好与坏。在赛后可在官网、官方微信公众号、官微等渠道，对参赛者及跟随家长进行问卷调查，问卷内容可包括信息发布渠道建立的完整情况、赛事手册的评价状况、赛事方服务承诺的兑现情况、赛事指引的清晰度等，通过参赛者的评价来对以后的赛事进行调整。

（四）冬奥及国家队后备力量选拔

本赛事可以作为冬奥会的人才选拔工作的渠道之一。对于参赛中成绩优秀的运动员，赛事根据具体情况可以为其提供进入国家队的机会，并且对于一些好苗子，也可为其提供进入青训营的机会，为国家培养后备力量。

（冠军"白给小分队"的成员：付颖瑶、贾雨涵、吴昊、吴汉一、林淮铭）

案例点评

自我国成功申办冬奥会后，短短几年间我国举办的各级各类冰雪赛事如雨后春笋一般涌现出来，尤其是各类青少年赛事。中国青少年滑雪大奖赛便是众多新兴赛事中的一员。该项赛事设立于2018年9月,由国家体育总局冬季运动管理中心、中国滑雪协会主办,目前是国内参与人数最多、赛事规模最大、赛事规格最高的国字号青少年"U系列"滑雪赛事。

滑雪运动在我国尚属于小众运动,进入门槛较高,掌握技能有一定难度。借着冬奥,我国滑雪运动得以广泛普及,滑雪运动参与者数量大幅增加,但我国滑雪文化氛围较弱,滑雪市场基础相对薄弱,政府的大力支持在滑雪运动的发展中可起到重要的促进作用。与一般体育赛事相比,滑雪赛事的办赛成本和实施难度相对较高。而青少年滑雪赛事承担的责任更大,要致力于青少年滑雪运动水平的提升和在青少年人群中进行滑雪文化的推广及交流。因此,要想让青少年滑雪赛事可持续发展,主办方、承办方、政府、社会力量以及企业各方都需要付出努力,去培育这个市场。

本案例中提出的任务是从承办方的视角来研究中国青少年滑雪大奖赛,如何利用赛事IP,抓住机遇,分享冬奥经济带来的市场红利。众所周知,赛事关注度高、传播范围大,才会吸引更多的赞助商。如果赛事品牌知名度不高、赛事IP影响力不大,就难以吸引高质量的赞助商,导致商业开发力度不大,影响赛事后续发展。因此本案例重点是如何提高新兴赛事的知名度,用有效的体育营销策略与众多滑雪爱好者建立互动和情感联系,从而更好地进行市场开发,获得赛事的可持续发展。

在案例分析部分,需要分析冬奥带来的机遇及本赛事可以借力的地方、青少年滑雪市场的现状、行业内竞争者的情况、赛事自身情况等。要找准目标客户,对青少年滑雪运动的消费者进行调查分析。青少年滑雪爱好者一般是运动参与者,而不是付费者。往往其父母是付费者,毕竟滑雪费用比较高。因此,深入了解青少年滑雪运动爱好者及其父母的消费偏好是后期进行成功赛事营销的关键。亚军BCSU队通过问卷调查、访谈等方式对该赛事进行了全面的调研和分析。但基于数据难以获取,许多参赛队的方案中都缺少对青少年滑雪爱好者的调查。另外,如果能够在分析部分将国外知名青少年滑雪赛事在早期如何发展壮大的情况研究清楚,会更有借鉴意义。

在赛事营销设计时,可以按照赛事举办的过程来分期设计,如赛事的休赛期、赛前、赛中、赛后等,突出不同时期的特点。重点需要考虑新时代背景下,如何利用滑雪的场景,与青少年滑雪爱好者建立情感联系;如何利用各类营销手段,对该赛事进行更广范围的传播;如何吸引青少年滑雪爱好者及家人参与和关注该赛事;如何扩大赛事的知名度和影响力。当然,也可以对该赛事本身进行优化。

在各组策划的方案中不乏好的创意和想法。

在如何与学校互动,走入校园,进行冰雪运动普及和推广方面。冠军"白给小分队"提出滑雪 VR 展区进校园,带领青少年感受滑雪互动的乐趣;亚军队策划了中国少年滑雪大奖赛校园 3V3 季前赛,与北京和张家口等地的学校进行联动,扩大赛事影响力。此外,利用体育明星或喜欢滑雪的流量明星,在校园进行宣讲与分享。亚军 BCSU 队建议开展校园滑雪文化周,举办如世界冠军教你滑雪、冬奥知多少问答等活动。

在对赛事整体进行优化方面。冠军"白给小分队"提出赛事增设体验组和趣味组,并从图片营销的视角去设置定妆照私人定制服务,与后期媒体平台和宣传进行无缝连接。设置了双赛制模式,通过青少年滑雪赛事和摄影赛事的联动,让青少年及其家人都找到了参与的乐趣。设计了一些赛事周边,并建议开设冬夏令营,建设滑雪文化主题公园等内容。

在线上线下传播方面。冠军"白给小分队"从官方统一的微信公众号、微博、官网、百度词条和赛事直播点播平台以及赛事的垂直媒体方面围绕赛事进行整合传播,较好地实现了与消费者的互动和建立情感连接。而亚军 BCSU 队提出拓宽传播渠道,创新传播模式,建议选出赛事小 KOL(包括在赛事中成绩突出的中国青少年滑雪之星、在线上线下展开投票选出的人气选手),并挖掘他们的滑雪故事,通过制造话题的方式进行引爆。

在公益活动方面。亚军 BCSU 队选择了自闭症儿童作为救助对象设计公益活动,可以引发社会关注,制造话题,提升赛事的品牌形象,扩大赛事影响力。

最后,在评估方面,冠军队列出了赛事运营效果测评的具体指标和内容,但赛事营销方案还需要考虑投入成本和预期收益估算以及风险控制评估。

案例 3
中网如何利用假日经济提升品牌形象

案例

中网拥有 16 年的发展历程,终于从一个普通巡回赛发展成为"中国十佳赛事"之一,也是拥有自主知识产权的中国三大体育赛事之一,已形成十一黄金周的假期体育消费经济业态,观众在国庆假期观赛和游玩、参与的需求已经成为"刚需",逐渐培育了一批具有一定品牌忠诚度的客户。北京市也通过中网塑造了城市名片,创造出"城市会客厅"的概念。由中网形成的假日消费业态形象,带来了巨大的经济价值,塑造了良好的城市风貌,在传播发展网球运动中也发挥了不可比拟的作用。

但是,中网的品牌形象仍与四大满贯赛事有一定的距离,还存在赛事品牌在国际上的影响力较低、市场化运作的商业模式未成熟、缺乏有效媒体的介入导致营销的手段单一等问题。中网应该如何利用假日经济,来提升品牌形象和品牌影响力,打造中国网球赛事更高级别的赛事,有效应对其他城市,如上海大师赛、深圳 WTA(国际好网球协会)年终总决赛等赛事的冲击?

(请扫描二维码阅读完整案例)

案例分析报告节选

该报告首先分析了我国体育竞赛表演业发展的现状,指出我国目前体育竞赛表演业主要呈现以下特点:赛事 IP 为产业链核心;政策助力体育赛事产业加速发展;体育产业结构失衡,体育竞赛提升空间大;中国体育赞助市场仍有不足;国内优质赛事运营能力仍有待提升;爱奇艺体育、优酷体育、腾讯体育三分天下。然后对中网公开赛发展环境和竞争格局进行分析,在此基础上提出市场营销方案、媒体宣传方案和如何获取人才的建议。以下是案例报告的节选部分。

一、中国网球公开赛发展环境分析

宏观环境 PEST(political 政治、economic 经济、social 社会、technological 技术)分析如图 3-1 所示。

二、中国网球公开赛竞争格局分析

波特五力模型分析如图 3-2 所示。

三、市场营销方案

(一)安索夫矩阵

市场渗透(market penetration)即以现有的产品面对现有的客户,

案例 3 中网如何利用假日经济提升品牌形象

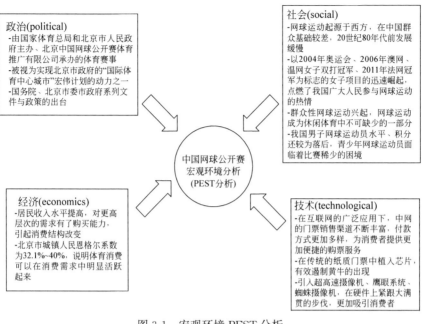

图 3-1 宏观环境 PEST 分析

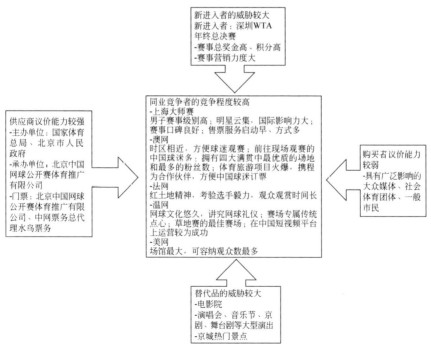

图 3-2 波特五力模型分析

以其现有的产品市场组合为发展焦点,力求增大产品的市场占有率。中网现在拥有ATP(职业网球联合会)、WTA认证的网球比赛及ITF(国际网球联合会)认可的青少年赛事,产品种类齐全,可以满足绝大多数消费者的观赛要求。采取市场渗透的策略,可以通过提升产品观赏性(邀请巨星参赛)等方式来说服消费者尝试体验中网的产品,如现场观赛、新媒体平台观赛等。

市场开发(market development)即用现有产品开拓新市场,企业必须在不同的市场上找到具有相同产品需求的客户,其中往往产品定位和销售方法会有所调整,但产品本身的核心技术则不必改变。中网的现场观众有73%来自北京本地,应借助十一黄金周的优势着力开拓新市场,扩大外地观赛人群,提高整体的上座率。同时应关注潜在观赛人群即青少年群体,培养其观赛习惯,吸引其前往现场观赛。

产品延伸(product development)即推出新产品给现有客户,利用现有的客户关系来借力使力。中网应扩大现有产品的深度和广度,丰富其网球嘉年华及其他相关展区活动,挖掘青少年赛事的价值,推出娱乐赛等更为轻松有趣的赛事产品给现有的客户,提高中网在消费者荷包中的占有率。

多元化(diversification)经营即提供新产品给新市场。中网有意打造以竞赛表演产品为核心的shopping mall模式,对标西单大悦城等成熟的模式,因此中网应聘请相关专业人士进行产品运营,打造自己的特色,突出体育的核心竞争力。

(二) STP(营销学中营销战略三要素)战略

1. 市场细分(S)

市场细分有利于制定更有效的营销组合策略,最大限度地销售赛事门票以达到利润最大化。市场细分的依据有很多,对商业体育赛事市场较为有效的方式是按照人口变量来细分。

2. 目标市场(T)

中网把赛事目标人群归纳为三类:与网球的运动品质比较契合的

白领职员以及管理层、未成年儿童和大学生。

WTA掌门人阿拉斯特说:"中网应该是一个大派对。观众们来到中网可以看外场比赛、逛展台,他们不一定是真正的网球迷,但是一样可以享受中网带给他们的快乐。逛比赛应该成为人们生活的一部分。"

3. 市场定位(P)

中网对自身的市场定位是"第五大满贯赛事"——四大满贯赛事的水准,可以说这是中网的长期定位目标,需要在赛事升级及赛事推广等方面多下功夫。

(三)客户—商家评价系统

中网除赛场内消费外,主要的消费集中在赛场外围的嘉年华及展位等区域,因此,规划丰富展区的各项内容是建立消费业态的关键。而对展位中入驻商家的选择与规范则是重中之重,商家的品牌形象、产品质量、产品特色以及品牌认可度都是影响嘉年华活动质量的因素。

因此为了更好地迎合消费者需求、提升服务质量,我们建议设计建立"客户—商家评价系统",具体内容如下。

1. 商家征集期

设计消费者问卷,以简洁的问题收集消费者的消费意向,如特色食品种类、商家服务质量、期望在展位区域享受到的美食,以及希望活动的形式等。也可以让消费者对一部分备选商家进行评价与选择,以此作为中网对于商家的筛选依据。

2. 商家入驻筹备期

在合作合同中结合前期问卷内容为商家在赛期的服务制定规范性标准,对商家提供的商品的质量以及定价进行评估和建议,在最大限度吸引消费者的同时获得利润。同时,根据商家经营产品的类型为其制定合格标准,如日销售量、日好评数、差评数、被投诉次数等,并定时进行产品或服务检查,以保证商家的服务质量以及消费环境的规范程度。

3. 商家赛中服务期

持续收集消费者消费意向以及评价,采用隔天总结反馈制度,每隔一天向各个商家反馈消费者建议,针对存在的问题在能力范围内进行调整与改进,以不断完善展区商品服务质量。

该系统具有持续性的参考及使用价值,可为未来的赛事提供参数,完善相关标准,使赛事质量与等级不断提升,以实现中网提供高端服务的目标。中网可根据实际需要为商家制定不同的奖惩制度,以鼓励促进商家为赛事积极服务。

(四) 园区特色美食设计

中网不缺乏美食,16年来的积累使得中网成为美食的聚集地。在赛会期间,人们可以品尝到来自世界各地的美食。然而,中网缺少两类美食,一是独特的网红美食,二是属于中网的传统美食。

中网是一项网球顶尖赛事,它不仅是一场比赛,也是一种生活方式。网红美食会提升中网的知名度,吸引更多人的关注。而传统美食将成为一种传统延续下去,犹如温网的奶油草莓,会成为赛会不可或缺的一部分。

网红美食与传统美食之间具有一定承接性,网红美食更多是一种创新,而中网的传统美食则具有更长久的生命力。为此我们设计了中网唯二特色小食。

1. 钻石网球冰激凌

钻石网球名字的由来:这个名字结合了钻石球场和中国网球两个关键要素。冰激凌的形状及大小将极度还原真实的网球,冰激凌上点缀的奶油和椰子粉将在阳光下闪耀如钻石般的光芒。

组成及其制作方法(略)

售价:20元/个

口感:网球世界冰激凌的至尊,香脆无比的蛋卷配上奶味浓郁的冰激凌,表面抹茶和奶油的香味,让钻石网球的美味升级。一口下去,你体验到的是绵软顺滑,是欲罢不能,是极大满足。如此一颗钻石网球入盘,配上小勺,在秋日的暖阳里你就是最幸福的仔(图3-3)。

图3-3 冰激凌概念图

2. 京调：中网官方特色茶饮

名字的由来：还记得大洋彼岸温网的飘仙一号吗？飘仙一号的英文名字是 Pimm's，咱们这个就是 Jing's，规格气质都提升了。为了达到人手一杯北京特调的效果，我们的名字极具韵味。无论后一个多音词读什么，都别具一番意味。

北京特调一定是好茶好味，我们将取材北京最有名的两家茶铺的茶叶（张一元和吴裕泰），邀请国内茶叶大师特制茶配方。大师配好茶，口感不会差，我们的目标就是打造属于中网的特色茶。

制作方面，可以与吴裕泰展开合作，充分发挥吴裕泰的创新能力，开发出令消费者喜爱的北京特调，从味道、颜色、口感、设计等多方面给予消费者最大化的满足。

我们团队为此特别设计了饮品杯，简约大气宝蓝色 Logo、纯白色杯体代表了中网的高端形象，饮用口小帽是网球拍形状，这样的设计使杯子不仅是工具，也能成为中网的纪念品之一（图 3-4）。

图 3-4　饮品杯正反面设计图

（五）丰富园区展位内容

1. 破解华容道

华容道是古老的中国民间益智游戏，以其变化多端、百玩不厌的特点与七巧板、九连环等中国传统益智玩具，一起被称为"中国的难题"。中网是唯一一个以中国命名的网球赛事，我们为了发扬其中国特色，将古老的中国民间益智游戏融入其中，吸引更多的年轻人与小孩。

在一定的时间内完成游戏者即进行登记,一天球赛全部结束后选出前三名,给予某场次门票一张、购票折扣优惠及中网纪念周边等礼品。可进行守擂、攻擂,每赛季评出最优"中网×华容道"挑战者。我们设计游戏挑战图如图3-5所示。

图3-5　华容道游戏挑战图

2. 京城美食挑战赛(关卡式)

开设京城美食挑战赛,如喝豆汁挑战赛;盲吃老北京糕点(如驴打滚、艾窝窝、芸豆卷、豌豆黄、稻香村的糕点等),凭手感和口感猜测食物名称。也可以引进稻香村或其他老北京美味糕点,直接在挑战区设置摊位,挑战成功者可以获得指定商品代金券或折扣券,挑战失败者如果喜欢该糕点也可以直接进行购买,在娱乐的同时也有效地促进了外地游客消费。

3. 网球知识挑战赛

对网球规则、网球起源、中国网球公开赛的历史及中网球星等进行知识考查,请相关工作人员进行讲解,共5个箱子,每个人可以抽5道题,答对3道及以上即可获得中网精美周边一份。

4. 盲盒:个性中网,爆炸体验

可以与知名的盲盒品牌合作,在现有的基础上增加原创性,选择将一些限量正版的、精美的中网赛事周边物品放入其中,另外再加入更具有诱惑力的"爆炸性"奖品,如与球星近距离接触交流或合影、参与明星赛或参观内场等资格。为保证盲盒具有足够的吸引力,并且能达到可持续性效果,盲盒内礼品需要持续更新,并且这些极具特色的奖品也只能在盲盒活动中得到,以保持其特殊性。

5. 明星逛市集

市集热闹非凡,不仅能满足球迷们吃喝购娱的需求,还能提供偶遇明星的机会。明星所到之处、所购之物都会有一群粉丝跟随,因此中网可设计巧妙的路线,邀请明星前往体验,带动假日经济消费,实现赛事与商家的共赢。

6. 招聘展位:才源中网,广开贤路

设置相关培训机构或企业招聘展位。中网可通过其招募人数进行利润抽成。观看网球赛事以及参与网球活动的人群中有相当大比例的人,热爱、从事或准备从事体育行业。通过借鉴一些大型体育场馆的运营模式,我们建议设置一两个企业招聘展位,既丰富展位类型,又使大家在休闲娱乐时间更加了解相关产业的经营情况及就业趋势,提升活动档次与形象。

7. 赛场通道、区域命名:准确落脚,不绕一步

消费者往往希望"不走回头路",即希望能够最大限度地浏览每一个展区展位,这样与所耗费的成本价值相匹配的满足感和成就感才能让消费者觉得"不亏"。因此,针对整个中网的展区来说,道路设计以及指引就显得十分重要了。

如何给予消费者实时的道路指引以及最高效的浏览路线规划是我们考虑的问题之一。对此,我们根据国家网球中心的地图将主要道路进行了标注(图 3-6),有地标的地点提示消费者如何转向,没有地标的地方用颜色提示消费者是否处于主干道,并且如何通向主干道。(图 3-6 中标注为概念图,可根据实际需要调整改进)

建议采用有色地砖和地贴标志的连续性指引,即为每一个点位构

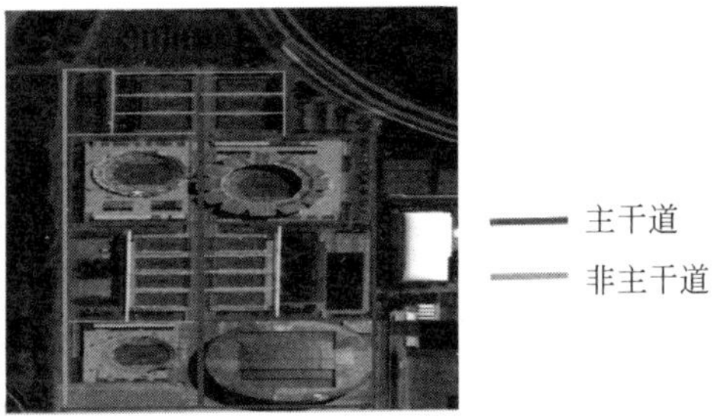

图 3-6 国家网球中心主要道路标注

—— 主干道
—— 非主干道

建赛场直通道,既方便消费者往返于展会和赛场,又提高了消费者的消费效率。为此我们还设计好了地贴的样式,希望能在日后的比赛中发挥作用(图 3-7)。

图 3-7 国家网球中心地贴

(六)假日服务与权益

1. 提供路线攻略服务

紧密结合假日经济,吸引旅游人群是工作重心之一,目前中网应该借助国庆长假期间旅游景区的热度,为游客规划赛事时间,以贴心周到的服务赢取信任。因此建议中网在游客的行程安排上提供参考服务。

在门票后设置二维码,扫码可进入系统中路线及行程建议,或在比赛的推广媒介中进行推送,我们可以针对不同时段的比赛为游客提供全天行程推荐,既可以将中网的比赛时间加入游客的出行计划,又展现了中网对高端温暖服务的追求。我们简略设计了部分路线及相关交通信息,可以用在为游客提供的辅助信息中,希望在日后有所帮助。

路线选择原则如下。

（1）每条路线保证一场完整比赛。

（2）每条路线保证至少一个京城特色景点。

（3）尽量避免同一路段往返游览(不走回头路)。

（4）交通便利避免过度消耗体力,保证游览质量。

（5）用餐尽量保证特色、便捷、不将就。

具体交通路线设计如图 3-8 所示。

中午场比赛:

1. 早餐>奥林匹克森林公园>网球比赛>清华园>五道口【解馋美食】

钻石球场>清华园			
地铁 8 号线>地铁 15 号线	39min	4 元	用时最短
466 路	49min	2 元	换乘最少
510 路>466 路	55min	4 元	步行最少
打车	36min	24 元	最舒适

2. 早餐>清华园>午餐>网球比赛>798 艺术区>晚餐

清华园>钻石球场			
地铁 15 号线>地铁 8 号线	39min	4 元	用时最短
466 路	49min	2 元	换乘最少
466 路>510 路	55min	4 元	步行最少
打车	36min	24 元	最舒适
钻石球场>798 艺术园区			
地铁 8 号线>地铁 15 号线>851 路	59min	6 元	用时最短
379 路>696 路	1h43min	4 元	换乘最少
打车	55min	42 元	最舒适
清华园建议游玩时间：2h	798 艺术园区建议游玩时间：3h		

下午场比赛:

1. 早餐>圆明园>午餐>网球比赛>>晚餐[打卡美食街]

2. 早餐>北京动物园>午餐>网球比赛>>晚餐

3. 早餐>颐和园>午餐>网球比赛>食宝街

颐和园、圆明园>钻石球场			
地铁 4 号线>地铁 2 号线>地铁 8 号线	45min	5 元	用时最短
594 路>379/81 路	1h12min	4 元	换乘最少，步行最少
打车	50min	35	最舒适
动物园>钻石球场			
地铁 4 号线>地铁 2 号线>地铁 8 号线	46min	5 元	用时最短
地铁 4 号线>地铁 10 号线>81 路	1h4min	6 元	步行较少
打车	59min	51 元	最舒适
钻石球场>食宝街			
地铁 8 号线>地铁 10 号线	46min	5 元	用时最少
466 路	1h4min	2 元	换乘最少
379/81 路>特 15 路	1h8min	4 元	步行最少
打车	36min	39 元	最舒适
圆明园建议游玩时间：2-3h	动物园建议游玩时间：3h		

1. 北京西站>钻石球场			
地铁 9 号线>地铁 4 号线>地铁 10 号线>地铁 8 号线>	56min	5 元	用时最少
地铁 9 号线>地铁 6 号线>地铁 8 号线	58min	5 元	
694 路>379 路	1h29min	6 元	换乘最少 步行最少
694 路>510 路	1h23min	5 元	换乘最少
打车	52min	67 元	最舒适
2. 北京南站>钻石球场			
地铁 4 号线>地铁 6 号线>地铁 8 号线	59min	5 元	用时最短
地铁 4 号线>地铁 2 号线>地铁 8 号线	1h	5 元	
102 路>特 3>379 路/81 路	1h56min	7 元	步行最少
打车	1h7min	74 元	最舒适
3. 首都机场>钻石球场			
首都机场线线>地铁 10 号线(外环)>地铁 8 号线	1h5min	30 元	用时最短
机场大巴 6 号线上地、奥运村线>379 路/81 路	1h25min	32 元	步行最少
打车	54min	77 元	最舒适
4. 南苑机场>钻石球场			
576 路>地铁 10 号线(外环)>地铁 8 号线	1h49min	9 元	用时最短
576 路>地铁 10 号线(外环)>81 路	2h5min	10 元	步行较少
打车	1h16min	136 元	最舒适
5. 大兴机场>钻石球场			
北京大兴国际机场线>地铁 10 号线(外环)>地铁 8 号线	1h35min	41 元	用时最短
北京大兴国际机场线>地铁 10 号线(外环)>81 路	1h51min	42 元	步行较少
打车	1h33min	225 元	最舒适
6. 北京站>钻石球场			
地铁 2 号线(外环)>地铁 8 号线>	53min	5 元	用时最少 步行最少
104 路>地铁 8 号线	1h15min	7 元	
打车	39min	69 元	最舒适

晚上场比赛:

早餐>故宫博物院>午餐>南锣鼓巷>清华园>晚餐>网球比赛

故宫博物院>南锣鼓巷			
地铁 8 号线	26min	3 元	用时最短
步行	38min	0 元	换乘最少
打车	25min	15 元	最舒适
南锣鼓巷>钻石球场			
地铁 8 号线	32min	4 元	用时最短
13 路>379 路	1h34min	4 元	步行最少
打车	1h4min	42 元	最舒适
故宫博物院建议游玩时间：2.5h-3h	南锣鼓巷建议游玩时间：2h-2.5h		

图 3-8　交通路线设计

2. 设置车站—赛场摆渡车

假日期间交通拥堵,对于从其他地区来京旅游观赛的游客而言是令人头痛的问题之一,而怎样吸引游客了解中网并参加嘉年华等系列活动也是中网应考虑的问题。我们可以抓住这一需求,在三大车站(北京站、北京西站、北京南站)特定地点提供球场直通车,让游客出站即可乘坐我们的直通车直达赛场。一方面解决游客出站迷茫、交通不知如何选择的问题;另一方面通过直通车可直接吸引游客到达赛场,一大部分游客会选择进行参观了解。同时也能体现中网对于消费者的重视和对服务的重视。

考虑到成本问题,我们建议该项服务以三大车站为主要服务点,每个车站每日只设置 2 班直通车,可根据列车时刻表以及始发站终点站信息决定每班直通车的发车时间。对于到达赛场后的停车点可以有所设计,如可以停在园内,促使游客即使在撤出途中也可以接触展区、增加消费概率等。

但需要注意的是,该项服务为中网免费提供的便捷游客的增值服务,不强制,游客可自行决定是否乘坐,当然直通车仅往返于车站与赛场,且发车时间固定,不得根据游客要求改变路线,游客下车后的行程我们不进行干涉,车内可进行中网的介绍,但无任何强制推销行为,重视车内服务质量。

该项服务依靠赛前预告活动进行推广,使外地游客通过微博、微信等媒体平台知晓此项服务,进而考虑使用该出行方式。我们需要重点关注中网的购票人群,可通过票务系统定向告知成功购票者鼓励他们享受这项服务,提升观赛体验,进而树立中网品牌形象。

对于班车我们可以做一定的装饰,将其包装成中网"行走的广告牌",车身还可以加入赞助商品牌 Logo,以增加曝光率,增加赞助商权益。

3. 合作住宿:宾至如归

对于非北京本地球迷,交通与住宿可谓观赛的最大阻碍,因此我们将给予球迷福利,在住宿方面与一些旅店、民宿、酒店达成互利合作,既能保证该酒店获取持续利润和更加有保障的客源,又能有效培养球迷忠诚度,减少球迷来京观赛的顾虑。我们按本赛季的消费水平将球迷主要分为三类。

(1) 针对大多数年轻网球爱好者,与青年旅舍(以下简称"青旅")合作。青旅应为网球主题装修,每家青旅可设置一个室内网球场,可有意将球迷按球星偏好分类,促进交流,形成粉丝合力。

(2) 针对家庭型/团体型网球爱好者,与爱彼迎民宿合作。民宿同为网球主题,可使用 VR 设备进行在线网球体验,在屋内可放置一些网球周边纪念品。

(3) 针对高消费群体/本赛季购买 10 场比赛及以上的个人,与五星级酒店合作。可事先对房间进行个性化设计(如张贴该客户喜欢的球星海报,提供球员浴巾、中网纪念抱枕、水杯等小物件)。

4. 合作门票:一票多用,超值联动

(1) 联动门票:中网+鸟巢(50 元)+水立方(30 元)+鸟巢 3D 体验馆(58 元)+奥林匹克塔(138 元)=中网+100 元,设计主题为 2020China Open×Beijing Olympic Games。

(2) 中网+国家大剧院,西方运动与东方艺术的碰撞与结合。

(3) 合作售票点:在国家网球中心设置北京景点门票售票点,为前来"旅游+观赛"的球迷游客提供更多便利。

(4) 合作旅行社:选择一家口碑良好的旅行社,在网球中心场外为中网球迷提供旅行咨询服务,在参团或请导游时凭门票可享受现金折扣。

(5) 合作志愿者讲解员:凭中网门票可享受国家博物馆、国家军事博物馆、国家铁道博物馆等展览的志愿者讲解服务,以突出中网的中国特色。

(6) 合作商场:与国家网球中心附近的新奥体购物中心合作,凭本赛季中网门票至购物中心体育用品类专柜抽奖,奖品可以是各品牌折扣卡或代金券,具体品牌与折扣由双方协商决定。

5. 地铁卡：嘀，刷中网的卡

凭本赛季内场门票可在北京交通枢纽（火车站、地铁站换乘站）人工窗口免费领取中网纪念一卡通一张，作为中网球迷专属福利。

我们团队对地铁卡设计如图 3-9 所示。

图 3-9　中网市政交通一卡通

四、媒体宣传

（一）线下宣传

1. 打造"中网日"，全民"节中节"

要深耕假日经济，建议绑定某一主题进行，设立"中网日"的概念。可以将每年一号种子选手的第一场比赛日设为"中网日"，并大力宣传这一概念，固定这一比赛日，使大家形成习惯，营造"节中节"仪式感，引导大家将国庆和中网联系起来。讲好"中网日"这个故事。

2. 明星娱乐赛：星网联合，酷炫非凡

明星娱乐赛的嘉宾是来自各行各业爱好网球的精英。明星娱乐赛将在正式比赛结束后进行，门票数量有限。娱乐赛采用"抢十"规则，即总分先到 10 分的一方获胜，9-9 之后则需要净胜两分。幸运观众可以通过购买盲盒获取潜藏在幸运盒中的明星赛观赛资格。

3. 听见你的故事：你的故事，我的中网

中网运营多年，积累了许多粉丝，中网需要及时听到他们的声音、得到他们的反馈，及时对自己的服务作出优化。建议在比赛前期在西

单大悦城等北京人流量大的地方设置发声台,由主持人对大众进行随机采访,采访以轻松欢快的方式进行,主要了解大众是否参观过中网、对中网的意见和看法、与中网的故事,对没有观看过中网的人群进行简单的科普。同时由中网的媒体运营组对采访内容进行筛选,将有趣的、有意义的视频发布到微博和抖音上,拉近中网与大众的距离;向管理层反馈建议,帮助他们调整决策。

4. 地铁站广告宣传

将北京地铁 8 号线设置成中网宣传专线。

1) 站内宣传

在地铁 8 号线候车处、地铁行驶两侧的大屏幕上放映中网活动海报、参赛明星介绍。在可以换乘 8 号线的地铁站点(奥林匹克公园、北土城、鼓楼大街、南锣鼓巷、霍营、朱辛庄)也适当进行海报、地贴、楼梯贴宣传。

2) 主题车厢宣传

选择 8 号线两个人流较集中的车厢,布置成中网主题车厢,一方面突出中网气氛,另一方面通过打造网红车厢在网络进行线上推广。

3) 站外宣传

从林萃桥站下车,从站点到国家网球中心一路上设置路标、地标,适当张贴一些海报或安排志愿者进行引导,让前来观赛者感受到中网赛事的热情。

5. 礼仪小天使

网球运动起源于欧洲,赛事规则与传统深受西方文化影响,因而与其他体育项目的比赛相比,网球运动对于赛场氛围和现场观众行为的要求相对较高。

建议邀请儿童参与到礼仪宣传中,让小朋友们穿上小西装、小裙子通过现场展示表演等形式进行观赛礼仪的介绍,相比于传统讲解和要求,小朋友宣传可以使生硬的规则生动亲萌,易于接受,以提高礼仪规则的普及效率和接受度,小朋友还能避免刻板传播带来的矛盾冲突,免去成人间的复杂交流。

另外,吸引儿童参加活动可以带动他们的监护人也参与到活动中,为园区活动增加了消费群体,进而促进消费。

赛后还可以借鉴目前已有的"童真时刻"进行活动记录与评比,增加孩子和家长对于赛事的归属感,并吸引他们成为赛事忠实的支持者。

(二) 线上宣传

1. 微信公众号

中网拥有自己的公众号"中国网球公开赛",推送发布连续、及时,但内容"不出圈",不了解网球的潜在球迷群体不能够及时获取相应的信息。根据消费者画像,我们了解到18~24岁群体占现场观赛总人数的37%,25~34岁占31%,年轻人占据了中网消费者的半壁江山。同时,北京本地观赛群体占73%。因此我们建议针对年轻群体,选择他们所感兴趣的公众号,投放相关内容,吸引有一定好奇心和购买力的年轻人在十一黄金周选择观赛。

2. 微博

1) 产品预热

在微博上进行话题预热"你今天喝京调了吗",邀请明星参与话题讨论,晒出茶饮美照及品尝感想,同时宣布茶饮为中网独家提供,于开赛当日开始进行现场售卖,赛期结束即停止,有少数幸运儿还能获得神秘大礼(门票),引发粉丝及大众的期待。

2) 礼仪宣传视频

邀请明星拍摄礼仪宣传视频,首先可以选择与中网有合作的具有号召力的代表性人物,但不限于娱乐界演员、歌手、艺人等。还可以考虑商界成功人士,如优先考虑赞助商或合作伙伴中的领导人士,可携带品牌标识出镜,并邀请拍摄主角现身说法,如着恰当服装,示范恰当手势,并以幽默的口吻进行某一规则及赛场礼仪的讲解。

考虑到成本,我们建议优先使用合作伙伴中的领导者,并选用两三个流量明星,同时需考虑该明星与网球的联系。拍摄好的视频可邀请拍摄主角分别利用自己的微博或公众号进行转发,使得该部分明星的粉丝也成为消费者群体。剪辑好的视频合集投放至网络平台,并于赛场内循环播放。这样既对商家品牌进行曝光,利用明星效应进行宣传,又以生动的方式普及网球礼仪,规范观众的观赛行为。

3. 抖音:实时热点,即刻潮流

(1) 结合假日经济,抓住国庆黄金周的有利客观条件。中网可以借助抖音在北京"大流量"的优势背景,将赛事进行宣传推广。

(2) 提升短视频质量,打造属于自己的 IP。在网球世界的四大满贯赛事中,温布尔登网球锦标赛(以下简称"温网")的官方抖音账号最为成功,拥有超过 1 500 万的点赞以及近 50 万的粉丝,位列四大满贯赛事之首,温网有很多值得中网学习的地方。例如,以诙谐幽默的片段展现网球的魅力和情怀,以轻松的口吻去讲好每一个小故事。

(3) 以历史和明星为依托打好情怀牌。邀请明星和网球界的名宿参加比赛,进行互动。

(4) 寻求媒体合作,任用专业人员设计运营。可以与抖音官方合作,这样有利于中网抖音内容的推广。任用专业的人员设计抖音视频,打造优质的好视频,同时也要有专业的团队运营中网的官方抖音。

(5) 发挥明星网红的作用,使得中网更大范围地推广。

具体地,我们对于拍摄视频内容提出以下建议。

第一,参加中网比赛的明星球员花絮,如北京景点旅游、美食体验、与粉丝球迷的互动等。

第二,高水平运动员的高光表现(中网比赛中选手精彩表现的集锦)。

第三,到场明星的剪影趣事(明星采访、群星荟萃的效应、粉丝互动等)。

第四,中网特色的文化体验(儿童乐园、VR 体验、球场特殊设计等)。

第五,中网赛事的幕后准备(团队筹划、App 的功能、志愿者的服务等)。

第六,中网特色美食的打卡(可以邀请网红参与打卡、使在现场品尝美食成为到中网必要的体验)。

第七,中网历史及城市记忆(回顾中网 16 年来精彩的历史片段、中网对于北京的城市记忆、中网和北京地标的合作等)。

第八,抓住热点话题,合理"蹭热点"(模仿抖音时下最火的视频核心内容,配上最流行的音乐等)。

五、人才渠道

既懂赛事运营、又懂体育(品牌)管理的体育赛事专业人才十分稀缺。建议:

一是寻求各大体育学院学生会、职业发展协会合作。赞助学校网球比赛、求职大赛等校园活动尤其是招聘类活动,让更多人才有渠道了解公司,产生加入公司工作的意愿。

二是向相关体育界高校申请,加入学校毕业季双选会。在该校举办招聘宣讲会,表达公司需求和员工未来发展前景,同时给予稀缺人才较为优厚的报酬待遇,以期招徕人才。

三是与体育院校合作,培养相关人才。与学生签署定向就业协议,向中国网球公开赛推广公司输送体育人才。

四是与相关体育团队(如大学生创业团队)合作。这类团队有赛事相关运营经验但缺乏上升平台与赛事资源。公司可为团队提供发展平台,团队则为公司贡献智慧,帮助公司更好地经营发展。

五是高薪聘请有相关经验的体育人才进入公司传、帮、带。在公司内部展开培训,帮助新老员工快速熟悉相关事宜。

(冠军"我要吃蛋糕"的成员:乔晓阳、许奕昕、王嘉艺、张家伟)

案例点评

打造一个国际知名的体育赛事需要时间的积淀。从2004年至今,中网经过近20年的精心培育,从一个普通的巡回赛发展成为"中国十佳赛事"之一、拥有自主知识产权的中国三大体育赛事之一,培育了一定数量忠实的观众和企业合作伙伴。与四大满贯赛事相比,中网的品牌形象仍然需要提升。中网赛事举办的时间恰逢我国十一黄金周,所以中网希望能够利用假日经济,更好地提升自身品牌形象和品牌影响力,从而提高自身赛事的竞争力。

案例中提出的问题比较具体,重点需要解决的问题包括两个,一是如何利用假日经济与消费者建立情感联系,二是如何通过各类活动设计和传播以提升中网的品牌形象和品牌影响力。

在案例分析部分,需要思考假日经济中有哪些消费形态,有哪些行业服务于假日中的消费人群。在竞争对手的解读方面,不要局限于我国其他城市举办的网球赛事,要关注十一黄金周期间为在北京度假的人群提供各类服务的企业。要深入分析在十一黄金周期间度假人群的需求和偏好,这是我们进行策划的基础。最终目的是将假日的体育消费人群变成中网的球迷,与他们建立密切的情感联系,将他们吸引到中网赛场或者关注中网赛事,在北京将中网赛场打造成大家喜闻乐见的假日休闲好去处,提高品牌知名度和口碑。另外,还要分析中网目前赛事的情况,以结合实际进行策划,让方案具有可行性和实用性。

在体育赛事营销方面,传统管理者往往会从体育比赛本身、观众的体验以及节日和盛大场面的设计入手,并在赛事本身、观众体验和节日三者之间保持平衡。但在数字化的今天,赛事营销需要从各种途径与消费者建立更多的连接。在本案例中,要求球场内的营销着力点放在提升观众体验和场内各类节日活动的设计、节日氛围的营造等方面。当然营销不止于球场内。我们还需要设计更多有创意的主题和事件,通过各种传播手段,加强消费者与中网之间的互动和沟通,确保中网赛事的精彩内容能够及时触达目标消费者,吸引消费者关注并亲临现场;同时在传播中网的品牌价值和塑造品牌的过程中,提升中网 IP 的价值。

在设计具体的营销方案时,要细化成可操作的、有创新的方案,并需要考虑传播主线。一个明确的传播主线可以将不同的创意活动连接起来,形成更好的传播影响力。

冠军"我爱吃蛋糕"队围绕假日经济就如何提供更好的赛事体验和服务做了详细的各类主题设计,如提出"节中节"概念,设计园区特色美食(钻石网球冰激凌和"京调"饮料),围绕园区展位设计了一系列丰富多彩的活动,如各类挑战赛、游戏、盲盒、明星活动等,在媒体宣传方面设计了线下线上的活动。总体上,创意内容很多,方案可执行性强,但是缺少清晰的传播主线,传播内容和传播方法还可以改进。

而亚军"无法天女"队报告中营销市场分析部分做得比较深入而全面,但在具体措施如举办活动和媒体传播方面仅仅提出建议,缺少可实操的细节。该队有些观点可以给人以启发:提出要打造特色主题,迎合热点去调动群体的情感和参与度,如国庆 70 周年之际,可以采用"我与祖国共成长""我与中网二三事"等主题,引导观众晒出自己的中网记忆;提出中网可以参考迪士尼,打造一个小型的网球王国,构建完整的网球假期生态圈;提出把握假日观众的团体特征,设计多人项目,推出多人纪念品;提出关注核心家庭的消费需求,打造家庭的网球友谊赛等。该方案分析和建议思路比较清晰,但在措施方面有所欠缺。

考虑到各大网球赛事,我们还可以在如何打造差异化的中网赛事方面做文章。此外,在提升品牌形象和品牌影响力方面也可以做更多创新的尝试。

案例 4
以"小铁三"为代表的小众体育IP市场推广策略

案例

　　碧桂园控股有限公司(以下简称"碧桂园")成立于1992年,主营业务包括地产、物业、酒店等。碧桂园在福布斯榜2018年度全球上市公司2000强中排名143位。盛博林文化发展(深圳)有限公司系碧桂园集团全资子公司,涵盖体育产业服务、设计服务、影视娱乐服务、品牌推广服务四大领域。其引进和论证的第一个体育热门IP——青少年铁人三项赛,于2017年3月正式启动,这是碧桂园正式进军体育事业的里程碑式事件。"小铁三"项目针对6~15岁青少年,由游泳、公路自行车、耐力跑三个项目组成,比赛强度的设置与青少年身体机能的发展相吻合。

　　"小铁三"项目在推广过程中面临着参与人群基数小、赛事运营市场化和商业化程度低、媒体和赞助商的关注度较低和场地局限等困难。碧桂园期望探寻以"小铁三"为代表的小众体育项目 IP 市场化开拓与运营之道。

（请扫描二维码阅读完整案例）

案例分析报告节选

该报告认为，随着人们收入水平的提高，体育需求多样性特点逐渐显露，催生出体育长尾市场，以"小铁三"为代表的小众体育符合体育的长尾理论，即后 80% 的小众体育未来将会超过前 20% 的主流体育项目。报告对"小铁三"的市场容量、消费者利益点、竞争者和企业内外部以及"小铁三"项目进行了分析，认为当前我国"小铁三"的市场空间很大，但属于起步阶段。我国铁人三项的文化基础薄弱，产业发展不充分。"小铁三"行业内存在少量的强劲竞争者，替代品较少。从消费人群来看，家庭年收入 8 万～30 万元的小康家庭、家庭年收入 30 万～100 万元的富裕家庭可以承担孩子比赛的费用。因此"小铁三"在打造品牌的同时，应将市场化和盈利化相结合。报告核心方案为一个核心品牌、两大坚实依托、三条产业链以及四种赛事模式，补充方案为市场推广方案和人才引进培养方案。以下为案例报告的节选部分。

一、"小铁三"项目分析

（一）"小铁三"项目吸引点

"小铁三"是一项具有观赏性、竞技性、挑战性的新兴体育项目。"小铁三"包括游泳、自行车和跑步三项运动，很均衡，可以更好地为青少年做体育指导,也为家长培养孩子的德智体美提供了更有效的途径。

如图4-1所示,我们认为"小铁三"能吸引消费者的关键点包括:①娱乐性强;②均衡;③让孩子学会怎么分配时间去训练,平衡长处和短处;④距离难度小;⑤报一个班可以体验三项运动。

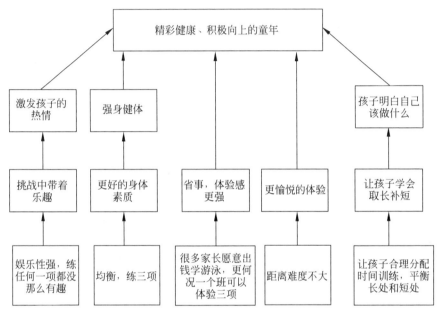

图4-1 "小铁三"项目的吸引点

(二)"小铁三"项目分析

下面采用一个模型(图4-2)对"小铁三"项目进行分析。

1. 火箭头

"小铁三"项目的内在文化引领着该项产业的持续性发展。其活泼向上的体育氛围吸引着孩子们的参与,更强的亲子互动性吸引家长积极参与,加强亲子交流,而与传统体育项目相比,内容更加丰富的"小铁

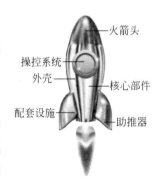

图4-2 "小铁三"项目分析
模型——"火箭头"

三"项目也更能促进孩子们的体育锻炼以及身体素质的提升。

2. 操控系统

"小铁三"的操控系统即其产业链体系。目前产业链体系还不完善,产业方兴未艾,上下游产业链建立不完善,产业规模小,商业体系不健全,尚未形成成熟的商业模式支撑项目进一步持续性发展。

仅从项目自身来看,赛事收费项目少、收费低,盈利能力较差。

从合作方角度来看,赞助商及相关赛事合作者数量较少,经费来源相对单一。

从上游端来看,"小铁三"项目发展基础较差,比赛场地限制较多,基础设施未能跟上产业发展的步伐,与政府合作不够充分,政府支持不足。

从下游产业来看,项目延伸少且发展不成熟。主要的项目延伸为夏令营、培训班等,目前正处于发展中的延伸项目有与当地旅游产业的结合以及对比赛奖项商业价值的挖掘。

3. 助推器

"小铁三"项目在我国是一个创新性的项目,它将更加专业小众的体育项目与青少年结合在一起,具有很强的市场潜力,潜在市场规模巨大。随着全民体育锻炼的观念意识不断增强,"小铁三"项目有了发展的契机。"小铁三"项目相比于传统项目具有更大的挑战性,对选手要求更高,但同时,跑步、游泳与骑自行车皆为当今大众体育的潮流项目,普及度与认可度正在不断提升,有利于"小铁三"项目的推广与发展。从现阶段来看,"小铁三"项目已经获得了一定的热度与关注度,并越来越受到大众欢迎,有利于促进"小铁三"项目的进一步发展。

4. 外壳

外壳是火箭的外部保护装置,它的优劣程度直接关系到火箭内部设施是否能安全与稳定地运行。对于"小铁三"项目来说,市场环境无疑发挥了外壳的作用。

常规点。"小铁三"项目就其本身的属性与范畴而言,包含于体育赛事产业内部,因此有着较为稳定的体育消费市场、思路与营销模式。且目前体育产业正处于上升期,市场活跃,资金流量大。

风险点。虽然身处体育产业蓬勃发展的大环境,但"小铁三"项目所属的参与性赛事是小众体育系列,正处于刚刚起步、尚未成熟的阶段。与观赏性项目的商业性突出相比,参与性项目盈利模式往往不明晰,市场也处于不稳定的状态中。

5. 核心部件

火箭的性能依赖于核心部件的功能与品质,核心部件对应着"小铁三"的赛事品牌。进行案例对比,可以发掘赛事品牌的重要性。

6. 配套设施

合作赞助商是"小铁三"项目不可或缺的"配套设施",也是整个产业链重要一环。目前,"小铁三"领域的消费市场正在打开,市场潜力大,竞争密度低,适合赞助商与合作商的引进,来帮助"小铁三"实现"飞跃"。

二、营销方案

(一)盈利方案

1. 营销目的

青少年,特别是儿童是"小铁三"推广的主要对象。碧桂园在该项目上连续几年投入而效果不佳,仅在单站比赛中实现过项目的盈利,而项目总体处于亏损状态,十分不利于"小铁三"项目的可持续发展。因而寻求更加多样化的盈利方式、拓宽盈利渠道、扩大项目影响力便成了"小铁三"营销的主要目的。

2. 发展战略

体育产业的传统盈利四大组块分别为赛事运营、体育用品、俱乐部以及体育培训。其中赛事运营是贯穿盈利产业的核心所在,赛事的运动员来自俱乐部的输送,赛事物资来自体育用品的支撑,赛事准备依托于体育培训。

小众体育的兴起会给产业链上多个节点带来利好,首先受益的是体育培训和体育场馆相关产业。小众体育项目因其本身属性,在入门上手阶段需要相对专业的引导,这使得体育培训尤其是青少年体育培训拥有了宝贵的发展机会,拥有优秀教练团队和多元化渠道的小众体育培训企业容易在该阶段实现突围并站稳脚跟。同时,小众运动对于场地要求的特殊性,使得其大多伴随着体育场馆的升级改造而发展,因此,掌握场馆资源并具有丰富运营经验的企业也将在小众体育项目的迅速发展中获得可观的收益。

在"小铁三"赛事项目发展过程中,场地限制对项目发展提出了较高的要求,场地问题亟待解决,催生了小众体育场馆改造需求,市场化运营诞生了优质商业模式。好的商业模式需要通晓"小铁三"项目特点的企业来设计方案,也需要建设经验丰富的企业来负责执行,需要在市场中寻求优势互补,将场馆所有方、建设改造方和商业开发运营方三方优势结合起来。

多方合作升级场馆打造优质商业模式的关键在于三个方面:第一,场馆方是否能够开放市场化运营,是否主动促进推动本地市民参与体育活动;第二,场馆升级方是否完成预期效果、为消费者提供参与便利性,工程质量是否过硬,建设改造方的执行力和经验能否胜任;第三,商业化开发运营方作为最接近消费者的一方,其改造方案的设计是否合理,能否有效调动受众的关注度、参与热情和消费欲望,改造好的场地是否能产生足够的流量并拥有良好的变现能力。

我们用一个 $V=A\times B^C$ 形式的公式来表示体育场馆升级商业模式的价值。场馆是否开放市场化运营以及开发商融资能力是先决条件,放在 A 位置;场馆改造效果和升级后能够实现的功能是商业模式运转的基础,放在 B 位置;商业化运营能否充分调动消费者积极性、迎合消费者心理、促进体育消费决定了商业模式的盈利能力,优秀的开发运营能力和创造性的商业模式能够带来爆发式的增长,放在指数 C 位置(图 4-3)。

案例 4　以"小铁三"为代表的小众体育 IP 市场推广策略

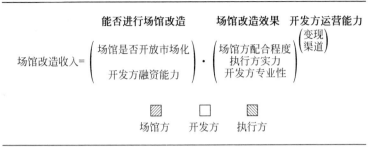

在成功结合三方优势的基础上，结合当地现实需求、综合考虑各项目场地特点建设多功能运动场，既能减少场馆闲置造成的资源浪费，又能形成一定的**范围经济**效应(economies of scope)，为场馆运营方提供更多的流量和变现渠道。

图 4-3　体育场馆升级商业模式的价值公式

根据以上理论支撑，我们结合项目现状，提出了建议方案。

3. 重点发展项目

建立"小铁三"小镇、"小铁三"游乐场、"小铁三"App、社交平台。

以"小铁三"小镇为专业化发展基地，"小铁三"App、社交平台为铁人三项信息推广平台，建立完整的铁三培养体系，将铁人三项项目从娱乐化普及引向专业化、持续性发展。

4. 行动策划方案思路

我们以"小铁三"为代表的小众体育 IP 市场推广策略核心方案包括一个核心品牌、两大坚实依托、三条产业链和四种赛事模式（图 4-4～图 4-7），具体如下。

5. 具体活动

图 4-8 是其中有关内容的具体方案。

1）建立铁三小镇

（1）选址。可以选择河流较多、自然风景较好的小镇。以"带动当地旅游业"为目标，与政府取得联系并达成合作。积极联系当地基层居民，与民众达成合作共识。建立相关比赛场地以及活动基地作为活动安排、人员管理联系的总部。

图 4-4　小众体育 IP 市场推广策略核心方案——"一个核心品牌"

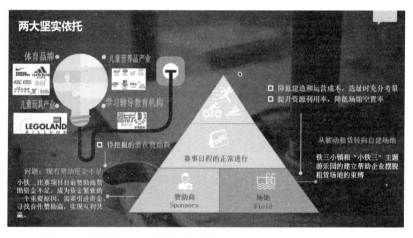

图 4-5　小众体育 IP 市场推广策略核心方案——"两大坚实依托"

图 4-6　小众体育 IP 市场推广策略核心方案——"三条产业链"

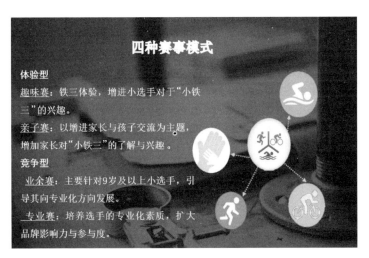

图 4-7　小众体育 IP 市场推广策略核心方案——"四种赛事模式"

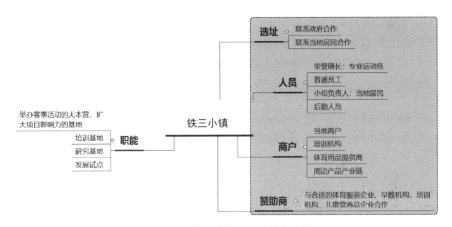

图 4-8　铁三小镇建立方案概要

(2) 人员安排。

① 建立荣誉镇长制度：聘请铁人三项专业教练或运动员、退役运动员作为荣誉镇长，组织员工进行集体体育锻炼，为员工制订集体锻炼计划，在镇内开展讲座等普及铁人三项相关知识。

② 聘请当地居民为小组负责人：拉动当地居民参与项目，利用网络效应对居民进行铁人三项的知识普及，小组负责人负责宣传铁人三

项相关事宜并带头参加相关赛事。

③ 委派相关管理运营人员：选拔商业运营人员负责接洽赞助商与相关机构。

于当地招募居民作为后勤人员。

(3) 商户征集。

① 发挥本地商户的作用：招募当地相关商户并与之合作，由当地商户提供餐饮、住宿等服务，企业负责宣传统筹当地发展，从中抽成。

② 引入体育培训机构：为体育培训机构建立站点，收取宣传费用，并向其租借训练场地。

③ 甄选体育器械提供商：选择合适体育器械制造商，建立长期合作关系，持续提供体育器材和维修服务，并为其增添广告位，降低体育器械成本。

④ 完善纪念品商业链：制作铁人纪念品，如人物手办、挂饰、背包、运动手表等。提供定制服务，并收取合理的制作费用。

(4) 赞助商征集。与合适的体育服装企业、幼儿早教、培训机构、儿童营养产品企业等合作。

(5) 职能。铁三小镇作为举办各项赛事活动的大本营，扩大铁三项目影响力的基地；各项"小铁三"赛事的优胜者均可进入铁三小镇进行免费或低价培训；作为研究铁三运动的基地，建立铁三发展研究中心，对国内铁三的发展进行研究并创新；作为"小铁三"创新发展的试点，对铁三运动的创新在此先行试验推广。如图4-9所示。

2) 建设"小铁三"主题乐园

"小铁三"主题乐园建立方案概要如图4-10所示。

(1) 场地选择：铁三小镇、一线城市。

(2) 具体盈利项目。

① "小铁三"赛程参观体验项目：在比赛场地旁修建游览区，上方修建缆车供游客进行赛程参观追踪，收取参观费用。

② "小铁三"亲子项目：在原赛事的基础上添加亲子娱乐性项目，田径项目改为亲子两人三足跑步，自行车项目改为双人自行车，游泳

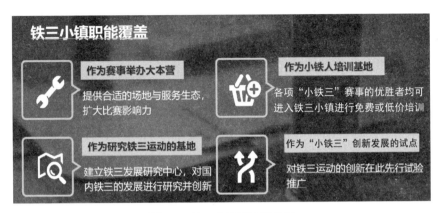

图 4-9 铁三小镇职能覆盖图

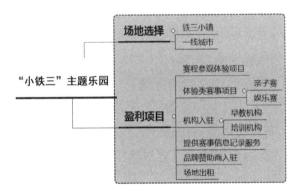

图 4-10 "小铁三"主题乐园建立方案概要

由家长带领小选手完成等。

③"小铁三"娱乐赛：比赛全程小选手可选择自己喜欢的卡通形象或超级英雄陪伴，也可自己穿着其服饰，陪伴人员可以为家长或工作人员。赛事项目中自行车越野改为"小铁三"碰碰车大作战，游泳项目改为划船体验，跑步赛程在蹦床上完成。这样一些附加的娱乐项目比赛可以提升比赛的娱乐性、吸引力，也可以提升赛场上的互动性。举办方可收取参赛报名费，家长陪同另收家长的服装租用费用。赛后提供摄影拍照点，为小选手及超级英雄、动漫人物提供自愿付费拍照服务等。

④ "小铁三"专业组：为参赛小选手提供专业化越野自行车等，提升服务规格与报名费用。名次较好者可免费或折扣前往铁三小镇进行体验及专业化培训。

⑤ 成人组铁三趣味体验赛：以"重温孩提时代"为主题，为成人提供配有辅助轮的儿童自行车完成自行车赛程，跑步项目改为车轮滚滚：由参与者推动汽车轮胎进行比赛，游泳项目须手持浮板以蛙泳姿势前行等。

⑥ "小铁三"赛程记录要求：为参赛者提供"小铁三"比赛全程记录服务，选手可自愿选择是否记录其比赛全过程，并收取相关费用。

⑦ 幼儿早教机构、国际学校、学习辅导机构入驻费用：在比赛场地周边、幼儿家长等候区设置位点令这些机构入驻，提供广告点并与之达成合作，收取相关费用。

⑧ 儿童体育品牌、营养品牌赞助：在家长等候区设立儿童体育品牌、营养品牌站点，入驻相关品牌，在休息区设置商户进行儿童体育用品、儿童玩具、奶粉等用品的销售。另外，推出比赛用餐之外的儿童营养餐，在赛后休息区组织幼儿营养健康讲座、"小铁三"讲座，也可通过大屏幕播放视频动画实现效果。

⑨ 体育场地出租收入：赛道、泳池等场地在非比赛期间可租借给游泳培训机构等用作培训场地，用作其他比赛如游泳、自行车越野赛等的场地并收取一定费用。

（3）建立完整的"小铁三"评级考核体系。

与体育培训机构合作，提供"小铁三"选手成绩水平参考数据，制定"小铁三"评级标准。依据"小铁三"等级以及评级标准，为"小铁三"选手推荐专业化定制课程。与儿童体育、营养企业合作，按照选手专业水平推荐不同等级运动装备以及营养餐、营养品。

（4）建立"小铁三"App，"小铁三"线上交流平台（图 4-11）。

① 用 App 记录"小铁三"选手参赛数据以及赛事评级：记录选手每次比赛成绩以及选手铁三等级，当成绩达到升级边缘时为其推荐相

图 4-11 "小铁三"App 建立方案概要

关课程以及饮食方案。

② 开放铁三之星专栏：对各组别赛事、各年龄段全国前三名的选手进行专题采访，交流育儿、儿童饮食保健等方面的经验。可植入儿童营养品、营养餐以及幼儿早教机构、幼儿辅导机构的宣传广告并收取广告费用。

③ 设置公告板，公告铁三赛事信息以及比赛名次：为每名选手进行编号，设置查询页面，选手输入编号即可获取自己比赛的详细信息与成绩。

④ 设置品牌专栏：引入运动品牌商家、儿童营养品牌商家，为其开设专栏。

⑤ 开放"小铁三"线上交流社区：开放铁三交流社区，由企业官方推送各个赛事情况，而小选手家长可以在交流社区中全网"晒娃"，"晒娃"帖获赞突破 5 000 或转发数超过 1 000 的将获得碧桂园提供的奖品（运动装备、营养品或早教课程等）。

3) 小铁人交流夏令营

各项比赛中的优胜者可选择折扣参与小铁人夏令营，未获得名次者也可全费报名，参加夏令营的小铁人可以随企业人员进行名校参观，接受铁三专业知识培训，出国参加铁三交流赛，并到碧桂园在澳大利亚、新加坡等地的产业园区进行游玩参观，家长可以陪同前往但需要另外收费。

4) 小铁人赛事

(1) 赞助商、合作伙伴。

"小铁三"比赛项目目前除去碧桂园自身资金以及少量的收费项

目收入之外,资金来源少,赞助商赞助资金不足,成为资金紧张的一个重要原因,需要引进资金,寻找合作赞助商,实现互利共赢。针对体育赛事项目以及面向人群特点,我们将可能的赞助合作商整理分类,建议从以下角度寻求赞助商合作。

① 体育品牌:体育产品在青少年中的市场潜力是巨大的,同时这些体育品牌一定程度上也可为赛事项目带来新的流量,因此应尽力争取与体育品牌的合作,如儿童品牌七波辉、ABC、361°、耐克、阿迪达斯、特步等。

② 儿童营养品产业:可以与儿童营养品商进行合作,如国内的伊利QQ星、蒙牛未来星以及国外市场的喜宝、特福芬、爱他美、铁元、双心等。

③ 儿童玩具产业:由于儿童参与度高,儿童玩具厂商也是很好的合作对象,如乐高玩具等。

④ 学习辅导教育机构:这样一项目标群体为青少年的赛事必然会带来家长的参与,对于家长的针对性广告也是盈利方案中不可忽视的一部分,各种学习辅导教育机构能够很好地吸引家长的目光,与这类机构合作也是不错的选择,如新东方、英汇教育、学鼎教育等。

(2) 赛事策划。

小铁人娱乐赛:

① 选手征集。以碧桂园的名义,在各个游乐场、幼儿园、小学、铁三小镇以"我是勇敢小铁人"为主题进行宣传和小选手的报名,寻找年龄在12岁及以下的报名者。设置大型广告牌、报名摊位以及横幅,同时设置报名抽奖项目。

② 比赛安排。选手分组:将选手分为7岁以下年龄组、7~9岁年龄组以及10~12岁年龄组,每组按小组赛的形式进行,每小组15~20人进行比赛。对选手完成比赛用时进行记录,最终按照选手完成比赛用时进行排名。

赛程安排:

a. 7岁以下年龄组:50米碰碰车跑道+50米大型蹦床赛道+100

米划船体验(在家长等候区、候赛区及赛道周边布置幼儿早教机构、国际学校宣传广告牌、报名摊位)。其中划船体验项目由工作人员带领小铁人进行。

b. 7~9岁年龄组：100米碰碰车跑道＋200米跑道＋150米划船体验(在候赛区、家长等候区安排学习辅导机构、体育培训机构、特长兴趣班报名点)。其中划船体验项目由工作人员带领小铁人进行。

c. 10~12岁年龄组：100米碰碰车跑道＋400米跑道＋100米自行划船体验(在候赛区安排学习辅导机构、国际学校等的宣传位点、报名位点)。其中划船体验项目由工作人员陪同但不进行干预。

③ 奖项设置(略)。

5)"小铁三"培训

小众体育项目因其本身属性，在入门上手阶段需要相对专业的引导，这使得体育培训，尤其是青少年体育培训拥有了宝贵的发展机会。拥有优秀教练团队和多元化渠道的小众体育培训企业容易在该阶段实现突围并站稳脚跟(图4-12)。

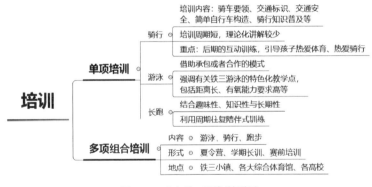

图4-12 "小铁三"培训项目

(1) 两种模式。参赛者应"小铁三"比赛要求，需掌握三项专业运动技能——骑行、游泳、长跑。根据独特的比赛要求，可以开办两种培训模式。

① 单项培训：借助现有场馆与培训班资源，分别进行骑行、游泳、

长跑单项培训。

② 多项组合培训：单项与多项各有利弊。多项组合培训方式具有较为突出的特色，也具有一定商业标识性、商业推广性。

内容：游泳、骑行、跑步。

形式：夏令营、学期长训、赛前培训。

地点：铁三小镇、各大综合体育馆、各高校。

（2）核心问题。优质教练团队是小众体育培训机构发展的基础。小众项目培训的专业要求度高、涉及的知识面广，教练自身的知识体系要比主流运动培训的更加复杂。小众体育项目需要更加专业的教练。因此，优质教练成为小众体育培训领域的稀缺资源。发掘"小铁三"培训的教练，应多关注获奖成人铁三参赛者以及儿童培训领域的金牌教练员。因为儿童培训与专业培训不同，更多需要培训者的沟通、教学能力。因此"小铁三"的培训师，除了向外寻找，还要自己打造一套产出培训师的体系。

（二）推广方案

碧桂园"小铁三"项目所选取的推广平台都是耳熟能详的，如央视、腾讯新闻、新华社等，它们本身带来了一定的传播力，但仔细想想，这些媒介的流量热度真的够高吗？另外，从参赛者家长的视角来说，他们只关注自己想了解的人和赛事。而从未参赛者家长的角度来说，他们也只是了解到碧桂园开展了"小铁三"项目。很明显，两个群体都无法更深层了解"小铁三"的内在，无疑对传播"小铁三"文化造成了一定的阻碍。

所以，依赖现有相对传统的推广模式，给出了以下三个阶段的推广方案（图 4-13）。

1. 赛事开展阶段（现阶段）

1）准备：建立体系化的宣传

（1）目标。推广"小铁三"运动，使大众熟知，尤其让家长产生兴趣，培养潜在人群，定期定时对"小铁三"进行公关营销。通过"小铁三"

案例 4　以"小铁三"为代表的小众体育 IP 市场推广策略

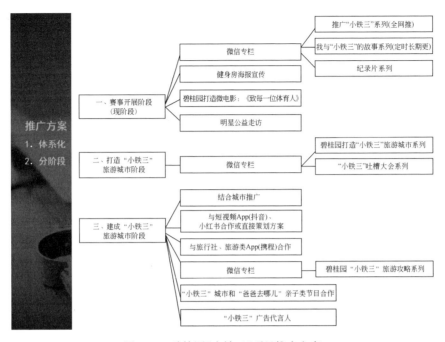

图 4-13　碧桂园"小铁三"项目推广方案

运动软文推广和"小铁三"赛事推广潜移默化地宣告家长碧桂园的"小铁三"赛事运营,累积客户量。推广中产生兴趣的客户转换成实际参与人数,当人数累积到一定程度,可扩大比赛规模或增加比赛场次。

（2）方式。以微信软文推广"小铁三"系列文章在业主和互联网的传播推广为主,其次微信专题"我与'小铁三'的故事系列"和"纪录片系列"对业主和参赛家庭进行传播推广。让大众了解到"小铁三"文化以及"小铁三"能带来的益处,相当于推广"小铁三"运动,从而去提高受众对"小铁三"的认知。

（3）传播途径。主要打造一个用于传播"小铁三"文化的微信公众号平台。①推广"小铁三"系列文章转到各大体育类、亲子类微信公众号平台且文章发布在各大网站、论坛、贴吧、知乎、微博,意在吸引更多的群体去了解并且讨论"小铁三"这个话题。②"我与'小铁三'的故事系列"和"纪录片系列"作为单独的推广系列发布在微信公众号平台上,对参赛者的成长历程做记录,提高参赛者及其家长对"小铁三"的黏性。

2)前期:线下推广,健身房宣传

(1)目标。

① 在线下吸引热爱运动的家长,带动孩子参与到"小铁三"运动。

② 增加微信公众号关注人数,运作成成熟、有代表的公众号。

(2)方式。以线下推广为主,与健身房合作,粘贴"小铁三"赛事的海报,家长扫码关注公众号送赛事周边。通过发放周边增加一定量的微信平台流量。

3)后期:巩固,微电影和明星公益走访

(1)目标。

① 通过情感类微电影的形式,引发体育人的共鸣,达到良好的传播效果,而实质却是通过电影植入"小铁三"元素,快速渗透,更真实、有效。

② 公司积极引导山区孩子体验"小铁三"运动,参与活动,树立良好的企业形象,形成"小铁三"品牌服务,提高"小铁三"运动的曝光度,同时,邀请明星走访,对山区孩子进行鼓舞,用明星效应为"小铁三"运动引流。

(2)方式。制作微电影和策划明星公益走访活动吸引体育人和普通大众,并借此机会了解"小铁三",知道"小铁三"赛事以及后面建造的"小铁三"旅游村。

(3)传播方式。

① 微电影在各大视频 App 上映,策划在各类热门短视频网站,类似抖音、B 站进行营销推荐,可写影评文章投给体育、电影评价类微信公众号和微博平台以及体育 App。

② 明星公益走访活动配合明星本身的公关营销方案,且在互联网各大平台上辅助必要的通稿。

2. 打造"小铁三"旅游城市阶段

依据目前提出的盈利方案,此阶段是一个过渡期。

首先,形式上依旧以赛事运营为主,但要引出"小铁三"旅游城市的概念。利用互联网的广泛性,通过公众号平台新的专题"碧桂园打造'小铁三'旅游城市"系列,对"小铁三"旅游城市概念进行预热。

其次,从微信平台上衍生出一个新系列——"小铁三"吐槽大会。一定程度与参赛者互动,了解大众的声音,体现了企业的责任心强,并根据参赛者的吐槽后续进行方案解决,强化服务意识,提高消费者对碧桂园"小铁三"品牌的评价和认知,同时增强信任度,塑造优良的品牌形象。

3. 建成"小铁三"旅游城市阶段

推广应从与政府携手推广和广告媒体两方面着手。

从与政府携手推广来说,当地通过"小铁三"可改善道路交通,促进旅游业,拉动经济,所以政企合作不失为良机,"小铁三"与政府紧密联系,和城市结合宣传,扰动竞争格局。"体育+产业效益"溢出,跨界创新的"体育+地产"体育城市和"体育+旅游"作为宣传中的点睛之笔。

同时,"小铁三"旅游城市和抖音等短视频 App 合作,将"小铁三"文化城市助推,定制"小铁三"城市主题挑战、达人深度体验、城市短片来对"小铁三"城市进行全方位的包装推广,用短视频来向全球传播优秀传统文化和美好城市文化。呈现城市的文化、风貌,也体现"小铁三"运动的魅力,类似于抖音和西安的合作,促进了西安的旅游业。

另外,与旅行社、旅游 App 合作以及微信推出"碧桂园'小铁三'旅游攻略系列"是必要的。联合打造一个旅游品牌。在全国范围内带动"小铁三"旅游城市文化旅游,扩大知名度和影响力。借助旅游平台为"小铁三"IP 造势。

从广告媒体来说,利用的是"体育+娱乐"思路。一方面,可以植入亲子类综艺性节目引发群众对这项运动的好奇以及形成新的需求。另一方面让知名的童星成为"小铁三"运动的代言人,扩大运动知名度,引起品牌形象联想,体现品牌个性,形成品牌识别,增加品牌权益。最终提高人员参与度,获得更大效益。

（三）人才引进、培养方案

针对目前"小铁三"项目中对赛事运营、体育管理等各方面都了解的人才匮乏的现状，碧桂园在招徕复合型人才方向面临的阻力较大。为该项比赛的长远考虑，"小铁三"项目应当从人才引进渠道层面和人才培育孵化层面两大层面着力（图4-14）。

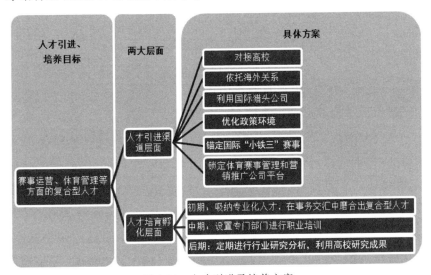

图4-14 人才引进及培养方案

1. 人才引进渠道层面

首先，人才引进渠道的扩张便于该项目从外部输入优质人才。在高校招聘方向，搭建人才流通桥梁。在社会招聘方向，通过优化自身政策环境和依托海外人脉关系主动吸引优质人才，打造相关职位的吸引力和社会认可度。另外，可通过收购"铁三"品牌公司或体育营销公司，在收纳高质量、经验型人才的同时，汲取相关体育营销资源和赛事举办经验，创建赛事运营、体育管理的完善生态环境体系。

1）依托高校招聘、宣讲平台，通过扩大知名度和影响力，吸引高校人才资源汇集

（1）与高校相关社团合作，对社团活动进行赞助，进驻高校校招会和宣讲会。在高校进行企业本身和"小铁三"项目职位宣讲，有助于高

校学生了解企业文化及其职位特点。

（2）在高校举办的"小铁三"赛事可以向高校招募相关志愿者，发放志愿工时或支付相关酬劳，在学生群体中提高知名度并积累好感。

（3）设立相关的奖学金，对在体育管理等领域做出突出成绩的学生进行资助，创造相关激励。

2）依托海外人脉关系引才

在公司范围内开展赛事运营、体育管理人才需求情况的调查，建立海内外相关人才信息库和人才需求目录，依托企业中海外人脉资源，建立"赛事运营、体育管理人才名录"，发挥公司广大职员的自身优势，架起与海外留学组织和海外高层次人才之间沟通的桥梁纽带，并通过合作伙伴等关系组织相关背景的人才开展荐才引才活动。

3）利用国际猎头公司引才

借助猎头公司的力量。通过猎头公司锚定相关领军人物和专业扎实人才是引进海外高层次人才的优质中介渠道。

4）优化政策环境引才

在建立小铁村的层面上，对高校及社会开放相关实习岗和职位，让更多人接触这项工作。另外，由于这一项目的工作者在筹办过程中需要折返多地实地调研等，因而需要解决这些人才旅费报销等实际问题，从而优化其工作条件，吸引高层次人才。

5）以国际"小铁三"赛事为平台，直接引才

在参加国际赛事时直接锚定优秀的组织方成员，挖掘类似赛事项目企业的成熟人才。该方案的花费较为高昂，但成熟人才背后的资源链条的隐含利益很可观。

6）以海外体育赛事管理和营销推广公司为平台，跟踪锁定专业人才

发掘海外成熟的体育营销公司和赛事承办单位，对接现有平台中的优质人力资源。

在此基础上，建立引进人才评估机制。一是对所引进的人才统一实行1~3个月试用期，与一项"小铁三"赛事的承办周期相适应，在被

招募者跟随项目的过程中进行考察。特别对引进的成熟人才和高校毕业生,通过试用,对不符合岗位要求的人员,按照相关法规进行辞退或在福利待遇方面进行体现。二是对高校有意向参与实习的人员,由人力资源部与相关部门沟通后统一安排,协助解决差旅报销等问题,确保实习期满优秀者才能签订正式劳动合同,实现口碑积累。

2. 人才培育孵化层面

职业培训的跟进有利于企业相关复合型人才的内生。通过调度企业本身的人力资源、优化企业人力资源结构,催生出赛事运营、体育管理的复合型人才。具体建议如下。

(1) 在人才培育初期,以吸纳专业化人才为先,将相关人才集中到统一事务组。让相关工作人员在沟通交流和事务交汇中,获取复合型知识及工作经验。该方案适用于人才培育初期,花费较低但成效较慢。

(2) 在人才培育中期,设置专门的部门对工作人员进行培训。该方案在企业存在少量复合型人才的基础上,可以规模化培养出较多的符合要求的人才。在培训形式上,企业可以采用实践形式而非理论传授。例如,在企业文化建设活动中,增添譬如"铁三"项目,鼓励员工参与策划、宣传等,将策划成功的活动案例中表现突出的雇员作为重点培养对象,再询问雇员意见等。该方案成效快,并且可以有多种形式创新,可以实现人力资源在原有规模基础的重新优化配比。

(3) 在人才培育后期,定期进行行业研究分析。搭建体育营销行业研究组,加强企业文化教育,形成专业研究风气,通过行业研究报告帮助雇员在赛事运营和体育管理上做出更出色的成果,并积累更多理论知识和实操经验。该方案成效缓慢但具有长期战略意义。

三、可行性

可行性分析如图 4-15 所示。

(一) 财务可行性

铁三小镇与铁三游乐园的建立可以与碧桂园现有房地产业相结

案例4 以"小铁三"为代表的小众体育IP市场推广策略

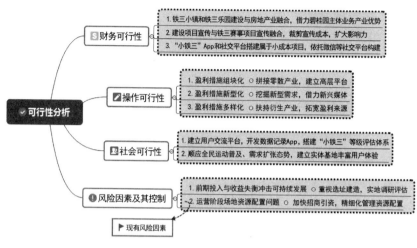

图4-15 可行性分析

合,依靠碧桂园自身主体业务的产业优势,互相借力,费用预算可以控制在正常的建设费用范围内,同时,建设项目可以借助"小铁三"项目的热度促进宣传,节约宣传成本,放大宣传影响力。而"小铁三"App和社交平台的建立属于小成本项目,也可以依靠现有微信平台,能够有效降低项目成本。本组也提出了多种项目方案,选择灵活多样,可供企业自选。

(二)操作可行性

1. 盈利措施组块化

"小铁三"的盈利产业链虽然是全新的组合,尚未有成熟的产业链借鉴对象,但如果采取"拆分组块、分而治之"的方法,则会拥有较为高效的整合流程。体育旅游小镇、体育项目培训机构、体育赛事直播宣传转播、体育亲子模式、体育赞助商、体育主题夏令营,目前都有较为专业的团队与案例实践,"小铁三"需站在零散产业的"肩膀"上,将上游下游连接起来,化零散为体系,化娱乐为专业,节省内部资源,联系外部优势,即可有效建立高层次的产业平台。

2. 盈利措施新型化

所给操作方案中,多以年轻化、新型化的视角创造轻量级的盈利方式,摒弃部分传统低效方案,尽量做到贴近青年人新需求、贴近互联网时代新模式、贴近宣传自传播性。多采用依托互联网与新媒体的方案,如 App、交流平台、软文推广、品牌网购专栏、公众号运营等。线下盈利方案中也着力成本最低化、效用最大化,具有可操作性。

3. 盈利措施多样化

队伍所提方案,以建立赛事品牌为轴心,产生四大不同面向比赛形式(亲子赛、娱乐赛、体验赛与专业赛),以品牌赞助、幼儿培训、场地流转、线上考核宣传"四位一体"的辅助衍生产业为支柱,措施多样化、体系化。多种盈利方式相互支撑,分散盈利压力,拓宽盈利来源,对于"小铁三"项目是最具备操作性的策划模式。

(三)社会可行性

在互联网时代下,企业的竞争环境正在越来越多地受到互联网经济的冲击,产品的营销、企业的盈利也越来越多地依赖于信息网络海量的信息。如此看来,建立用户交流的平台、收集数据的 App 就成为"小铁三"营销的关键一环;同时,人们对小众体育项目的体验等又首先来自实地参与;另外随着全民健身的普及,人们对体育文化、体育品牌、新体育项目的需求逐渐扩大;《国家旅游局 国家体育总局关于大力发展体育旅游的指导意见》中指出到 2020 年将在全国建成 100 个具有重要影响力的体育旅游目的地。在响应政策号召、迎合人民需求的情况下建设铁三小镇、铁三游乐场,以小镇、游乐场为项目发展的根基切实可行。以实体基地作为用户体验基地,为 App 提供数据,再用 App 数据延伸用户体验、指导项目的发展,另外建立专业化"小铁三"等级评估体系,使得数据信息更加有条理,用户对项目的体验更加真实可观。

(四)风险因素及其控制

该方案的风险主要在于项目前期投入与收益的失衡对项目可持

续发展造成不利和运营阶段场地资源配置问题。针对前一个问题，首先，旅游特色小镇的选址和建造规模需要根据实地调研细致评估来确定，需要区别于碧桂园主线业务中的地产开发模式。其次，需解决前期资金来源问题，提早与入驻商家洽谈，加快招商引资，及时获取资金回报。针对后一个问题，需要对相关赛事和培训的配置进行精细化管理，降低场地空置率，从而克服资源利用率低下等问题。

（冠军"星球大捷"队的成员：万颖捷、马文星、秦越、王紫泫、范泽宇）

案例点评

随着我国近年来经济的发展，小众运动项目铁人三项逐渐流行起来，铁人三项俱乐部数量不断增加，参与人群增多，铁人三项赛事数量也快速增长。青少年铁人三项属于铁人三项的一个分支，指的是铁人三项的青少年组。青少年铁人三项是伴随着青少年对体育健康的诉求而从国外引进的，一方面为青少年运动提供了新选择，另一方面也成为青少年展现自我的良好方式。作为新兴小众的体育赛事，青少年铁人三项赛的发展面临许多问题和制约条件。

案例中的碧桂园，是我国房地产行业的龙头企业，拥有雄厚的资金实力以及专业的企业管理人才。2017年，碧桂园得到了美国波士顿青少年铁人三项赛组委会授权，引进了集团第一个体育热门IP——青少年铁人三项赛，该赛事IP由集团全资子公司盛博林文化负责运营。新进入体育产业的碧桂园，拥有一个新进入中国市场的小众商业体育赛事IP，遇到的困难可想而知，如参与人数较少、赛事IP缺乏关注度、赛事经营亏损、资金紧张、获取场地困难等。因此，该案例提出的任务比较多样化，要为碧桂园考虑如何围绕青少年铁人三项商业赛事做文章，如何进行市场推广，如何解决场地、专业管理人才的问题，要结合碧桂园自身的优势资源，从产业化视角去布局，从市场化视角去操作，尽快实现商业化回报。

在案例分析部分,有几个要点需要考虑:一是青少年市场的特点、青少年铁人三项运动项目的特点及产业价值链的分析。二是青少年铁人三项赛事的参与者是谁,购买者又是谁,该赛事消费人群具有什么样的特征和消费诉求。该赛事应对参赛家庭进行深入调查。例如亚军"耐思"队通过实地调研和问卷调查,确定了当前青少年铁人三项的主要客户人群,并对赛事相关内容和消费者需求进行了调查,为后续建议提供了支持。三是识别竞争对手。可以深入调研全国各类"青少年铁人三项"赛事的信息,做好差异化定位。例如冠军队对标万达的 IRON KIDS 赛事进行深入而详细的分析,探讨了该赛事的盈利模式;而亚军队则将市场上主要竞争对手都列出详细信息,便于掌握目前的竞争情况。四是对碧桂园自身拥有的资源和能力进行分析,找准发力方向。

在案例的运营及市场推广方面,需要从产业链的角度去综合考虑。一方面,可以尝试围绕青少年市场和"小铁三"项目产业链,在"小铁三"项目垂直领域中寻求产业化发展机会。例如冠军队提出一个核心品牌、两大依托、三条产业链及四种赛事模式,以"小铁三"小镇为专业化发展基地,"小铁三"App、社交平台为铁人三项信息推广平台,建立完整的铁三培养体系,将铁人三项项目从娱乐化普及引向专业化、持续性发展。如果只从赛事本身去考虑优化方案,则具有局限性,因为仅靠一个新兴小众赛事本身去盈利比较困难。另一方面,在宣传推广方案的设计时,考虑如何提高整个赛事的办赛质量和品牌关注度;要在打造品牌的同时,注重将市场化和盈利化相结合;还需要考虑可行性和风险控制。在宣传推广方面许多小组给出了富有创意的方案,如普及运动项目知识,通过赛前、赛中、赛后开展线上线下宣传,设计各种活动,吸引流量,维持热度,鼓励参与等,但在成本方面考虑较少。

案例关于场地的问题,需要调查具体情况,才能给出解决方案。解决场地问题是保障赛事举办的关键。参赛小组多数没有正面回应或解决这个难题。冠军队提出建立"小铁三"小镇,作为专业化发展基地来解决这个问题,同时在小镇建设主题游乐园、开展专项培训等。

在案例的赛事赞助方面,多数小组对赞助商的选择、赞助权益的设计和赞助流程做了策划,但是如果整个赛事IP价值不高,没有关注度,是很难获得赞助商的青睐的。因此,这部分需要通盘考虑,与前面的内容呼应。

在案例的人才引进方面,需要对当前"小铁三"项目运营所需人才的来源进行调查分析。例如冠军队从人才引进渠道和人才培育孵化两方面做了分析和探讨。

最后,所提供的方案需要考虑投入与产出,评估可行性,考虑风险控制。冠军队的报告提供了可行性分析和风险控制的内容,但这部分内容可适量增加定量分析。

案例 5
北京中赫国安俱乐部高校足球文化推广路径探究

案例

北京中赫国安足球俱乐部（以下简称"国安俱乐部"）成立于 1992 年 12 月 29 日，是中国最早创立的职业足球俱乐部。强大的足球文化和深厚的历史底蕴，使得北京与国安成为中国城市足球文化的领跑者，拥有数量庞大的球迷群体。2018 赛季国安俱乐部双线作战且成绩优异，排名中超第四并踏入足协杯决赛赛场，富有激情的进攻打法也为球队吸粉无数。

北京的在校大学生是一个非常庞大的青年团体，国安俱乐部期待可以进一步吸引更多学生走进工体观看球赛。借此探讨如何了解掌握大学生的兴趣与需求，吸引更多大学生走进工体，如何有效开发迎合大学生群体需求的足球衍生品，从而实现将象征着北京的足球文化在新一代的年轻人中传承下去。

案例 5　北京中赫国安俱乐部高校足球文化推广路径探究

（请扫描二维码阅读完整案例）

案例分析报告节选

该策划方案以"筑梦青春，国安同行"为主题，先对高校足球市场从环境和大学生群体进行了分析，然后对国安俱乐部现状从其发展历程、球员结构及文化推广的策略和成果三个方面进行分析；运用问卷调查法在线上发放并回收有效问卷307份，对"什么能吸引大学生走进现场或成为俱乐部的球迷""大学生对足球实体衍生品的需求"进行调查，同时进行了部分访谈；对各大俱乐部与高校互动情况进行梳理，提出国安俱乐部的竞争策略。通过对国安俱乐部内外部的分析，提出文化推广思路、衍生品开发思路，制订了文化推广和衍生品开发的具体方案。最后对国安高校足球文化推广效果评估方式进行探讨（图5-1）。以下为案例报告的节选部分。

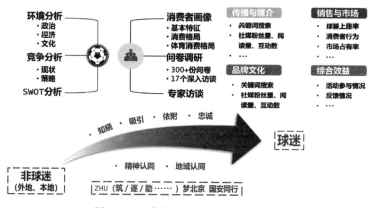

图5-1　方案设计：思路、调研与评估

一、文化推广思路分析

(一) 推广目的及目标人群

整体而言,国安俱乐部高校足球文化推广的直接目的有两个:一是吸引非国安球迷尤其是外地大学生成为俱乐部球迷;二是吸引大学生走进工体,并进行国安俱乐部相关足球衍生品的消费。

国安俱乐部想要在高校进一步增加球迷数量,获得长久利益,就需要打破地域壁垒。因此我们将国安文化推广的目标人群——大学生,具体划分为三类,按重要程度排序为:①未来可能继续在北京生活的外地大学生;②未来继续在北京生活的北京本地大学生;③未来不打算留在北京继续生活的外地大学生。

(二) 推广理论基础

Funk 和 James 曾提出一种重要的理论——PCM 模型(Psychological Continuum Model)。PCM 模型将球迷的形成与发展理解为四个阶段递增的过程,包括知晓(awareness)—吸引(attraction)—依附(attachment)—忠诚(allegiance)。PCM 模型已经在体育市场消费行为研究中得到广泛的应用,包括对澳大利亚足球联赛球迷及国际 NBA 球迷球队认同的研究。

我们从球迷形成与发展的 PCM 模型出发,确定国安俱乐部高校推广的两大重点。

(1) 寻找国安俱乐部与大学生群体之间的契合点,以此为着眼点进行推广路径的设计。

(2) 以寻找到的契合点为主题,设计层层递进的、由浅及深的、适合不同状态大学生的策划方案。

(三) 国安文化与大学生的契合点探索

国安俱乐部想要在高校中推广其足球文化,就要在目标群体与国安文化之间寻找契合点,以此为主题,进行推广,以获得大学生的情感共鸣和认同感,这种共鸣和认同感体现在以下两个方面。

1. 精神认同

国安俱乐部的口号是"国安永远争第一",这一球队口号,体现了球队一种无论成功或失败,永远发愤图强、顽强拼搏、坚持到底、永争第一的精神。而这一精神理念,就如同血气方刚的大学生对于实现"梦想"的强烈渴望,能够在大学生群体引起积极的反响。

因此,从精神认同层面,国安俱乐部高校文化推广的着眼点为"梦"或"梦想"。

2. 地域认同

国安俱乐部想要在高校进一步增加球迷数量,外地学生是关键,因此除了需要在精神层面获得认同感,还需要打破地域壁垒,使外地学生产生地域认同感。

国安俱乐部是一支和北京共同成长起来的足球俱乐部。在北京,国安俱乐部是极具"京味儿"底蕴的一面旗帜,作为唯一一支常年征战顶级联赛的北京球队,国安俱乐部捍卫着北京首都的体育文化荣耀,早已成为北京这座城市的一枚名片。国安俱乐部同北京一样,秉着开放包容的态度,欢迎外地大学生加入球迷家庭。

因此,"北京"是国安俱乐部高校文化推广必不可少的另一着眼点。

综上,国安俱乐部高校足球文化推广以获得大学生的精神认同感和地域认同感为重点,着眼于"梦"和"北京",进一步对这两个着眼点进行扩展,得出"zhu(筑/逐/助)梦!"和"我爱北京!"的主题,具体推广方案也将以该主题为核心进行策划。

二、 衍生品开发思路分析

(一) 开发目的与目标人群

足球衍生品的开发,不仅代表着俱乐部收益的上涨,将俱乐部元素与衍生品结合起来,进行销售,也是对俱乐部文化的一种传播与传承。

（二）衍生品开发策略

1. 针对大学生球迷群体

对于大学生球迷来说，赋有重要意义如纪念意义的衍生品是极具吸引力的，价格的适中和实用性也是针对球迷群体进行衍生品开发的考虑因素。因此可将球队重要元素、重要纪念日与商品结合起来，将国安俱乐部 IP 赋予纪念意义和收藏价值。

2. 针对非球迷大学生群体

对于不是国内俱乐部球迷的大学生来说，可通过对国安俱乐部的 IP 元素的扩展和衍生，或通过与"中介"事物的连接，间接促进大学生的消费。这种"中介物质"需要与大学生的消费结构和习惯相匹配，另外可以创造消费场景，增加其与商品的接触机会；或营造消费氛围，增强其消费欲望。

三、文化推广具体方案

（一）知晓

1. 社会宣传——新媒体的灵活运营，"国安体"转发与模仿

我们将新媒体的内容运营变成国安俱乐部"对外开放"的突破点，国安俱乐部的新媒体运营战略可以分为三个主要渠道。第一个渠道是国安俱乐部拥有官方账号的微博、微信、抖音等社交媒体平台。第二个渠道是由其他公司运营的、使用国安俱乐部标志的 App 平台，如懂球帝、腾讯体育、新浪体育等。第三个渠道是国安俱乐部自有的 App 平台。

根据"同为 zhu（筑/逐/助）梦人！我爱北京！"的主题，推出"同为筑梦人！我爱北京！我在工体！国安永争第一！"的口号，由全体球员在工体足球场进行演绎，并拍摄成视频，投放到主要新媒体渠道，邀请喜爱国安的偶像明星进行转发、祝福。以微博为例，制造超话#筑梦北京·国安#,鼓励球迷转发、模仿"国安体"、@官方账号参与"国安锦鲤"的抽奖活动,例如,在清华大学拍摄视频"同为筑梦人!我爱北京!我在清华!国安加油!"。

2. 社会宣传——地铁和公交站的"情感"投放

根据"同为 zhu(筑/逐/助)梦人!我爱北京!"的主题,利用大学生群体的时间特点,结合不同时机,打造不同标语的广告海报,在地铁和公交站进行广告牌的投放。开学季,以"同为筑梦人!我爱北京!我在工体!国安欢迎你!"为海报主题进行广告投放,对追求梦想的大一新生来说,北京就是梦开始的地方,熙熙攘攘的人群中,渺小如我,但在车站看到这则海报时,自然心头一暖,国安像在此处迎接我的北京家人,无论对北京还是对国安都会留下深刻且正面的印象;毕业季,以"同为筑梦人!我爱北京!我在工体!国安一直陪你!"为海报主题进行广告投放,这对于经历离别、感受不舍的毕业生来说,在人来人往的车站看到这则海报,自然心头一颤,毕业了,虽然你无数次吐槽北京的雾霾,虽然你无数次受够了北京的拥堵,但我们爱北京,未来筑梦的路上,国安也会一直陪你。

通过不同的时机,合理地利用不同大学生群体的心理和情感,与其产生共鸣,才更可能将非球迷学生转变为国安球迷。

3. 校园宣传——多种形式的校园合作方式

国安俱乐部可与高校进行多种形式的合作。

(1)提供实习机会。

(2)参与校园大赛,如参与案例大赛、营销大赛等。

(3)建立国安培训营,租用高校场地,面向教师及其子女,提供专业的足球培训,并提供国安统一服装,以此增加教师对国安文化的黏性,进而通过教师将国安文化传递给学生,此外还可增加国安元素在高校内的出现频率,形成视觉营销。

(4)参与学校体育活动,增加与学生互动。

（二）吸引

1. 微电影——"致国安，致青春"（精神吸引）

预想方案示例如下。

电影开始。

1) 第一部分

黑色画面中传来一个男人撕心裂肺的呐喊"国安！国安！北京国安！""国安必胜！"，然后黑色淡出，镜头特写给一个身穿国安球服上衣、高举国安围巾、头发略显凌乱的 25 岁青年男主角 A，他表情有些狰狞，眼神专注且坚定，眉头微皱，神情略带紧张和期待。他眼神注视着前方，不断高声大喊"国安必胜！"。这时，第二个人男配角 B 的声音开始汇入，第三个人的，第四个人的……然后声音逐渐嘈杂，镜头也远拉，画面收入第二个、第三个国安球迷。之后，镜头后拉，收入本看台所有球迷和绿茵场，以及对面看台的一片绿色。然后自由镜头，展现国安球迷的狂热。在进球的时候镜头特写 A 和 B 的神情、语言等一系列姿态和动作。本部分极力展现球迷现场观赛的热烈氛围和感染力，展现出球迷对比赛的热情和全身心的关注，展现出赛场上每一分的变化都牵动着球迷的全身心，展现出球迷的狂热，展现出国安文化的强大感染力。

2) 第二部分

比赛结束，国安胜利，画面给到巨型得分板，画外音是宣布国安获胜的声音。然后画面转到 A 和 B，两人在比赛消息的声音中，一边激动、狂热地对比赛进行大声讨论，一边收拾东西准备离场，周围有无数相同的人，看台上一片激动的绿色海洋。画面一转到地铁上，男主 A 一手抓着握手，一手拿着手机，身上的球迷服装已经变成黑白色的日常休闲服，脖子上围着的绿色国安毛巾成为黑白色死气沉沉的车厢里唯一的鲜艳色彩，球迷脸上的笑容也是死气沉沉的乘客之中唯一的不和谐，画面切到手机上，男主 A 正快速地在球迷群里面和同好们进行探讨，画面回到球迷脸上的笑容。

3) 第三部分

男主 A 回到学校宿舍,一个宿舍四个床铺,三个脏乱差,只有一个较为整齐,且桌子上、柜子上和附近的墙面上贴满了国安的海报。男主 A 走过抽烟玩游戏的舍友,坐在桌子前,收拾东西,白色衬衣罩住国安球服,外面套上西装西裤,稍微整理了头发,俨然一个成功人士。他从桌子上充满各种国安元素的书本和文具中,找到一个国安封面的文件夹,把文件夹放到贴了国安贴花的笔记本电脑上,起身走出宿舍,然后走到教室里,泰然自若且成竹在胸地坐在一群面带彷徨且焦急的同学中间。男主 A 打开绿色的电脑,画面切入电脑,在国安桌面中点开一个 PPT,内容是《国安文化在高校推广的可行性分析与应对策略》,画面切远景,黑板多媒体屏幕上写着"某某大学毕业论文答辩现场"。

电影结束。

2. "国安的第二名片"——一张球票开启的独特体验

通过将观众席座位进行划分,将一定的区域作为学生票专区,通过球票的定价、销售方式、票面设计将观看球赛打造成年轻人追求的时尚或娱乐消遣模式,从而吸引非球迷群体走进工体(图 5-2)。

图 5-2 国安球票

球票定价:凭学生证打 8 折、提供面向国安社的团购价格。
球票设计:针对大学生群体,对球票进行精美的设计,以不同的主题打造不同的系列,可分为"致时光系列"和"致青春系列"。

球票销售方式:线上销售,通过学生认证的大学生可自行勾选,选择自己想要的球票系列。

赛前宣传:社交媒体话题"在北京,一定要来工体看国安"+球票照片+放票时间。

衍生活动:微博晒票+文字"在北京,一定要来工体看国安"迎免票机会、朋友圈晒票+文字"在北京,一定要来工体看国安"获点赞迎免票机会(通过晒票活动,进行"细胞分裂",吸引更多的人关注国安,走进工体)。

3. 偶像球星打造与球星故事会(球星吸引)

通过球星个人社交媒体运营和官方宣传,打造偶像球星,突出个人"逐梦"经历、性格特点及其与国安文化的结合,以此吸引个人粉丝,进而培养个人粉丝成为俱乐部球迷。

通过与高校社团、俱乐部或学生会进行合作,举办球星故事会,与学生现场互动,说出自己的"国安故事",与学生产生共鸣,吸引粉丝。

4. 助梦公益——与国安同行(正能量吸引)

在"志愿北京"平台,以"助梦公益——与国安同行"为名,成立国安高校志愿团体,与高校已有公益组织或社团俱乐部进行合作,发起公益活动,由俱乐部召集大学生积极参与,由球星带领进行周期性的公益活动,并在"志愿北京"发放志愿工时,最后根据志愿星级,每学年评选出"国安助梦之星"并进行适当奖励。

每次活动后,通过学校公众号、俱乐部官方账号、新闻媒体账号等进行宣传,以获得更多人的关注,吸引更多的学生参与。

5. 筑梦国安社计划(校园活动吸引)

活动背景:

在北京各大高校成立国安社,并以各大高校的国安社为核心(根据地),连接国安球星高校友谊赛、国安社高校足球联赛、中赫国安高校行等 IP 活动,打造中赫国安校园生态体系,在北京掀起一股绿色风暴。

让"永争第一"的精神 make you stronger！国安社，就是我们将要打出去的一个响亮的牌子！

活动方案：

以国安社为根据地，以国安日、国安球星高校友谊赛、国安社高校联赛、国安高校行为主线，为介质(图 5-3)。

图 5-3　筑梦国安社计划

原则：

(1) 做球迷基础的宣传，人(球星、有影响力的人物、名气大的球员、KOL)不能少。

(2) 物质东西提供(文化衫、球票)不能少。

(3) 赋能(针对大学生)。

1) 筑梦国安社——来这儿！过足球瘾，享足球福利(核心)

(1) 目的。通过"球星校园友谊赛"引流过来的"足球小白"(潜力粉)，通过国安社来进一步转化。国安社不仅仅是一个国安球迷社团，更是一个足球社团，敞开怀抱拥抱所有热爱足球的年轻人！对大学球迷社团成员，以福利好处吸引来，来了慢慢喜欢上国安，认同国安文化，对国安慢慢产生一种情结。

(2) 品牌。统一的名字：××大学国安社(132 所高校)。

统一的 Logo：北京中赫国安 Logo＋每个大学国安社的名字。

(3) 创建。

① 改造高校原有的社团：如果学校原有足球社团管理不错，只是缺乏物质、教练等支持，可以改造原有社团为该高校国安社。

② 直接建立新的社团：如果高校原有足球社团管理不善，那就新建一个该高校国安社。

（4）推广。北京有132所高校，先从中选出一些综合类有实力、体育氛围好的高校试点，然后再进一步推行。

（5）运营。高校国安社由高校学生自我管理运营，定期举行活动/比赛（充分发挥，举办各种好玩的活动）。国安俱乐部为其提供教练与指导服务，固定周期时间轮流前往各高校国安社指导；提供物质或资金上的赞助，如比赛饮用水；提供书籍、文化衫、各种宣传用品、免费球票或打折优惠球票等。

（6）管理。

社团的管理者选择：在高校国安粉中挑好的、民心所向的学生。

让社团的学生用心去想、去发挥创造力策划一场漂亮的活动或者比赛，然后就活动/比赛预算（具体所需费用、物资等）向国安俱乐部提交申请，由国安俱乐部审核通过后，拨付经费/物资。

（7）衍生品。国安社可作为国安俱乐部官方旗舰店的各高校分站，方便学生们购买国安衍生品，也利于国安衍生品在高校年轻人当中的宣传。可出几款与高校联名的卫衣、T恤等，如北京体育大学--北京中赫国安俱乐部联名卫衣。

（8）针对高校球迷的优惠政策。

门票：推出针对国安社的学生票团购方案，各种校园活动比赛的送票（如足球微电影大赛高校冠军，获赠国安比赛门票）。

衍生品：衣服、装备等衍生品在高校国安社实行学生专属价格。

2）国安日——遇见你的新伴！

（1）目的。享受气氛是线下观赛的特权，相比较独自一人在寝室的电脑前观赛，与同学和朋友在一起边喝酒聊天，边从大屏幕投影看比赛，无疑更能享受到观赛的乐趣。在"国安日"观赛活动中，共同体验紧张的气氛，共同为喜欢的球迷加油打气，共同为国安欢呼喝彩！

（2）具体方案。"国安日"活动设计初衷是通过奖品、零食等诱惑，以同学间的朋友情谊为保证，以班级内的国安球迷、国安社团的社员或者学生会外联部成员为核心,带动宿舍舍友、同班同学和其他朋友,利用教室多媒体资源或其他观赛场地优越条件,在国安俱乐部比赛的时间,共同观看赛事直播。观看时,为参与"国安日"的学生提供酒水饮料以及零食和奖品等福利,还有竞猜活动。将"国安日"延伸成一个具有欢乐气氛的国安主题 Party(派对)。

在活动过程中或比赛结束后,可进行国安专属足球衍生品的销售,对参与活动的稳定成员推行折扣价。"国安日"既可以成为国安文化宣传推广的途径,亦可提升高校学生对体育运动的兴趣,促进高校内体育文化的建设。

① 活动:共同观看国安赛事直播。

② 活动准备:了解本年度国安赛程安排,并参考各高校学习安排时间,尽量做到交叉进行,有效利用新生入学季与老生毕业季两个热点。

③ 活动设置:每年的3月、4月、5月、9月、10月、11月,如后续有国安参与的赛事决赛或重要场次,可举办周年庆活动。

④ 活动时间:第一期设置在3月份第二周为宜、5月份设置在各校毕业答辩后一周为宜,其他月份随国安赛事进行策划安排。

⑤ 活动安排:

由核心成员事先联系教室或餐厅、酒吧,确定活动地点。选购零食饮料等物资,准备国安纪念产品。提前布置活动场地,做好充足准备。

确认参与活动的学生。提前到达活动现场,准备设备进行观赛。事先提出竞猜问题,进行统计。

正常观赛,并提供零食饮料。

比赛结束后,根据学生竞猜结果进行筛选,并通过摇号等随机手段向竞猜成功的学生赠送奖品。奖品包括但不限于国安纪念品。

设置衍生品展柜,进行专人管理。同时开设现场门票预订业务,设置学生优惠价格;建立高校球迷微信群,从微博、微信、直播、网站,甚至是将来的电子商务 App 软件等方面,加强球迷与俱乐部两大主体之间的联系。

3) 国安球星高校友谊赛——球星零距离

(1) 目的。引流,先转化本来就踢球的原有球迷群体,再由他们通过国安社来转化足球小白。原有踢足球的学生群体,通过活动,和国安明星球员踢了球,拿到了文化衫,又拿到了国安免费的门票等,这让他们有一股热情,自然会走进工体。

(2) 主题。筑梦青春!永争第一!

(3) 前期准备。友谊赛设计:国安球星空降高校!国安球星和高校学生 PK(半场形式 45 分钟),球星组对战学生组;或者两拨球星各带一队学生,展开 PK。一高校一赛,比赛地点设在各高校足球场。

宣传工作:

① 宣传片制作,可由国安拍摄团队在若干高校取景拍摄。

② 各大高校设活动站点预热宣传,海报张贴,高校官微。

物料准备:签名墙、围巾墙、国安文化衫、围巾、比赛用水、宣传板、易拉宝、帐篷。

人员:国安球员、高校参赛球员、服务站人员。

(4) 发布会(项目启动会)。选一所大学召开北京高校筑梦国安社发布会,由国安官方正式启动"国安球星高校友谊赛"项目。会后由腾讯体育、新浪体育、搜狐体育、各高校官方微信、微博报道,造势让广大高校学生知晓该活动。

(5) 球员邀请。高校方邀请:校队,校俱乐部队,校社团队……涵盖与涉及的人群越广越好,因为需要由他们去影响带动身边的同学们。

球员方邀请:

① 国安现役影响力大的、名气大的球员;

② 国安退役的球员;

③ 2009 年的冠军队球员:马丁内斯、陶伟、杨智、周挺、杜文辉、小格里菲斯等(2009 年北京国安夺得中超联赛冠军——16 年首冠),他们对球迷来说有不寻常的意义。

(6) 现场的"球迷气氛"营造。

活动照片打印机:提供×台,以备学生们打印自己活动中拍摄的照片,打印照片链接关注国安官方公众号。

国安元素贴纸：时尚潮流青春风格，体现年轻人活力与个性的同时，营造出浓厚的粉丝气氛。可以贴脸上或胳膊手臂上。类似于演唱会、彩跑、泡泡跑的贴纸(图 5-4)。

图 5-4　国安元素贴纸

福利放送：给到场来看球的同学，发围巾、文化衫、帽子、手环等。
现场围巾墙：如图 5-5 所示。

图 5-5　一个国安球迷的围巾墙，这就是底蕴！谁不服？

(图片来源：北京国安吧-飒爽英雄)

(7) 赛后媒体报道。赛后可由腾讯体育、新浪体育、各高校官方微信公众号发文报道，在北京高校圈传播，提升热度。

4) 国安助梦高校行系列活动

(1) 目的。粉丝福利，粉丝慰问，激发调动其活跃度，保持黏性，培育忠粉。

(2) 主题。每期一个主题。

(3) 地点。以各高校国安社为据点。

(4) 活动项目。

① 足球微电影大赛。以足球为题材的微电影大赛,要有国安的元素,在北京各大高校放映该微电影以后可以作为国安宣传的一部分。选拔、评选出各高校的冠亚季军、全北京的冠亚季军,最后有颁奖盛典。

② 北京中赫国安赛事/活动高校志愿者招募。可以作为以后国安赛事或活动的固定志愿者,或按这个思路去培养。由国安俱乐部发起,以各高校国安社为基础展开。由各高校国安社组织,在全北京高校中招募、选拔、培训。

③ 国安俱乐部实习生招募。成为国安俱乐部的一员,进入你梦想的地方工作。由国安俱乐部人力资源部发起。(如经过预算,2019年需要招6个实习生。)由各高校国安社宣传、报名,于国安俱乐部面试选拔。

④ 国安——吃鸡(刺激战场),国安——刺激战场套装展。吃鸡游戏中植入国安文化元素。校园展览活动,配合现场互动游戏、拍照墙等的宣传推广活动。

⑤ 抖音微视频大赛。

⑥ 国安知识竞赛等。

5) 筑梦国安社——国安助梦·冠军杯联赛(助力足球爱好者)

冠军杯联赛计划及内容见表5-1。

表5-1 冠军杯联赛计划及内容

计 划	内 容
主题	筑梦青春 捍卫荣耀 永争第一
合作	大体协
预选赛	六大赛区 淘汰赛 四分之一决赛 半决赛
总决赛	工人体育馆
俱乐部支持	1. 赛事裁判支持; 2. 冠军奖品,总冠军奖杯,定制球衣
校园明星	选拔优秀而且有颜值的球员,培养成校园明星; 利用学生圈子,逐渐产生影响力
衍生活动	线上颠球大赛等抖音微视频一系列活动

（三）依附

1. 基本身份依附

要将普通大学生转变为球迷，首先就要让大学生感受到基本身份的依附，这就体现了国安俱乐部与大学生群体之间的契合点挖掘。我们对国安与大学生群体之间的契合点进行了探索，并以"同为 zhu(筑/逐/助)梦人！我爱北京！"等为主题，打造了多种活动，以获得大学生的精神认同感和地域认同感，由此让其感受到自身作为"在北京读书的大学生"这一基本身份的依附。

2. 社会角色依附

作为新时代的年轻人，大学生肩负着社会重担，越来越多的大学生愿意为社会贡献自己的力量，这种社会角色的依附可以体现在"助梦公益——与国安同行"的公益活动中。

3. 球迷身份依附

高校筑梦国安社的打造，对高校球迷身份的依附起到了巨大的作用。但除此之外，当普通大学生转变为真球迷或有意成为真球迷时，国安俱乐部就需要通过赋予他一定的权利和权益，使其产生对球迷身份的依附。

1) 权益

通过赋予大学生球迷不同的权益，体现国安俱乐部对大学生群体的开放与包容，从而将更多的球迷转变为真球迷。

(1) 组建高校球迷组织，增加学生球迷的归属感。

(2) 打造球迷专属 App，推出会员定制专属项目，但针对大学生球迷，如何增加他们的"国安血液"浓度是关键，国安俱乐部可以赋予大学生球迷不同的权益，以激发大学生球迷的热情。

具体附加权益见表 5-2。

表 5-2　具体附加权益

大学生球迷（实名注册）	1. 减少会员费,降低加入门槛,会员费享 8.5 折优惠(会员费为 $199×0.85=169.15$ 元); 2. 球票享受 8.5 折优惠; 3. 官方商城购物享 8.5 折优惠,并且享受积分制,年终将获得不同等级的赠礼; 4. 享有国安志愿活动优先参加权; 5. 享受生日福利,球员送生日祝福; 6. 在校期间,免费赠送年度纪念徽章

2) 权利

赋予球迷可以决定国安俱乐部"事务"的权利,可以增强其对球迷身份的认同感,如可组织以下活动。

(1) 线上投票决定高校球迷活动组织形式。

(2) 线上投票决定球衣发售样式、球迷庆祝动作等。

4. 归属感

位于工体 17 看台的国安俱乐部官方授权商品旗舰店已经正式开始营业,除了作为一家正规的球迷商店,可以对其进行进一步的打造,将其变成国安球迷的家(图 5-6)。

图 5-6　国安俱乐部官方授权商品旗舰店内部

店面改造:将店面扩展或利用店内空地,在面对电视机的方向摆放吧台、小茶几和座椅,店内辟出一处操作台,售卖咖啡等饮品,对学生打折。

店内活动:店内不定期地推出球迷活动,开展球星故事会、看球、聊天、交友活动,欢迎大学生闲时带上三五好友"回家"喝喝咖啡,聊聊理想。

四、衍生品开发具体方案

（一）重在"情怀"——纪念商品的开发

可以开发毕业玩偶、校庆玩偶、纪念模型、纪念币，也可以开发"国安第二名片"作为纪念与收藏。可以多给小熊与京狮设计服装，如不同的款式、不同的球衣号码，都可能会促进学生们的持续消费（图 5-7）。

图 5-7　国安纪念商品

（二）国安 IP 的扩展与链接

1. 国安 IP 桌游乐园

国安可以以"桌游"为主要卖点，辅以餐饮，装修设计点缀国安元素，可以嗨，可以直播看球，将国安 IP 桌游乐园打造成大学生们的"根据地"。

2. 国安的家——线下商店与主题咖啡厅的结合

可以通过咖啡厅与线下商店的结合打造不同的饮食或购物体验。以足球为元素对饮品进行创意设计，吸引追求时尚创意饮食的大学生前来消费。是家？是商品店？还是咖啡厅？由你说了算。

3. 开发足球游戏

除了举办联赛，创立属于自己的电竞队伍外，国安俱乐部更可以利用电竞的热潮，联合游戏公司打造足球游戏，吸引球迷。

4. 打造国安的"泡泡玛特"

国安俱乐部可以使用吉祥物京狮为原型,自主或与泡泡玛特合作进行京狮形象的设计,推出属于国安俱乐部的"泡泡玛特",想象一下,穿着球衣、抱着足球抑或穿着滑板鞋和嘻哈裤的小京狮,更像是一个酷酷的小男孩,勇敢且叛逆地憧憬着未来!京狮版的"泡泡玛特"更可以开辟男性市场,尤其符合追求时尚与个性的大学生的胃口。

五、国安高校足球文化推广效果评估方式

我们将从以下四个维度对国安高校足球文化推广效果进行评估。

(一)传播与媒介维度

从网络关键词搜索量、社交媒体官方账号的粉丝量和转发评论量等进行评估。

(二)销售与市场维度

对球赛上座率及消费者行为进行分析,对衍生品销售情况进行分析,对比市场占有率等。

(三)俱乐部文化品牌维度

基于CBBE模型(基于消费者的品牌价值模型)对国安俱乐部在高校推广的文化品牌进行评估。(CBBE模型认为品牌是一种企业的资产,表现为客户品牌知识差异导致其对企业营销活动产生的差异化反应。根据CBBE模型,构建一个强势品牌需要进行四步骤的工作——建立正确的品牌标志、创造合适的品牌内涵、引导正确的品牌反应和缔造适当的消费者与品牌关系。上述四个步骤依赖于构建品牌的六个维度——显著性、绩效、形象、评判、感觉、共鸣。)

(四)综合效益维度

基于活动策划,根据学生的参与率、反馈情况、国安效益影响力等对推广效果进行综合评价。

总之,四个维度相辅相成、互为整体,但有些具体目标可以通过量

化方式进行测量,而有些只能进行间接的考察或通过内容等进行分析。

(冠军"C位出道"队的成员:白健、闫昕、胡长琪、陶安琪、杨瀚宇、刘畅)

案例点评

职业体育俱乐部通过各种方式和途径为体育消费者提供了大量的信息,而这些信息是体育消费者形成对职业体育俱乐部的态度、印象和意见的重要来源。本案例中国安俱乐部的足球文化,是国安俱乐部多年发展过程中形成并为全体成员所共同遵循的足球价值观念和行为规范的总和。文化一般包括理念、制度、行为和物质文化四个层次,体现在国安足球文化上,可以表现为:足球精神,足球价值观,制度规范,道德规范,球员行为准则,明星运动员,国安俱乐部的名称、标语、主场球场情况等。将足球文化以恰当的方式与大学生群体进行沟通和互动,可以改变大学生群体尤其是外地大学生对国安俱乐部的态度,进而引发他们对国安俱乐部的行为改变,如参与消费、成为俱乐部球迷、球迷忠诚度增加、现场观赛次数增加、积极购买衍生品等,给国安俱乐部带来良好的收益。

对于职业体育俱乐部而言,管理的主要目标之一是获得球迷、培养和维护忠诚的球迷,球迷是国安俱乐部持续发展的基础。文化传播活动是一个吸引、培养和维护球迷的良好途径。国安俱乐部在国内属于顶尖职业俱乐部,其经营现状、战绩、盈利能力以及球迷数量等排名都在第一梯队。但其在北京高校市场尚处于起步阶段。因此,通过高校足球文化活动的推广,有利于扩大国安俱乐部的高校大学生球迷的数量,增强俱乐部的品牌影响力,提高球迷参与程度,增加球迷对球队的认同感,进一步增加俱乐部收益,提高俱乐部竞争力。

本案例的任务是调查大学生的兴趣和需求,通过设计各类营销活动传播国安俱乐部的足球文化,以吸引更多学生去现场观赛;改变大学生尤其是外地学生对国安俱乐部的态度,吸引其成为俱乐部球迷;同时根据大学生的需求去探讨如何有效开发足球衍生品。案例分析层层递进。因此,需要思考以下几个问题:国安足球文化的内涵是什么?大学生对于职业足球赛事市场(包括衍生品)的需求和偏好是什么?大学生喜欢什么样的互动沟通方式?如何将国安足球文化通过不同的营销活动有效传播给大学生以产生共鸣?如何吸引外地大学生?如何为大学生群体开发足球衍生品?案例的根本任务就是通过足球文化的传播活动,让大学生认同国安俱乐部的足球文化,吸引其成为球迷,增加对球队的投入程度,这也是建设和维持成功的体育俱乐部品牌重要的一环。

在案例的营销分析部分,有几个要点需要注意:一是高校足球市场现状和竞争分析,尤其是其他职业体育俱乐部与高校进行互动和合作的情况;二是调查和分析大学生目标群体的体育消费心理与体育消费行为的特点、媒体偏好,了解大学生参与足球赛事或成为足球球迷的动机,调查大学生对足球衍生品的需求及购买动机;三是分析国安俱乐部的营销现状,探讨国安足球文化的内涵。

在案例的文化推广策划部分,首先是要确定宣传推广的主题,这个主题是从国安足球文化中提炼出来的,能够与大学生群体产生情感共鸣和认同感的契合点。策划的所有文化推广活动都围绕这个主题展开,目标清晰,推广效果会更好。比如冠军"C位出道"队分析了精神认同和地域认同,最后选择了"筑梦"作为主题,符合年轻大学生的心态,契合点找得比较准。其次,在具体文化推广活动设计方案时,以如何促进大学生态度的转变为主线,逐级递进,设计相应的活动去影响和改变不同程度的态度,真正改变大学生群体对国安俱乐部的态度,从不熟悉到了解,从了解到喜爱,从喜爱到忠诚。活动互动的方式很多,但最好能够形成可重复的、可落地执行的活动体系。冠军"C位出道"队提出国安高校足球文化推广是一个由浅及深的过程,并应用心理连续模型(PCM)中的前三个投入阶段(以不同程度的态度投入和行为投入划分)为主线,分别策划丰富的活动,活动主题形式多样,将广告、微电影、赛事、球星活动、校园活动甚至球票都整合在一起。该方案主线清晰、主题鲜明,各类宣传推广手法应用娴熟。如果该方案对忠诚阶段也策划一系列活动的话会更完整。亚军"冲鸭"队则从"文化+体育"的视角提出举办高校大学生文化节,包含足球知识竞赛、北京市大学生足球产业创新创业大赛、足球营销大赛和高校足球联赛四个活动。

在开发大学生群体的足球衍生品方面,根据前期的调研结果,结合当前年轻人关注的热点和偏好,不同的参赛小组都提出了自己的建议。比如冠军队设计的桌游乐园、线下商店与主题咖啡厅、足球游戏和国安"泡泡玛特"等。

最后需要对该文化推广方案的效果进行预测及评估,对风险控制进行分析。大多数参赛小组忽略了此部分内容,冠军队就其推广效果评估方式从四个维度进行了讨论。

案例 6

后疫情时代，如何创新国安体育"青少年校园体育俱乐部"培训业务

案例

国安体育成立于 2017 年 1 月，是中信国安集团有限公司下属的新兴国际化的专业体育赛事、文化运营平台。以体育赛事 IP 为核心，围绕青少年体育培训、体育旅游及体育金融、体育数据营销，倾力打造国安体育服务平台生态，为社会提供先进、专业的培训、赛事举办以及运动场馆运营管理、体育旅游等服务。其中，国安青训以让青少年安心畅享高品质的活动为核心要求，致力于建构一种专业、高端、潮流的假期学习和生活娱乐模式，已成为国安体育产业布局中一块重要拼图。

在国安体育青少年俱乐部业务布局中，校外的培训业务发展尚不成熟且存在学校运动场地课后不开放、社会体育场地人满为患、同类培训机构竞争激烈等现实问题。在

后疫情时代,国安体育青少年俱乐部应如何充分发挥自身优势,将校内业务继续拓展至课后,完善校外培训业务?应该选取哪些项目作为切入社会大众培训市场的重点项目?这些问题是国安体育关注的重点。

(请扫描二维码阅读完整案例)

案例分析报告节选

该报告研究了青少儿体育的相关政策,以了解少儿体适能在我国的发展空间与趋势。通过调查我国青少儿培训业与教育业市场发展情况、青少儿体育培训融资情况以及分析后疫情时代少儿体适能教育产业环境,认识市场现状及问题所在。然后对企业做了 SWOT 分析,并选择了赫石少儿体能、爱酷体育和东方启明星作为竞争对手进行了竞争分析。在此基础上确定营销目标,并提出俱乐部营销方案和俱乐部推广方案,最后进行各项目的成本收益分析和风险分析。以下为案例报告的节选部分。

一、营销目标

(一)目标人群

国安体育主要针对人群是北京市小学生及其家长,具体如下。

1. 家长特征

(1) 孩子身体素养不足的家长。
(2) 重视孩子体能以及希望提高孩子运动能力的家长。

(3) 希望孩子培养体育兴趣爱好或者有专业性发展需要的家长。

(4) 希望改善孩子的不良体态、肥胖或瘦弱等体型问题的家长。

2. 地域范围

以北京市小学生为主要目标人群，创办北京本土青少儿体适能俱乐部，并在发展中后期，以北京为起点，逐步辐射至周边城市，最终扩展到全国。

3. 合作小学

已经合作的小学有史家小学、北京市朝阳区实验小学、北京市海淀区翠微小学（北校区）、清华大学附属小学商务中心区实验小学。未来将会进一步拓展合作对象。

（二）企业目标定位

1. 企业产品介绍

课程主要针对4~12岁青少儿，以专业体适能培训为基础，以"体适能＋足篮冰雪"为特色，将玩与学相结合，线上服务与线下培训相结合，全面培育孩子的身体素养。

2. 企业发展愿景

(1) 以北京为基点，逐步建设成为全国性的深受家长与孩子喜爱的体适能培训品牌。

(2) 我们希望所有的孩子都能够爱上运动、健康运动、活力成长。

将运动从学校带进社区，让孩子们的热情带动社区，进而带动整个社会对运动锻炼的热情。能够不局限于年龄范围，在大众体育、全民健身中形成一股属于国安的力量，推动体育产业的发展。

(3) 打造"互联网＋青少儿体育"新产品。

在幼儿园、小区楼下、家里客厅，同样可以锻炼身体。这种基于零碎时间的少儿健康新产品可能有很大的发展空间和潜力。未来机构或可从"到店"延展为"到店、到校、到家"，打破距离限制的同时，实现场馆人效最大化。

(4) 逐步向坪效更高的商业模式发展,运营将更加精细化。

场馆、人员成本是大多数青少儿体育培训投入成本结构中占比最大的两部分,因而能否提高坪效,进行精细化运作直接决定了青少儿体育培训机构的盈利能力和利润空间。

3. 俱乐部标语设计

俱乐部标语为:健康运动,活力成长。

含义:作为一家青少儿体适能培训俱乐部,我们正是为了解决社会中青少儿身体素养不足、亚健康问题突出但完全与之对应且有效的体育培训机制空缺等社会痛点应运而生的。我们站在家长的角度,希望孩子能够健康运动、活力成长。为每一个愿意选择我们的家庭增加健康与快乐,减少家庭医疗成本。

4. 俱乐部标志设计

俱乐部标志设计如图 6-1 所示。

图 6-1 俱乐部标志设计

二、俱乐部营销方案

(一)体适能系列课程

1. 青少年儿童体适能介绍

体适能(physical fitness,PF)指在应付日常工作之余,身体不会感到过度疲劳,还有余力去享受休闲及应付突发事件的能力,主要分为健康相关和技能相关两个组成部分。

体适能训练能够改善青少年儿童身体的协调性,让青少年儿童养成坐、立、走等正确的身体姿势,提高青少年儿童的运动耐力。

体适能的训练还对青少年儿童心理及社交发展有正面影响。丰富多样的体适能课程能够激发孩子的想象力和创造性,刺激多方面思维,培养良好的情感及性格,增加自信,锻炼意志,认识正确的价值观。

2. "体适能+"理念

由于体适能具有全能性,是一切运动的基础,所有的运动项目都包含体适能训练的部分,因此将体适能单独摘出,对儿童青少年进行系统训练,在良好的运动基础上,学习任何专项运动都会更容易。

因此俱乐部将重点打造体适能精品教学和其他运动启蒙课程相结合的课程包,并通过数据跟踪观测,让少儿针对自己身体弱项,进行科学性训练,使身体综合素质有效提升,各项运动技能掌握得更灵活。

以培养运动习惯,发展运动的兴趣,掌握一定运动技能和相关知识,培养良好社交技能为目标,将体适能与专项运动相结合的方式,既能够让孩子选择自己喜欢的体育项目,又能全方位提高孩子的身体素质和健康水平。同时,通过体适能的训练,孩子在专项运动训练中将获得更大的进步。

3. 教学分层

按照人体青春发展期的阶段以及发育特点,我们将班级分为4~6岁(小班)、7~9岁(中班)、10~12岁(大班)。

4. 课程项目分类

方案实施初期,我们将重点推出课程包模式,涵盖两个单元课程,一是训练带侧重点的针对性体适能训练,针对的是想专注于提高某项薄弱体适能素质的孩子及家长。二是"体适能+课程",运营前期包括"体适能+足球""体适能+篮球""体适能+滑冰"以及"体适能+滑雪"四类课程项目供学员及家长进行选择。运营后期根据学员及家长的训练需求,再考虑增设与其他运动项目相结合的体适能课程。

1) 针对性体适能训练

根据对体适能训练的研究和了解,我们以美国小学生体适能课程——SPARK课程作为参考,设计了如下的体适能训练课程。

课程体系包括六个部分,即速度素质训练、协调性和灵敏性素质训练、平衡训练、力量训练、耐力训练和柔韧训练。课程着重将训练与趣味性相结合,让学员在训练中感受到运动的乐趣,从被动运动转变为主动运动,并在练与玩中,增强身体素质,提高自身的体适能水平。

每节课程设置包含所有素质训练的内容,但在课时比重上着重提升一项体适能素质,家长可以根据孩子的测试情况,有针对性地选择孩子比较弱势的项目课程进行学习。

2) "体适能+"课程

"体适能+"课程,每节课由两个单元构成,分别为体适能单元和特定运动项目单元(足篮冰雪)。体适能单元课程由专业体能教练指导,以丰富的游戏形式为主,辅助以适合的体能训练。通过多样的器械、道具以及体适能循环、竞赛等形式充分调动学生参与积极性,主要发展和维持学生健康体适能五个方面(有氧能力、力量能力、柔韧、灵敏和身体成分比例),运动项目单元由接受过专业体适能学习的专项运动教练教学,以球类运动、滑冰滑雪内容发展孩子的基础专项运动技能和社会适应力。

(1) 少儿"体适能+足球"。体适能和足球运动结合的训练,借助足球进行的体适能锻炼可以更好帮助孩子提升四肢协调能力,强化腿部骨骼,增加肌肉耐力,提高心肺功能。足球运动强调个人智慧和才能又讲究战略战术,孩子们可以在足球游戏中学会团队配合,增强团队合作能力,培养对抗精神。

(2) 少儿"体适能+篮球"。通过体适能基础训练,结合篮球的运球、拦截、投篮等篮球游戏进行的体适能锻炼,会更好提升孩子反应力、专注力、弹跳力,增加肺活量,增强肌肉,锻炼身体的灵活性,有助于身体长高,培养自信心和冒险精神。

（3）少儿"体适能＋滑雪"。利用国安现有滑雪教练和滑雪平台，给孩子提供特色体适能＋滑雪结合的训练，由滑雪运动切入，辅助体能运动，必要时可以从VR虚拟滑雪逐渐转向现实滑雪运动，展现沉浸式课堂体验，教孩子认识滑雪设备、环境和安全。让孩子掌握滑雪基础技能，树立规则意识，享受体育精神，带动身体心理和素质的全面提升。想要继续深入滑雪运动的孩子可以以优惠价格参加国安冬令营，发展成为运动特长。

（4）少儿"体适能＋滑冰"。在滑雪的基础上增加开设"体适能＋滑冰"课程。专注于体适能提升的滑冰锻炼对学生的身体素质存在有利影响。短期滑冰练习对增加肺活量以及肌肉力量和肌耐力有明显作用，有效提高孩子的心肺能力及心血管供给能力，提高身体健康水平。国安体育培训增加"体适能＋滑冰"的特色课程，教孩子基础速度滑冰、花样滑冰技能等，在游戏中培养孩子兴趣爱好。

5. 全年课程设置

1）学期课程

（1）训练前健康状况评估和体适能测试。由于儿童处于身体的生长发育阶段，身体各系统发育还不成熟，每一个孩子的发育情况也不尽相同，因此需要通过健康状况来评估已知的疾病和与心血管疾病相关的危险因素。评估可能需要特别考虑生活方式因素，并根据系统的体适能评估结果和学员的基础信息，制订高效、个性化的训练计划，从而帮助学员实现训练目标。

（2）课程训练。日常课程设置在学校教学周的周一至周五的放学时间以及周末全天。课程设置中要注意课堂持续时间与休息时间的合理安排，实施动态调整。课程设置为小班教学。每个班8~12人，分配1名教练以及1名助教。每堂课教练需要制定完整的教案。

（3）期中及期末测试。

为了能够让家长及时了解孩子的训练进展，同时了解所选课程是否达到预期训练效果，并根据孩子的训练情况适当调整训练计划，俱乐部期中及期末会对学员进行体适能测试,测试学员在柔韧性、平衡性、协调性、肌肉力量与耐力等方面的体适能水平。测试结果会同步到培训系统 App 当中,方便家长进行查看。

为了鼓励学员参与培训的积极性,提高学员培训质量,测试以排位赛的形式展开。按照学员们每项指标的结果和与上一次测试相比产生的进步值从高到低进行排位,排名前十名的学员将会获得对应称号以及奖品作为奖励(奖励人数按照课程报名人数可做调整)。

(4)收官比赛。为了让家长们更直观地看到孩子们的进步,同时也让孩子们拥有一个圆满的课程结尾,俱乐部将开展多形式的体育比赛,涉及的运动项目包括体适能、足球、篮球、滑冰和滑雪等,让每个孩子都能从比赛中收获胜利,收获快乐。

2) 寒暑期课程

寒暑期课程除了学期课程中包含的四项内容外,还增加了与体育文化、体育旅游相关的延伸性课程。延伸性课程的学习不仅能够丰富孩子们的假期生活,促进孩子们对体育的热爱与了解,有助于体育运动的宣传推广,同时还体现了俱乐部的社会担当,符合俱乐部的愿景。

(1)体育文化小课堂。针对学员们所选的相应课程,介绍有关篮球、足球或冰雪运动的由来等文化,介绍国际著名球队,让学员们对自己所学的运动项目更加了解和熟悉,为培养专业体育人才做铺垫。

(2)体育观影厅。观看与体育相关的经典电影片段,例如《光荣之路》《卡特教练》《点球成金》《摔跤吧!爸爸》等,并让学员们了解和电影中所讲体育相关的知识,感受体育精神与魅力。

(3)奥林匹克的故事。以北京冬奥会为契机,介绍奥林匹克的历史、口号、发展历程等内容,让学员对奥林匹克有比较深入的了解,为即将到来的 2022 年北京冬奥会做准备,成为更加优秀的小东道主。

6. 课程收费标准

课程收费标准见表 6-1。

表 6-1　课程收费标准　　　　　　　　　　　　　　　　　元

班　　级	针对性体适能课程/"体适能＋篮球"课程/"体适能＋足球"课程	"体适能＋滑雪"课程
寒假班(14次课)	4 900	5 500
暑假班(30次课)	10 500	11 000
春/秋季班(16次课)	4 800	5 600

7. 线上服务体系

1) 课程包选课体系

体适能＋课程包上线独立小程序,为学员提供优质的线上学习平台和家校反馈平台。

课程内容结构上,一期共16节课。第一节课为趣味体验课,成功报名课程的学员,免费进行体能素质测试,并录入档案进行体能跟踪。第二节课开始,进入课程的主体部分。最后一节课进行期末体能测试。中间14节课,由家长根据孩子体能特点,自行选择生成定制课程包。

家长可以在"国安智能体适能＋小程序"上查看到孩子的课程时间、地点、教学内容以及教练介绍,教学结果和反映孩子体能素质的跟踪记录能够通过具体数据展现在家长面前,直观反映出孩子的成长过程和教学实际效果,如图6-2所示。

2) 线上录播课

在小程序上报名线上课程,孩子可以自己在家里进行线上练习。录播课分为免费和收费两种模式:免费以体验和普通训练课程为主,孩子可以在家跟着视频练习;而收费课程则可以根据孩子自身体能素质,制定专属线上课程。训练打卡有专业教练进行点评和互动反馈,完成课程内容后可以再免费进行体能测试,并获取证书和奖励,参与线下报班也享有续课优惠。

3) 课后作业上传

学员可以通过线上课程延续线下运动学习,实现课前预习、上课提醒、课后作业、视频补课的完整教学闭环。课后作业完成是先由专业

图 6-2 "国安智能体适能+小程序"图例

体能教练来做示范,整个场景设置包括个人训练和亲子互动游戏的形式。作业会有专业教练进行打分和点评。积极完成课后作业的学员会获得积分奖励,结课时颁发优秀学员证书和礼品,同时享有续课优惠。

4)家校反馈

凡是参加智能体能培训的孩子,体能素质数据会被进行跟踪检测。家长登录家校反馈平台,孩子体能各方面的跟踪记录能够通过具体数据展现在家长面前,直观反映出孩子的成长过程和教学实际效果。家长也可以根据孩子体能优劣势进行之后课程的选择。

另外,家长可以在家校平台对教练进行线上满意度评价,对教学和培训进行建议与反馈。进行反馈的家长会获得相应积分奖励。

（二）教练机制

教练是青少年体适能训练中很重要的一环。教练教学水平的高低，决定着学员训练质量的好坏，同时也是能否留住学员的关键因素。因此，我们专门设置了针对国安青少年体适能俱乐部的教练机制，以此选拔和培养优秀的教练团队，带给学员更加专业、高质量的训练体验。

1. 教练选拔机制

教练选拔由国安体育组成招聘专业考核小组负责。招聘有笔试环节、面试环节和综合加分项（如持有专业项目教练证、运动员等级证书、获得比赛成绩证书或具有体育培训工作经验），最后择优录取。

2. 教练培训机制

培训环节：招聘环节过后，组织通过考核的教练进行培训，主要包括教学技巧、课堂内容流程、签到签退工作制方面的培训。

另外，每位教练员都需要培训运动训练学、运动生理学、心理学、教育学等学科，了解各年龄段孩童心理和身体运动特征，针对不同年龄，给予不同的体育培训指导，提前制定教案和作出课后反馈，提升课堂质量，改进教研能力。

在培训期间表现优异的教练，将在首次绩效考核周期给予"优秀教练员"称号，称号将直接加分到教练晋升机制中。

3. 教练激励与晋升机制

为了留住并吸引更加优质的师资力量，国安体育青少年俱乐部必须建立其自身独特的激励与晋升机制。因此，对教练进行绩效考核，考核优异的教练将获得晋升机会，更新教练级别。

1) 考核标准

教练绩效考核成绩＝教研贡献（20％）＋课堂评价（30％）＋考勤率（15％）＋续班率（15％）＋转换率（10％）＋满意度测评（10％）

(1) 教研贡献：教练对教学内容、教学行为进行研究分析，提升自身教学能力，对课堂内容进行创新并收获成效的贡献值。

(2) 课堂评价：由国安体育组成的考核小组，定期定量对课堂进行考核评价，包括教案评分、教学目标、教学内容、教学效果等。

(3) 考勤率：教练实际出勤和应该出勤数的比率和迟到早退情况。

(4) 续班率：期末，孩子及家长在上完某项体能课程后，继续报名该类体能课程的人数与放弃继续报名的人数比率。

(5) 转换率：教练给孩子试上第一节兴趣体验课后，正式报名国安体能课程的人数与总试上体验课人数比率。

(6) 满意度测评：测评学员及家长对进行线下线上课程和培训教练的满意度。

2) 绩效考核周期

绩效考核设计见表6-2。

表6-2 绩效考核设计

级别类型	申请周期	考核周期	2级工资待遇	1级工资待遇
见习教练		1~2次课	路补＋餐补	路补＋餐补
助理教练	两月一次	4~8次课	60元	80元
正式教练	一学期一次	一学期	100元	110元
高级教练	一学期一次	一学期	200元	200元
首席教练	一年一次	两学期	300元	200元

注：(1) 工资采取"基础＋提成"的组合模式(1级为基础、2级为提成)；
(2) 以上工资均按课时进行计算；
(3) 晋级为教练员在满足周期时长后主动申请；
(4) 对于没有教学经验的新教练，应按教练级别，逐级晋升；对于有教学经验的新教练，通过教练培训后，直接晋升正式教练；对于拥有相应体育项目教练证或具备专业体育教育学历的教练，可适当缩短晋升期。

4. 教练员招聘渠道

1) 社会招聘

(1) 在招聘网站发布招聘信息，对应聘者进行认真筛选，通过笔试和面试选拔。

（2）与教练及平台或培训机构进行合作。

2）校园招聘

国安体育青少年俱乐部与各大体育院校（如北京体育大学、首都体育学院等）建立合作联系，对于体能或专项运动学生给予机构实习机会，优秀实习生有意向可录用留下，进行专业教练培训。

3）内部推荐

由从业人员进行内推，教练、工作人员推荐同校或相关专业教练员进行选拔。

（三）校内业务拓展

1. 体适能测试进课堂

在与小学合作的层面上，在体育课上免费增加对孩子的专业体能体质测试（包括静息测试、非疲劳测试、力量测试等），生成每个孩子专属的体适能报告，由孩子带回给家长，或由班级老师发送给家长。家长可以通过体能体质报告了解孩子在身体体能各方面的情况和与同龄人相比体能素质的优劣势。报告附上国安体育青少年俱乐部的联系方式、地址和体适能课程介绍，吸引家长针对自己孩子的弱势项目报名相对应的体适能课程，并给予这部分家长相应的课程优惠。

2. 校队俱乐部融入体适能训练

在校园俱乐部方面，将体适能训练引入校园俱乐部和专项运动队的培训中，提高队员的训练水平。队员们将亲身体验和训练效果分享给周围的同学，让更多人知道体适能训练的作用和优势，从而吸引和辐射更多学生人群了解和报名体适能课程。

（1）对校园俱乐部和专项运动队的队员进行身体机能测试，得出个人的体质初始数据报告，并由专业教练根据报告的各项指标情况为队员提供个性化的培养方案和针对性的训练意见。

（2）在训练过程中，进行定期监测，实现动态调整和及时性控制，确保队员的训练质量最优。

（3）通过同学与同学之间的强纽带连接，进行口碑营销，实现

H2H 的裂变。

（4）在保证体适能系列课程具有高水准、高成效的情况下，以校园俱乐部和专项运动队为切口，在校园内实现现有业务的拓展，树立俱乐部在学生群体范围内的高知名度和口碑，从而推动转化为真正的目标客户——家长的付费行为。

3. 体适能托管解决课后难题

全国政协十三届一次会议中提出的"三点半现象"成为年轻父母和整个社会关注的一个难题，为适应北京市经济发展及教育高质量要求，促进学生德智体美劳全面发展，"国安体适能＋俱乐部"计划拓展校内业务，在校园实行课后延时服务——体适能＋内容托管。

与当前合作的学校沟通，开放课后体育场地或体操房、舞蹈房作为课后延时服务的教学场地，由学校拨款作为公用经费，不向家长收取费用。充分发挥学校在课后延时服务中的主体作用。"国安体适能＋机构"提供高质量设置服务课程，确保意识形态安全，并由俱乐部工作人员和学校参与服务老师共同监督，保障安保工作和课堂质量。

学校下发《关于开展课后延时服务工作致家长一封信》，让家长知悉此民生项目由学校教师和国安体育青少年俱乐部共同提供服务。由家长向学校提出书面委托申请，并报名登记。学校按照年级对学校教师进行统一安排，制定《放学后延时服务工作方案》《学生延时服务工作记录表》等一系列制度和明细，完善安全管理制度，切实加强保障课后延时服务学生安全，制定并落实严格的考勤、监管措施。

（四）校区设置

针对国安体育青少年俱乐部的运营现状，合作学校为俱乐部学员的主要来源。因此校区的设置应以合作学校为切入点，将校区设置在合作学校周围，进行向外辐射。

目前培训市场存在的问题之一是社会体育场馆人满为患，场馆资源匮乏，场馆租赁成本在一定程度上制约了青少年培训机构的发展。因此，我们首先考虑与邻近社区、高校或健身房进行合作。其次，是和新开发的园区或者体育服务综合体进行合作，比如新首钢高端产业综合服务区（简称"首钢园区"）、宏昌竣体育公园、槐房体育综合体，打造专业的体适能训练基地。

据北京市教育委员会资料显示，截至 2018 年，北京市小学共计 970 所，其中在城市发展新区、城市功能扩展区分布的数量较大。我们在初期选取校址上，选择东城、西城、朝阳、海淀、昌平、通州、大兴、房山八大区为主进行校址建设。在充分考虑到已同俱乐部达成合作的小学基础上，选定以下地点。

（1）东城区：东直门内大街附近，以史家小学（北京市东城区东中街铜厂子胡同 8 号）为中心点向外辐射覆盖周边生源。

（2）西城区：玉渊潭公园附近，以北京第二实验小学白云路分校（北京市西城区白云路 2 号）为中心向外辐射。

（3）朝阳区：大望路附近，以北京市中央商务区实验学校小学部（北京市朝阳区西大望路 5 号）为中心向外辐射。

（4）海淀区：翠微路附近，以北京市海淀区翠微小学本校区（北京市海淀区翠微路 22 号）为中心向外辐射。

（5）昌平区：西环里附近，以北京市昌平区城关小学为中心向外辐射。

（6）通州区：玉桥东附近，以北京市史家小学通州分校为中心向外辐射。

（7）大兴区：兴丰大街附近，以北京市大兴区第三小学为中心向外辐射。

（8）房山区：阎村镇附近，以北京市房山区阎村镇后十三里完全小学为中心向外辐射。

（五）外延性活动

1. 趣味比赛进社区

在社区定期开展"翻山越岭"体适能趣味比赛，采用定向越野、跳绳、两人三足等丰富的组合游戏形式，吸引社区家长与孩子的参加，并让"国安体适能＋俱乐部"的学员共同参与,目的是让孩子在通过趣味比赛检验培训成果的同时,收获自信和快乐。另外,让社区家长能了解到体适能锻炼的趣味性,更能直观看到参与专业体适能训练的孩子的身体素质。通过孩子家长之间相互分享裂变,带动更多社区家长报名体适能课程(表 6-3)。

表 6-3 "翻山越岭"体适能趣味比赛活动

活动流程	活动内容
比赛报名及签到	国安体育青少年俱乐部的学员到签到处签到即可直接参与比赛,非俱乐部学员可现场报名,报名需留下姓名、年龄和联系方式
比赛开幕式	介绍国安体育青少年俱乐部,介绍趣味比赛内容
正式比赛	背球接力赛 混搭接力跑 滚雪球 海底传月 投篮高手
颁奖仪式	每项比赛的前三名获得冠亚季军,前十名都能够获得俱乐部准备的俱乐部周边(如带有俱乐部 Logo 的背包、皮球、跳绳等体育器材)和其他精美小礼品
活动结束	参与比赛的孩子可在场地内进行自由活动,将有俱乐部工作人员保证孩子们的安全情况

2. 体适能讲座进社区

国安体育青少年俱乐部将深入学校周边的社区,与社区居委会合作,为社区提供"公益性体适能＋理念"的讲座,宣传科普体育锻炼和体适能教育对青少年健康的重要性,在家、在户外如何可以进行高效的体能锻炼等内容,从意识上提升社区家长对体适能的认识,吸引他们为孩子报名"体适能＋课程"。

3. 公益活动下乡镇

项目名称:"中信国安"青少年公益体育学校

目标地区:偏远乡镇县中小学

项目内容：

（1）以俱乐部名义出资改善校园体育设施，给学校学生送去运动鞋等运动装备。

（2）开设特色体育课程，使用先进体育场馆设备及专业教师团队。

（3）北京及一线城市校区教练定期到学校进行支援教学。

（4）俱乐部创始人到学校参观，指导学生们进行体育活动。

（5）资助品学兼优或有运动天赋的贫困学生。

（6）挑选优秀学生到北京总部进行参观学习。

（7）组建学校相关运动代表队，积极参加省区市各类体育比赛。

（8）帮助优秀毕业生毕业后进入师范类学校或体育类学校继续学习深造。

项目目的：

（1）向外界传递中信国安公司愿景，即关爱成长、筑梦奇迹，成为年轻一代体育人的逐梦者，树立良好的企业形象。

（2）缩小教育资源差距，让乡镇学校的孩子也能拥有和城市孩子一样的体育资源。

（3）普及体育运动，传播体育精神，让更多孩子爱上体育。

（4）鼓励孩子们努力学习，认真锻炼，鼓励他们发展体育。

宣传手段：

（1）中信国安官方微博、微信公众号以及官网第一时间发布资助消息，让公众知晓学校情况。

（2）通过带领校队或体育水平较高的学生参加体育比赛，拍摄训练视频及照片发布到网上，获得大众关注，让大家看到孩子们的潜力。

（3）创始人在公共账号上为资助活动进行宣传，可以上传自己和学校孩子们互动的照片，以个人影响力带动大家关注该公益项目。

（4）体育设施及运动装备等涉及企业赞助。因此，可以在公共账号上相互宣传，共同宣传资助活动，让资助活动获得更多人的关注。

4. 与国外青少儿体适能专家交流学习

由于国外青少年体适能培训行业发展较为成熟，我们的课程也学习了美国的体适能课程设置。因此可以创造俱乐部与相关体适能教育的机构或者专家交流学习的机会,通过相互交流学习,提高我们俱乐部教练的教学水平,提升我们的体适能课程的专业性,不断完善创新,逐步形成更为成熟的课程体系。

三、俱乐部推广方案

(一)推广诉求

1. 诉求重点

产品是所有宣传推广工作的最终落脚点,我们以"体适能+"训练课程为品牌核心,针对中小学家长群体展开营销。核心诉求点在于以下几方面。

(1)产品核心层次在于创造用户价值,表现为:课程寓教于乐,能够有效增强青少年体质;阶梯化设置课程满足多样化群体需要;结合多项运动开展课程,提高青少年综合素质等。

(2)产品有形层次在于提供优质专业产品,表现为:专业教练、私人定制、跟踪训练等。

(3)产品附加层次在于创造体验价值,表现为:国安品牌吸引、提供良好服务、线上线下课程结合、优惠折扣、服务到位等。

结合以上核心卖点,综合运用多种营销推广手段,打造国安体适能训练IP,吸引用户关注,扩大市场占有率。

2. 推广目标

营销渠道资源建立:充分利用内部资源与外部资源进行品牌推广,建立完整可持续的品牌、产品输出渠道,不断创造新刺激点,培养用户黏性及品牌忠实度。

产品体系搭建:打造专业而有亲近感的课程团队,完成项目包装,包括Logo、IP及视觉风格设计,以提升企业及项目品牌,进而创造利润。

构建国安青少年体育俱乐部品牌:提高市场认知度,突出核心特色,打造差异化卖点,前期充分提升课程知名度,实现标准化形象输出,扩大市场基础。

3. 重点推广人群

利用原有校企合作资源,针对在校学生进行推广,此外结合后疫情时代社区居民对青少年专业运动指导的需求,针对社区居民进行推广,盘活新客、潜客和老客。

(二)线上推广

在项目的创立和发展中,如何吸引受众是俱乐部时刻需要考虑的问题。吸引受众的前提是为受众群体创造更多接近和了解俱乐部品牌的机会,因此,全方位的宣传推广计划将助力俱乐部引流,为其更好地造势宣传。线上的宣传与推广显得尤为重要。俱乐部可通过图、文、音、频等多种形式进行大力引流,制订全媒体营销方案,从而不断吸引受众了解俱乐部,形成品牌效应,提升品牌知名度的同时增加消费者对产品本身的美誉度。

1. 优先利用内部资源

官网站内运营。利用中信国安集团有限公司官网(http://www.guoan.citic.com)、国安体育(http://www.guoansport.com/newa_s62.html)等俱乐部官方网站全面推广项目。

(1)利用网站 banner(横幅)位添加项目引导信息:采用轮播的方式,不断地循环播放,为前期宣传造势,抓住消费者的眼球。配合简洁有力、重点突出的文案。

(2)构建项目专属网页:搭建项目自身介绍网页,可在俱乐部已有官网基础上搭建子栏目,在主站中利用超链接跳转以达到引流目的。

(3)利用官网为全媒体矩阵引流:在官网挂上微信公众号、抖音号、"体能智慧树"小程序二维码图片,吸引用户深度了解项目。

2. "三微一端"推广

微博、微信、微视频、客户端推广形式传播速度快,推广方式多样,用户定位准确,具有双向互动性,是产品推广运营的极佳选择。通过运营国安体适能训练的全媒体矩阵,定期投放"体适能"相关的科普知识、俱乐部授课课程片段、俱乐部文化宣传片等,积累用户群体。

1) 微博推广

(1) 申请"中信国安青少年体育俱乐部"官方微博,利用微博官方认证账号进行宣传,由专人负责运营,积极主动地和微博下的留言信息进行互动。

(2) 借助大 V(KOL、微博红人)进行俱乐部活动、品牌等的宣传。

(3) 创建微博话题,积极引发社会讨论,跟随社会热点,提高官博活跃度及活跃粉丝比例。

(4) 组织微博抽奖活动,有效地提高微博的阅读率和网友的参与度。

2) 微信推广

主要通过微信公众号与微信群这两大渠道进行产品推广。

(1) 微信公众号运营:申请开通以国安"智慧体适能+"命名的公众号,功能主要有:①推送俱乐部相关消息,发布活动,成为官方的宣传渠道;②链接官方小程序,建立官方商城,实现盈利;③打造 H5 秀从而引发朋友圈刷屏,开发 H5"测测你的体质"等小测试,引发用户之间的传播,从而关注到平台;④科普体适能知识、青少年体质增强方法等,从而引起社会对青少年体适能的关注。

(2) 微信群方面:组建用户交流群,把符合规则(注册用户、付费用户、活动参与用户等)的用户圈进来,方便用户的管理和推广。同时,运营人员可以多加入一些相关的行业群,在行业群内进行宣传推广。

3) 微视频平台推广

(1) 短视频:拍摄一些比较幽默风趣的情境短片,能够更加吸引群众的兴趣,同时可以购买短视频平台的定向推广服务,比如可以定向推荐给同城用户。也可以发起合拍活动,邀请青少年与俱乐部体能教练合拍等。

(2) 直播:通过抖音、快手等平台直播训练公开课,扩大社会影响力,提高品牌知名度。

（3）纪录片：在前期有一定基数学员的基础上，选取优秀学员的"国安故事"，制作系列纪录片，尽可能完整记录"国安少年"从初识国安体育青少年俱乐部到训练一段时间之后的改变，用影像的感染力让更多人了解到俱乐部的专业度及对孩子成长的影响。

4）客户端（App）

（1）App 推广：客户端上线之初采取各大应用市场首页推荐，寻求 KOL 引流等方式扩大使用人群。

（2）App 站内推广：后期线上宣传重点计划放在前期已建成的 App，因为 App 已有稳定优质的受众群体，不必花费时间进行受众寻找。后期将在 App 站内投放广告，吸引客户，促进产品推广。

形式上：banner 位、Push 消息推送、启动页广告、浮动小图标广告、弹窗广告等，依托位置合理选择投放内容。

内容上：最新课程消息、最新优惠力度、俱乐部优秀教练以及俱乐部新近取得成就等。

（3）"会员制＋拼团型"社交电商模式。

会员制：用户在 App 内注册即自动成为会员，购买课程、推荐新用户注册并购买课程、发起团报课程均能得到相应积分。通过模式设计，建立一整套完备的分成拉新体系、积分激励体系、会员成长体系，构建自发式的拉新推广模型，从而形成封闭的会员体系。

拼团型：App 用户多为固定年龄段孩子的家长，"一起拼团购实惠""团长免单"等方式对中年用户群体具有极大吸引力，能够借助社交的力量进行传播引起用户裂变。

"会员制＋拼团型"的社交电商模式能够帮助俱乐部建立稳定的用户社群并不断扩大规模，为俱乐部带来持续增长的客户群体。

3. 传统媒体推广

国安体育群体主要为北京本地客户群，可通过北京地方传统的四大媒体——电视、广播、报纸、周刊进行推广，精准投放至本地用户群体。例如通过北京卫视等传统电视台投放广告，与电视台合作制作宣传片、新闻纪录片,在北京广播台投放广播广告等,扩大在北京本地客户群中的知名度。

此外,可通过户外媒体进行产品推广。针对社区群众及在校学生两大受众群体,可在校园宣传栏、临近社区的公交站牌、商场立牌等张贴海报招贴、横幅等。在学区房等客户集中社区投放灯箱及电梯屏幕广告。与小区物业公司协议,在小区灯箱及电梯内进行静态及动态广告投放。亦可选择社区丰巢快递柜进行广告投放。

4. PR 传播

主要通过软文的形式,把俱乐部品牌传播出去。PR 稿要投放的渠道主要如下。

(1)免费渠道:论坛平台(百度贴吧、天涯论坛、QQ 群、微信群等)、自媒体平台(今日头条、百度百家、一点资讯、搜狐公众平台等)、微博、微信公众号等。

(2)付费渠道:综合性门户网站(如新浪、网易、搜狐、腾讯、百度、新华网、人民网、凤凰网等)、微博/微信 KOL 投放、传统媒体(报纸等)。

(三)线下推广

中信国安俱乐部立足于北京本地用户群体,因此,在北京市区内重点区域进行线下推广具有面对面、亲身体验性好、转化率高等优势,亦是我们需要重点考虑的推广方式。

1. 课程体系推广

(1)低价/免费试听体验课:举办线下金牌教练试听体验课,吸引学生报名,切入宣传,进行现场报名。

(2)地推:在小学门口上学放学时、重点社区、儿童体育场馆、儿童乐园等家长儿童集中地发放传单并附赠小礼品。

(3)讲座推广:邀请资历深、执教经验丰富的金牌体能教练到学校、社区开办讲座,与家长、孩子进行直接互动,普及课程体系及体适能知识。

2. 利用现有资源推广

依托俱乐部已拥有的一定基数的稳定客户社群吸引更多受众,并维护良好的社群黏性,不断扩展市场份额,将俱乐部做大做强。

1) 学校比赛活动指导赞助

与合作的各大小学共同举办体育比赛,为相关学校提供专业的比赛器材租借、教练员服务、运动员集训、医疗康复保障等服务,争取比赛的冠名权,提高俱乐部在学生群体的知名度和好感度。

2) 俱乐部文化团建活动

中信国安有着浓厚的历史文化积淀,在此基础上,组织俱乐部学员参观公司总部,了解公司发展历史及发展进程,形成对中信国安的认同感,有助于凝聚学员对俱乐部的热爱。

3) 中信国安俱乐部品牌周边产品

从 Logo 到周边服饰、品牌玩偶等,设计一系列中信国安俱乐部品牌物品,丰富俱乐部产品,将国安的品牌形象通过实体展现出来。

4) 中信国安青少年体育俱乐部城市"快闪"文化展

在大型商超、文化广场等城市人流量大的地方,设计"快闪"展览,展览主体以活动图片、运动器材等为基础,邀请体育明星到现场参与活动,形成影响力,提高品牌知名度。

5) 公益活动

中信国安作为企业应当积极承当社会责任,从而营造良好的社会形象,提高社会美誉度。面对偏远地区、北京郊区体育发展薄弱的现状,中信国安可采取建立体育基金会、支持各类青少年公益体育活动项目、完善偏远地区体育设施、资助有运动天赋的少年接受科学训练等方式促进体育资源均衡发展。

四、成本收益分析

(一)各项目成本收益预期

1. 线上推广

线上推广成本见表 6-4。

表 6-4 线上推广成本 元

项目名称	预计成本
网站广告链接	100 000
微信公众号运营	80 000
抖音号运营	50 000
App 广告	30 000
KOL 引流	500 000
合计	760 000

2. 线下推广

线下推广预算见表 6-5。

表 6-5 线下推广预算

项目	活动内容	数量	单位费用/元	备注
地推	家长儿童集中地发放传单	10 人/周 50 周/年	100	1. 地推 10 人是指在 5 所目标学校门口各安排 2 人。 2. 赞助比赛春/秋学期各 2 次,暑期 1 次。 3. 文化团建活动为春/秋各 1 次,暑期 3 次。主要费用来自交通及当时餐食。 4. "快闪"文化展中的体育明星通告费包含在 KOL 引流预算中。此处主要预计场地租赁费、人工费用、物料费等
校园讲座	与家长互动普及体能知识	2 次/年	1 000	
赞助商冠名比赛	赞助相关校级比赛	5 次/年	2 000	
文化团建	组织学员参观总部	5 次/年	1 000	
"快闪"文化展	邀请体育明星参与活动短期展览	2 次/年	10 000	
公益活动	资助偏远地区青少年体育公益活动等	综合预算	50 000	
广告投放	公交站台或商场的立牌、海报等	30 个	20 000/年	
合计	10×50×100＋2×1 000＋5×2 000＋5×1 000＋2×10 000＋50 000＋30×20 000＝737 000			

3. 课程服务体系

课程服务体系成本见表 6-6,课程服务体系预计收益见表 6-7。

表 6-6 课程服务体系成本 元

项目名称	预计成本	项目名称	预计成本
App 开发费	700 000	在线课程开发	100 000
App 年运营费	100 000	合计	900 000

表 6-7 课程服务体系预计收益 元

项目名称	预计收益	项目名称	预计收益
App 广告权出售	300 000	App 在线课程销售	50 000
App 激励效应	200 000	合计	550 000

4. 招生与运营

招生预计总收入见表 6-8，运营预计总成本见表 6-9。

表 6-8 招生预计总收入 元

项目	收入（针对性体适能课程/"体适能＋篮球"课程/"体适能＋足球"课程）	收入（"体适能＋滑雪"课程）
寒假班	4 900×10×8×5＝1 960 000	5 500×3×8×2＝264 000
暑假班	10 500×10×8×10＝8 400 000	11 000×3×8×5＝1 320 000
春/秋季班	4 800×10×8×5＝1 920 000	5 600×3×8×2＝268 800
器械服饰等附加	30 000	1 000
合计	12 310 000	1 853 800

注：收入＝学费×学员人数×校区数量×预计开设班级

表 6-9 运营预计总成本 元

项目	运营成本
教练员及助教薪资	160 000×50＝8 000 000
客服薪资	120 000×15＝1 800 000
管理人员薪资	200 000×20＝4 000 000
场地租赁及维护	20 000×5＝100 000
器械服饰等附加	100 000
合计	14 000 000

注：薪资成本＝年平均薪资水平×雇佣人数；场地租赁及维护成本＝年平均场地租赁与维护费用×场地个数

5. 预计总利润

初期预计总利润见表 6-10,中期预计总利润见表 6-11。

表 6-10　初期预计总利润　　　　　　　　元

名　　称	成　　本	收　　入	利　　润
线上推广	760 000		−760 000
线下推广	737 000		−737 000
课程服务体系	800 000	550 000	−250 000
招生与运营	14 000 000	14 162 000	162 000
合计	16 297 000	14 712 000	−1 585 000

表 6-11　中期预计总利润　　　　　　　　元

名　　称	成　　本	收　　入	利　　润
线上推广	760 000		−760 000
线下推广	737 000		−737 000
课程服务体系	200 000	550 000	350 000
招生与运营	14 000 000	28 000 000	14 000 000
合计	15 697 000	28 550 000	12 853 000

(二) 综合分析

综上,从长远发展来看,整体发展时间轴大致分为孵化期、成长期和稳定期。初期阶段面对大量的成本投入,可能会面临亏损,但通过打造坚实有效的各项基础,后期会有新业务拓展,核心课程部分生源扩张,此时与较低的运营成本结合来看,会有稳定增长的盈利。

前两年为孵化期,在运营方面,孵化期主要关注各个校区发展初期的运营情况,密切关注招生情况、续班情况及各校区场地租赁、人员薪资等主要成本支出;在推广方面,孵化期要密切关注各个项目宣传成本及是否达到预期宣传效果,并及时进行调整,保证其顺利进入成长期。之后,在成长期(3～5 年),应当着重注意在原有规模上提升校区数量,从而进一步扩大生源及学员人数,同时应该加大宣传推广力度,紧抓时代特征,充分利用政策优势,实现在成长期拓宽学员基数及增长收益的目标。进入稳定期后,应主要将注意力转移到如何在维持的基础上继续拓展成长期实现的学员基数,保证创新、高效的宣传推广。

俱乐部将紧紧围绕青少年"体适能+"培训这一核心业务主题,衍生出完整的多业态经营模式,将青少年体适能与篮球、足球、滑雪等运动项目有机结合,打造精品线上课程、校际体育赛事,同时公开面向社会进行赞助招商。值得注意的是,俱乐部应将眼光聚焦于长线收益,对于某些板块,可能会在运营孵化期投入大量资金,造成孵化期投入成本高,俱乐部在前1~3年的创立初期可能面临收支不调的问题。但随着俱乐部品牌的建立、影响力的提升、学员基数的增长和业务的拓展,孵化期的成本空缺能逐步弥补,并预计在成长的中期达到收支平衡,在稳定期实现盈利。

五、风险分析

俱乐部主要面临的风险包括市场风险、技术风险(青少年体适能评估和监测技术、线上服务体系开发与运作)、政策和法律风险、疫情防控风险、建设和运营风险(施工安全性、定位科学性、人力资源管理、培训质量)、财务风险(筹融资风险、资金收益风险)等。

综合各个方面来看,由于不同风险的评级和占比存在差异,结合对俱乐部自身先天条件的考虑,可以对占主要地位的风险如市场、建设运营等风险加以重视并采取措施进行防范。相应地,对于起到次要影响的风险根据俱乐部不同生命周期的不同需求加以决策。

相信通过合理的风险预测和评估,及时规避俱乐部的建设和运营过程中可能存在的风险,对策划的整体实施和俱乐部的长期效益都具有积极影响。

(冠军"小点点"队的成员:敖龄匀、王也、刘文文、高翔芸、黄怡静、谢竞)

案例点评

近年来,国家对青少年体育日益关注,出台了一系列相关政策,促进了青少年体育培训市场的发展。家长们也越来越注重对孩子身体素质和综合体能的培养,培训需求大幅攀升。青少年体育培训市场的发展吸引了大量的资本和企业涌入,使得青少年体育培训市场竞争日趋激烈。

国安体育青少年体育俱乐部以青少年体育培训为主要方向,培训业务涉及两类市场:一是组织市场。国安体育服务于中小学校,提供学校课程、校园活动、校内俱乐部和专项运动队的组建及训练比赛等。二是最终消费者市场,面向社会大众,为青少年提供专业的运动项目培训。两类市场特性不一样,国安在不同市场的表现也不一样。在国安业务布局中,相对校内业务而言,校外业务发展不成熟。因此,本案例中提出的问题,重点是考虑完善校外业务,即如何为消费者市场提供体育培训服务,包括根据国安自身情况来选择合适的体育培训项目,基于分析来制定营销策略并细化营销方案。当然校内业务的夯实及课后拓展也需要考虑。

在案例的营销分析部分,需要结合所选项目的市场现状和疫情后社会培训市场出现的新需求来进行分析。其中需要重点关注的内容如下:根据外部环境的变化分析新需求,找准社会培训市场的热点;所选项目的市场现状调查;所选项目的竞争者调查;以及国安体育青少年体育俱乐部自身分析,最后确定营销目标和定位。校内市场也需要梳理现状,找准校园体育的痛点,进行分析讨论。例如冠军"小点点"队选择了体适能项目,并围绕体适能深入展开营销分析。有的小组营销分析时围绕篮球培训展开,后面开展社会体育培训业务则与篮球项目关系不大,这样的营销分析就没有多少价值。

在案例营销策略部分,需要围绕两类市场制定行之有效的营销策略。参赛小组基于上述分析对校内、校外业务进行设计,但选择的路径各不相同。"小点点"队以体适能为主线,定位4~12岁青少儿,以专业体适能培训为基础,以"体适能+足篮冰雪"为特色,将玩与学相结合,线上服务与线下培训相结合,全面发展学员身体素养。以"体适能+"来创新校外业务,拓展校内业务。

在营销具体方案部分,需要制订出能够实现上述营销策略的方案,包括产品、定价、场地和推广等,还需要考虑人员问题,该方案需要有创新性、可执行性,成本要合理、风险能控制而且内容要翔实。例如"小点点"队重点对校外业务做了详细的方案,精心设计主课程(如课程介绍、教学理念、课程内容等);增加了一些如体育文化小课堂、体育观影厅、奥林匹克故事等课程;设计了小程序的界面、功能和内容;确定了收费标准;探讨了教练培养选拔机制,研究了选址并建议校区设在合作学校周围。"奥利奥远航"队设计了亲子体适能AI(人工智能)课程,采用真人与动画结合形式的视频课程、配备具有交互功能的智能装备,以故事情节和亲子互动游戏为主。在具体方案考虑时,如果能够将校外培训和校内活动连接起来,相互支撑,不失为一个好方案。

最后,需要对方案进行成本收益分析和风险控制分析。例如冠军"小点点"队和季军"凌岳"队分别测算了成本和收益,制订了风险防控方案。成本收益分析可以衡量方案的可行性和实操性,而风险控制方案不能忽略疫情防控风险。

案例 7
首钢极限公园的新型业态打造

案例

首钢极限公园是中国轮滑协会、中国登山协会与首钢合作,在首钢园区建设的第一个以极限运动为主题的户外体育场地,位于首钢园北区东北部,毗邻冬奥组委办公区,交通极为便利。公园包含攀岩场、滑板场和休闲区三个部分,总占地面积1.79万平方米。场地规模在国内居于前三位,是北京市最大的户外滑板、攀岩场。

北京冬奥会的发展契机推动了首钢园区的转型升级。在依托冬奥的窗口期时,首钢园区已经陆续吸引了一批优质企业入驻。但跳脱出冬奥时代的政策和资源,首钢园区在后冬奥时代又该何去何从才能维持自身的核心竞争力?首钢极限公园应该打造怎样的新型业态才能进一步吸引人流、拉动消费,以助推首钢园区长效、稳定地运营与发展?

（请扫描二维码阅读完整案例）

案例分析报告节选

该报告包括三大部分：第一部分主要是针对攀岩区和滑板区特定的用户群体以及首钢极限公园内的消费者进行了实地调研与访谈，了解滑板与攀岩两项运动的爱好者及其消费习惯，梳理了攀岩区和滑板区的竞争对手，为后期的方案撰写以及园区定位奠定了基础。第二部分根据线上线下的调研资料，围绕着目标市场与用户提出了针对性的品牌整合营销方案框架，并在第三部分中将部分运营方案细化落地。第三部分对滑板区与攀岩区分别进行策划，但由于滑板与攀岩在培训业务流程上的相似性，报告将"互联网＋青少年培训"单独作为一部分进行方案撰写。最后对首钢园区尚待开发的内容进行了初步探讨，主要表现为结合首钢园区的特色开发了一系列文化创意产品。以下为案例报告的节选部分。

一、前期调研结果

（一）首钢极限公园滑板区现状分析

报告梳理了滑板行业现状，针对滑板区的运营，对滑板爱好者及首钢园区运营人员进行了初步调研，主要通过深度访谈与问卷调查（$n=62$）相结合的方法，对滑板爱好者的人口统计信息、消费习惯、圈子认同以及对首钢极限公园的门票价格与整体感受进行评价。并选择燃烧冰滑板店和爱琴海购物中心作为竞争对手进行分析，分析结果如下。

1. 优势(strength)

(1) 场地质量好,可以提升滑板者训练体验。

(2) 该区域是由翻车机改造,拥有独特的历史文化资源。

(3) 背靠首钢园区有冰雪、高新产业资源,较有资金实力。

(4) 有大型赛事 IP 在接洽中。

(5) 攀岩和滑板位于同一区域,可项目联动培训。

2. 劣势(weakness)

(1) 由于承办大型国际赛事不能有涂鸦设计,会影响滑板爱好者的视觉氛围。

(2) 运营风格偏向保守。

(3) 公园内其他服务设施不健全。

(4) 场地价格较贵。

(5) 滑板活动未能服务于滑板选手,运营风格不够滑板。

3. 机会(opportunity)

(1) 娱乐综艺节目,使得更多的年轻人开始关注滑板。

(2) 成为东京奥运会正式比赛项目,官方入局滑板行业。

(3) "00 后"追求自我的个性与滑板文化调性。

(4) 冬奥会的举办,会吸引大量人流前来,可以为首钢极限公园引流。

4. 威胁(threat)

(1) 滑板爱好者以平地需求为主。

(2) 周围滑板场氛围比较好,竞争压力比较大。

(3) 附近居民有老龄化倾向。

(二)首钢极限公园攀岩区现状分析

报告梳理了攀岩行业现状,对攀岩爱好者及首钢极限公园攀岩区的消费者进行深度访谈,并选择问山攀岩馆和岩时攀岩馆作为竞争对手进行分析,分析结果如下。

1. 优势(strength)

(1) 场地有速度区、难度区、抱石区等不同层次,方便爱好者练习。
(2) 攀岩和滑板位于同一区域,可项目联动培训。
(3) 周围有石景山等自然风光,可利用外部资源进行露营活动。
(4) 可以利用首钢园区其他资源进行资源整合与激活。

2. 劣势(weakness)

(1) 露天场地,受季节性因素影响较大。
(2) 公园内其他服务设施不健全。
(3) 场地价格较贵。
(4) 缺乏特色,竞争优势不是很突出。
(5) 赛道较为简单,主要服务体验者以及青少年培训。

3. 机会(opportunity)

(1) 攀岩成为东京奥运会正式比赛项目,并且中国队在此项目上有争金夺银的实力。
(2) 冬奥会的举办,会吸引大量人流前来,可以为首钢极限公园引流。
(3) 行业整体发展水平处于上升期,当下正处于消费驱动型社会。

4. 威胁(threat)

(1) 周围有问山攀岩等较有竞争力的室内攀岩馆。
(2) 附近居民有老龄化倾向。

二、品牌整合传播方案

(一)首钢极限公园发展定位

首钢极限公园品牌标语:#我的极限首钢见#

首钢极限公园的发展定位:以 2021 年东京奥运会为契机通过赛事、活动(公益性、商业性)、培训等手段推广滑板和极限运动。结合园区规划以及场馆规划,制定不同阶段的营销策略,旨在让更多的极限运动(主要是滑板与攀岩)爱好者参与其中,在此过程中首钢极限公园既实现经营目的也服务社会,与首钢园区的发展交相辉映,推动老工业区遗产在新时代焕发新机,成为新时代首都的新地标。

在具体的滑板与攀岩场地的运营中,我们提出了不同的运营重点。

(1)滑板区:滑板区的运营激活主要从三个层次出发,每个层次有不同的价值需求。第一层次与头部IP合作,提高公园整体人流量,也在滑板爱好者心中建立起高质量、高水平的形象;第二层次则通过自办IP以及公益性的滑板推广活动,借助头部IP的影响力将首钢极限公园打造成滑板运动中的"日落东单",在这一过程中,可以通过"造星"等模式提升园区影响力;第三层次通过上述滑板氛围的打造,吸引青少年爱好者参与培训,作为园区运营的首要收入来源。除了通过上述活动吸引大家前来,还要主动出击将滑板推广到具有消费潜力的地方。

(2)攀岩区:由于场地条件以及线路情况,攀岩区的运营主要服务于攀岩体验者与青少年培训等初级攀岩爱好者,具体策划充分联动园区资源以及周围自然风光,激活家庭消费,通过亲子极限活动、攀岩公益活动,打造"互联网+青少年培训"社区。此外,在运营过程中要借助中国代表团在东京奥运会具有优势项目的机会,通过事件营销、明星效应等提升攀岩服务的影响力。

(二)品牌传播方案

1. 滑板整体活动规划

1)基本活动示意图

滑板区品牌整合营销传播方案如图7-1所示。

2)整合营销传播方案综述

头部IP(X-Games、SLS等赛事)充分利用假日经济,吸引大众来到园区消费,同时由于头部IP资源稀缺性对大众的吸引力,可将头部IP的门票、特设的环节(选取自办IP赛事的冠军与顶级运动员交流等形式)转化成其他层次宣传活动的激活点,如公益体验活动、滑板爱好

滑板区品牌整合营销传播方案

项目内容	2020 12月-1月	2月	3月-4月	5月	2021 6月	7月	8月	9月-10月-11月	12月	2022 1月	2月
节假日	圣诞节12.25&元旦1-1	春节2-12 情人节2-14		劳动节 母亲节5-9	儿童节 父亲节6-20&世界滑板日6-21		七夕	国庆节	圣诞节12-25&元旦1-1		春节
活动/赛事	大型滑板赛事因疫情延期					东京奥运会					冬奥会
头部IP				利用假日经济，承接X-game分站赛				利用假日经济，承接LS分站赛			
借鉴"日落东单"IP	12-31跨年滑板，为期一周的活动#破冰而后立		3-7女生节、3-8妇女节，释放女性消费能力		为滑板选手提供交流平台	线上互动活动，结合东京奥运会期间的滑板赛事热点，进行事件营销			12-31跨年滑板，为期一周的活动#破冰而后立		冬奥期间，充分给极限公园与滑板活动进行联动
娱乐破圈	定期进行免费的公开课培训，每周六针对单项滑板技术组织活动			分站赛后利用观众、微极限运动推广、现场观众可免费来园区体验一次（仅限初次购买者）	与《极限青春》合作，首期提供场地，为资源互换			分站赛后利用观众、微极限运动推广、现场观众可免费来园区体验一次（仅限初次购买者）			
公益活动		滑板公益捐赠，回馈社会			青少主体验活动						滑板公益捐赠，回馈社会
培训					夏令营特色为攀岩与滑板的联合培训						
	冬令营									冬令营	

图 7-1 滑板区品牌整合营销传播方案

者与偶像交流的渠道等。在中间层面则表现为将首钢极限公园打造成滑板爱好者的娱乐胜地,成为滑板爱好者心目中的"日落东单"。在定位实现渠道层面上则通过自办 IP 赛事,如"破而后立"跨年赛、每周六针对特定技术的交流会(前期免费场地)以及在双奥期间分别借助热点滑板新闻与园区资源实现联动发展。此外,以激活大众消费为目的设计女性活动以及跨界"破圈"的方案。最后,我们制定了相关的公益活动,鼓励滑板选手通过证明自己的方式向社会传递爱。

2. 攀岩整体活动规划

1）基本活动示意图

攀岩区品牌整合营销传播方案如图 7-2 所示。

2）整合营销传播方案综述

以 2021 年东京奥运会和 2022 年的冬奥会为节点,攀岩区需要紧扣亲子活动的特点,以办好青少年培训为主要业务进行传播。攀岩区首先需要找到高校社团作为合作对象,作为后续活动、赛事、自办 IP、培训、公益、传播的基盘资源。还要鼓励、培养签约社团中的学生报考攀岩教练资格证,将其纳入极限公园青训、公益培训活动的教练团队。鉴于培训是长周期业务,相应的传播也要注意长周期布局,维护利用好自己建立的社群。培训方面,每年冬季组织冬令营活动,夏季举办攀岩和滑板联动的夏令营活动。另外,通过线上挑战赛、亲子极限等自办 IP 进行线上传播、线下引流。在奥运期间,选拔奥运小选手等活动要搭乘奥运传播的大势,借势传播。公益方面通过校企合作周期性举办送培训进校园活动、园区特色公益体验课,可以进行联动传播。后冬奥时代的传播还有待进一步制定落实。

3. 首钢极限公园媒体传播矩阵

首钢极限公园品牌传播将充分整合各种传播渠道,包括线上传播与线下传播、传统媒体与新媒体传播、付费渠道与免费渠道传播等全媒体传播手段。同时利用宣传片、明星代言、"造星"策划等传播方式将策划方案激活(图 7-3)。

攀岩区品牌整合营销传播方案

项目内容	2020 12月-1月	2月	3月-4月	2021 5月	6月	7月	8月	9月-10月-11月	12月	2022 1月	2月
节假日	圣诞节12·25&元旦1·1	春节2·12 情人节2·14		劳动节 母亲节5·9	儿童节6·20 父亲节6·20 &世界滑板日6·21	七夕		国庆节	圣诞节12·25&元旦1·1		春节
活动/赛事	大型滑板赛事因疫情延期					东京奥运会					冬奥会
自办IP	线上挑战赛(8~10岁),挑战方式:录制1分钟耐力挑战视频(如小臂即群练习的习的动作,完成数量多者为胜),针对不同层级获胜者制定不同的奖励			奥运小选手				利用十一长假,助力亲子极限体验课	线上挑战赛(8~10岁),挑战方式:录制1分钟耐力挑战视频(如小臂即群练习的习的动作,完成数量多者为胜),针对不同层级获胜者制定不同的奖励 在建立的社群中发布线上活动,挑战者可以获得去冬奥场馆观看赛事门票		
高校社团			北京高校攀岩比赛								
公益活动				每月一次园区内特色公益体验课——亲子互动攀岩体验课,每周一次送培训进校园,培养青少年基础客户			青少年体验活动				
培训	冬令营					夏令营特色力攀 岩与滑板的联合培训					冬令营

图7-2 攀岩区品牌整合营销传播方案

图 7-3 首钢极限公园媒体传播矩阵

三、首钢极限公园运营方案

（一）滑板区

首钢极限公园尊重"挑战自我,坚持热爱"的滑板精神,将致力于承办国内外大型滑板赛事,为专业滑手和青少年滑板培训提供训练场地,以此进一步推广滑板运动,彰显首钢极限公园对于滑板爱好者等有态度的年轻一代的期待和支持,以首钢极限公园为起点,为首钢园区注入新鲜血液,激发推动首钢园发展的新动力。

1. 赛事规划

1) 承办各类大型滑板赛事,借助大型赛事 IP 扩大影响力

为允分利用首钢极限公园内滑板场地的专业性,建议与各大国际性赛事合作,如 WCS（World Cup of Skateboarding）、SLS（Street League Skateboarding）等滑板赛事,X-Games 等极限运动挑战赛,利用这类具有巨大商业价值的赛事 IP 吸引人流、扩大消费,提高滑板界对于首钢极限公园专业性的认可度。

2) 承办国内专业的青少年滑板赛事,挖掘有潜力的青少年滑手

通过承办国内乃至国际青少年滑板赛事,如 U 系列中国青少年巡回赛,不仅可以鼓励更多的青少年加入滑板运动,还可以通过比赛发掘有潜力的青少年滑手并推荐签约,更对首钢极限公园内的各类极限

运动青训营起到宣传作用,提高父母们对于首钢极限公园所开设课程的好感度和信任感。

3)打造自主赛事品牌,带动园区整体发展

除了承办各类国际性的大型赛事 IP,首钢极限公园也需要创造新的自我增长点,即举办自主滑板赛事,激活自主赛事 IP 活力,进一步提高极限运动爱好者群体对于首钢极限公园的认可度,扩大首钢极限公园在业界内的品牌影响力,有利于首钢园区整体的长远发展。

2. 自主赛事策划

1)赛事介绍

(1)"max-flow"是围绕每年 6 月 21 日的"世界滑板日"展开的比赛,该赛事为国内滑手及滑板爱好者参与的全国性的高专业水准滑板赛事,致力于推广滑板运动及滑板文化,吸引更多人了解和加入滑板运动,打造首钢极限公园的品牌形象,提升首钢极限公园的认知度和影响力,为首钢园区的长期发展打下良好的基础。

(2)整个赛事由三部分组成,以世界滑板日为节点,前期活动包含线上的"过立挑战"公益活动和线下的滑板巡回赛;世界滑板日当天,在首钢极限公园举办滑板挑战巡回赛的总决赛;后期进行赛后活动回顾。

2)赞助商

(1)战马饮料。

(2)Vans。

(3)NIKE SB。

(4)沸点滑板。

3)赛事亮点

(1)赛事专业水平高,规模大,吸引力强。

(2)设置多种创意赛制,扩大赛事辐射范围。

(3)赛事活动受众面广,大众参与度高。

(4)赛事不局限于竞技,更带有公益性质。

4）赛事流程

（1）前期：线上"过立挑战"活动与线下的全国滑板巡回赛、北京地区"街头挑战赛"双线举行。

① "过立挑战"活动：面向滑板爱好者及部分具有滑板基础的粉丝群体，在世界滑板日的前一周举办。活动形式：在微博、抖音两大平台上，参与者在相应的话题中发布自己"过立"（滑板中跳跃障碍的一种动作）的视频，首钢极限公园将根据参与者"过立"的总数量，捐出相应的金额，并将该笔款项用于为偏远地区的中小学生提供滑板用具或建设简易滑板场地，为偏远地区的青少年了解滑板提供机会和渠道。同时，还有首钢极限公园门票及其他赛事周边产品的奖品。

② 全国滑板巡回赛：面向全国各地的专业滑手及滑板爱好者，与全国各地的滑板场馆或滑板组织合作，由当地的滑板场馆或滑板组织承办比赛，分为街式赛和公园赛，各赛区的前三名获得进入总决赛的资格。

③ 北京地区"街头挑战赛"：面向北京及北京周边地区的专业滑手及滑板爱好者，在世界滑板日的前一周举办。活动形式：在滑板爱好者常聚集的室外场地举办街头挑战赛。邀请三名评委进行现场评分，各街头赛点选出三名滑手进入总决赛。在赛场边设置宣传台，向路人宣传在首钢极限公园举办的总决赛，同时售卖决赛门票；比赛全程配备专业滑板摄影团队。

（2）中期："世界滑板日"，在首钢极限公园举办总决赛。

① 邀请中国滑板第一人车霖来到现场作为主持人；邀请三位评委对现场选手进行打分，最终选出三位优秀滑手，赠予活动奖杯、奖金与赞助商提供的滑板、服装等实物奖品。

② 通过抖音、快手、微博、一直播等平台进行比赛现场的实况转播，与网上用户进行互动，在直播间随机抽取观众获得决赛大礼包。

③ 在比赛现场进行现场抽奖，根据票根抽出三位幸运观众，送出赞助商提供的奖品，以及赛事衍生产品。

④ 现场布置赞助商摊位，进场观众可在赞助商摊位凭决赛门票免费领取礼品。

（3）后期：进行赛后活动回顾，推出赛事衍生产品。

① 将赛时所拍摄的选手照片、选手精彩瞬间捕捉，在赛后打包发在选手微信群中；将比赛过程及精彩片段编辑文字版配合少量图片以推送形式发布在官方公众号、微博上，以作为此次活动的总结，并进行最后的宣传，为下次活动积累人气与影响力。

② 赞助商推出与优胜选手联名帽子或联名短袖、卫衣（基础款＋滑手签名刺绣）作为特别奖品，服饰上印有活动主题"max-flow"标志。

5）宣传推广

（1）在滑板店如燃烧冰、TOUR、贰零壹陆以及合作赞助商的实体门店张贴海报或者放置易拉宝，海报上标明#过立挑战#公益活动，以及滑板巡回赛、街头挑战赛，添加介绍活动规则、活动具体起止时间的二维码。

（2）比赛前拍摄选手短片公布在微博、微信公众号、抖音平台，为比赛现场的直播预热。为进入决赛的选手拍摄时长两分钟以内的个人短片，包含对话片段与日常拍摄，主要访谈内容为滑手与滑板的渊源，滑板对于滑手的意义，在滑板的路上所遇到的困难，拍摄内容为滑手的上班或上学生活、滑手练习滑板以及滑手自己珍藏的一些滑板视频等。

（3）与微博滑板方面大V合作，如kickerclub（42万粉）、KCSKATE滑板频道（14万粉）、WHATSUP滑板杂志（16万粉），进行软文推广。

3. 活动策划

"破而后立"——旧板鞋回收系列活动

1）活动介绍

（1）主办方：由首钢极限公园和Vans联合主办。

（2）活动宗旨："破而后立"系列活动旨在为滑板爱好者提供交流的平台，同时为推广滑板运动、促进大众对滑板文化的认识起到推动作用，吸引更多的人了解滑板、爱上滑板。

（3）活动目的："破而后立"系列活动旨在表现滑板文化的自由开

放,展现滑板爱好者的态度和个性,同时体现了首钢极限公园对于滑板运动的重视和滑板文化的尊重,以及改变自身定位以顺应潮流、打造新型业态的态度,树立首钢极限公园的品牌形象,吸引人流、拉动消费,带动首钢园区的长期发展。

(4) 活动内容:

邀请滑板爱好者将练习过程中磨坏磨破、无法再穿的Vans板鞋带到首钢极限公园内设置的板鞋回收点,按照板鞋数量和板鞋所属的产品系列,参与者可兑换对应的礼品,如极限公园门票、Vans的配饰等滑板系列产品。

活动结束后,利用收集的板鞋制作成不同形式的艺术作品,举办以穿坏的板鞋为载体、滑板精神为内核的展览,收集板鞋期间的每一位参与者都可以免费获得展览门票一张。

(5) 活动流程

① 前期。通过微博、微信公众号等渠道宣传活动相关信息,活动预热周期为一周左右。拍摄活动宣传视频,邀请国内知名滑手参与拍摄,视频内容可以以滑手们的板鞋在练习中的变化为主题,并通过微博、抖音等平台发布宣传视频。

② 中期。在首钢极限公园滑板区旁设置板鞋收集点,收集点周边设置小型的滑板运动展区及品牌产品展区。在活动展区内设置签名墙,邀请参与者合照留念,参与者可将照片上传至微博相应话题中,从中抽取用户送出活动相关礼品。在微博上每日更新活动的进展,每周发布一篇总结微博和推送,并根据用户的点赞、评论等互动频率,为排名前三名的用户送出活动相关的小礼品。

③ 后期。邀请年轻艺术家、设计师改造旧鞋,与品牌合作方共同策划展览。将活动期间拍摄的素材剪辑成视频,并将后期改造旧鞋成为展览的过程拍摄成视频,发布在微博、公众号推送和抖音等平台上,在视频的评论等互动区抽取用户送出展览门票。

2) 主题阐释

(1) "破而后立"是指打破原有的规则才能建立新的法则。

(2)"破而后立"代表了一种走出舒适圈、突破自我的态度。

(3)"破而后立"与活动内容贴合度较高。"破"代表了活动的主要内容——收集滑板爱好者穿破的板鞋。"立"一方面代表滑板术语,与滑板运动相契合;另一方面则代表收集回来的板鞋将以全新的形式展现,被赋予了新的立意。

4. 公益

1) 滑板进校园活动

与政府合作,在北京各中小学校巡回开展免费滑板课程,在广大中小学生中推广滑板运动,并提供首钢极限公园滑板青少年培训课程的免费体验机会。

2) 设立首钢极限助学金

在营业收入中抽取2%作为首钢极限基金,对西部落后小学进行资助,设立助学金鼓励有滑板梦想且有天赋的青少年并对其进行定点培训,帮助他们完成体育梦。

3) 回收废旧滑板,种出一棵树苗

每回收一块废旧的滑板,就为西部地区种出一棵树苗。

4) 赛事活动与公益活动并行

将赛事的部分收益投入公益项目;与公益组织合作,邀请知名滑手参与公益赛事活动,提升首钢极限公园及首钢园区整体的品牌形象。

(二)攀岩区

1. 硬件提升

针对抱石区可以由专人进行路线难度升级,并且定期进行路线更换,给体验者带来挑战性和新鲜感。

2. 赛事和活动

根据访谈调研,首钢极限公园的攀岩区更适合举办青少年培训、大众体验以及中小型赛事等活动,如果能将这个青少年人群转化为忠实用户,将对首钢极限公园的长远发展产生积极影响。

1) 赛事

（1）北京高校攀岩比赛。与北京高校社团合作，在首钢极限公园攀岩场定期举办校际交流赛。竞赛项目包括速度攀岩、难度攀岩和攀石，按照专业组和新人组进行分组。

获奖者可以获得奖金或首钢极限公园攀岩场的次卡，也可以联系户外运动品牌赞助，如凯乐石、CLIMBX。

（2）攀岩交流赛。以竞技形式分为男女两个组别，以及高水平组和业余组两项，没有年龄差异，同台竞技，为攀岩爱好者搭建起推广、交流、切磋的平台。

（3）攀岩奥运小选手。在 2021 年 7 月初可以与体育局联合举办攀岩奥运小选手比赛，迎接东京奥运会的到来，让热爱攀岩的小朋友们更深切地感受奥运。邀请北京各学校代表队、各攀岩俱乐部代表队、个人参加比赛。竞赛项目主要是随机速度赛，按年龄和性别进行分组，具体流程略。

2) 活动

（1）亲子极限活动。亲子活动有利于孩子身心的健康成长，增进家长和孩子之间的情感交流，激发孩子的内在潜能。在首钢极限公园举办亲子极限活动，让亲子参加更有挑战性的极限运动项目，共渡难关，在这个过程中更能发挥这些作用。

亲子极限项目共四个：亲子挑战、极限挑战、运动达人、极限攀岩。亲子家庭完成极限亲子四个项目的挑战，并集齐四张通关贴图卡后，便可抵达极限公园展台，凭贴满 4 张通关卡的任务卡领取完赛奖品，并参与幸运抽奖。

本活动报名费每人 199 元，还可寻求亲子装品牌或饮品或连锁超市的赞助商。

（2）户外拓展。首钢园区参观＋首钢园区定向越野＋石景山露营＋极限公园攀岩。

3. 公益

1) 送培训进校

与北京有攀岩设施的中小学，如北京广渠门中学、北京十一学校、清华附中等建立合作关系。首钢方面定期提供免费体验课进校园,学校方面将极限公园的滑板、攀岩等课程列入课后兴趣班的推荐名单,每次活动后校方需要在官网和官方社交账号上发布活动通稿。

培训内容:总体偏向兴趣培养、基础教学、参与体验。

教练团队:加强和高校社团的进一步合作,教练团队应以签约的高校攀岩社团中有教师资格的学生为主,并根据社团教练人数招聘社会教练群体作为补足。建立正式教练名册,进行排班授课。

教练培训:因公益授课面向的是在校的中小学生,因此,要特别重视对送去学校授课的教练的技能考察。一方面,极限公园可在每年攀岩教练证考核前请专业老师,对高校社团有志考取教练资格的学生进行免费培训。另一方面,针对极限公园的合作、签约攀岩教练定期举办说课大赛。评委可以是青训体系中的家长和小朋友、送培训进校园活动中的学生等。优胜教练可以获得物质奖励,如攀岩鞋、首钢园区免费攀岩卡等;工作机会如考虑正式签约成为极限公园常驻教练,负责极限公园攀岩区的教学工作;荣誉奖励,根据各位教练在说课大赛中的排名表现,分别评为"一钢钉"教练到"五钢钉"教练,级别高的教练获得更多的排课,并且拍摄制作优秀教练的海报和介绍在园区进行展示。

活动传播:每次培训进校园活动都需要首钢制作并携带横幅到中小学,横幅内容例如:"攀越无极限——首钢极限公园第××期公益培训进校活动——走进××学校"。活动过程中由首钢方随行工作人员拍摄精彩瞬间、活动开始和结束后带条幅的合照。首钢方宣传人员撰写宣传稿件在首钢官网和社交平台上传播,校方履行校企合作协议撰写校方宣传稿件在校方官网和社交平台上传播。

2)特色公益课体验

亲子互动攀岩体验课:以亲子为主要对象,结合参观游览、教学、攀岩体验、游戏互动等为一体的能为首钢园拉来人气的特色公益体验课。

招募途径:在官方社交账号发布招募信息招募体验者,体验者为小学及学龄前宝宝。注意做好每次活动参与者留档,便于将体验者转化为青训对象。

教学内容:攀岩文化讲解;首钢极限公园参观游览介绍;攀岩基础教学体验。

活动内容:举办例如"爸妈快跑,宝宝向上"等亲子互动活动。活动奖品分为物质类的课程体验券、购课折扣优惠等;荣誉类的奖状等。

活动亮点:极限公园方面提供现场跟拍服务,记录亲子精彩瞬间(图7-4)。

图7-4 跟拍样图

安全保障:极限公园需要配备专业的医护人员,并且在公益体验活动中免费提供创可贴、云南白药、藿香正气水等药品。

活动传播:①传统传播:需要横幅、易拉宝等物料,在官方社交账号上发布通稿。②线上评选:上述荣誉类奖项结合线上投票的方法选出,借由平台和参与家庭自身的力量进行宣传。

(三)互联网+青少年培训

1. "互联网+社群运营"方案

除继续运营首钢运动中心官方网站外,增设微博、微信公众号、快手、抖音等官方平台;增设直播平台;在首钢运动中心官方网站设立讨论与交流区,增设官方贴吧等。要有专人运营各平台,保证一致性的内容与文化输出及平台活跃度(图7-5)。

1)文化与内容建设

在官方平台建立并传播极限公园形象与文化氛围,传播方式要多

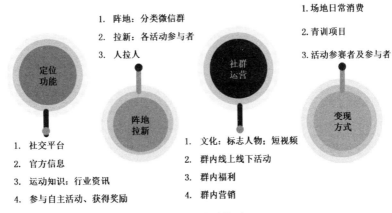

图 7-5 社群体系

样性、内容文化要一致。

（1）设计符合极限公园文化特点的虚拟形象吉祥物，如袋鼠有好斗、喜欢挑战的特点，可列为吉祥物备选形象。

（2）培育社群文化标志人物，可以是教练或消费者中有流量潜力的人和人群，也可以是国内外和极限公园文化有契合点的运动员，定期推送相关文章和短视频。

（3）将极限公园举办的赛事、活动及相关事件以文章和短视频形式持续发布在官方平台，突出文化，并鼓励社群评论互动。

（4）将所有时间段内在极限公园内发生的有亮点、有趣且有公园义化特点的内容，制作成文章或短视频推送。

2) 社群构建与维护，形成人带人的模式

（1）将官方平台重点展示在场地区。

（2）为来到极限公园进行体验的所有人建立微信群，类型可包括家长亲子群、大众体验群、专业选手群。要有专人运营各个群，运营手段多样化。

（3）通过网络、电视媒体继续宣传，并重点展示官方平台；将微博、快手、抖音相关内容置顶。

（4）与国内大 V 或流量明星合作引流，如国内速度攀岩第一人钟齐鑫、滑板明星王一博等。

（5）赛事是撬动青少年体育普及的杠杆，同时也是普通学校、竞技体育、社会俱乐部相关赛事体系彼此交流的平台和渠道。可定期在极限公园举办比赛，由各学校出运动员或网络召集参加。更要将赛事植根到社区和学校，这将是极限公园青训体系的生命线。

3）细化青训服务项目和体系设计

设计详尽的青少年培训项目和体系，并通过线上、线下的传播与营销集合各年龄段人群。

2. 攀岩区青少年培训

按年龄段分出三个梯队，小学组、初中组和高中组。组内可分为兴趣班和专业班。训练时间安排在周末及寒暑假。

在训练内容上：①实行走训制，为每个梯队设置不同的训练计划和培养目标，从各梯队中选出优秀选手代表首钢极限公园参赛，成绩优异者可减免学费或发放奖励。②为所有青训队员按分组配备相应服装；开发具有极限公园特色的护具、攀岩鞋等专业装备，可供队员选购或者以奖励形式发放；开发其他产品，包括具有极限公园特色的文具、水杯、服装等。

在收费方面，可实行灵活的收费制度，如按月、按学期和按年收费。

在推广方面，以攀岩入奥、极限公园独特场地优势和氛围为主打，在线下线上宣传推广。

3. 滑板区青少年培训

1）面向人群

一是面向4~14岁少儿，以入门为主，在安全得到保障的情况下让小朋友接触滑板文化，学习滑板基本技巧。二是面向14岁以上初学者，结合适当的体能训练，从入门开始学习滑板技术，随着水平进步不断进阶，学习难度更高的滑板动作。

2）产品亮点

（1）与Vans滑板学校合作，举办为期两天的滑板学院"快闪"活动,首钢极限公园提供场地。滑板学校面向所有初学者,没有年龄限制,并完全免费。由经验丰富的滑手担任体验课程教练,参与者有机会获得 Vans 精美小礼品。每天 3~4 场体验活动,每场活动人数上限为 20 人。每场活动都会选出一名最佳学员赠送额外礼品(如培训课优惠券、三次免费培训卡等)。

(2) 学员年龄 4~14 岁分为一个班,14 岁以上分为一个班(不分课程选择),各班每月举办一次月赛,每个班各选出三位优胜学员,获得由首钢极限公园提供的滑板用具、首钢玩偶、优胜勋章奖励等小礼品,以此激励学员。

3) 价格策略

体验价格:99 元/节,一节课 90 分钟。

特殊节假日:所有法定节假日以及"双 11""618"等消费节,所有课程打 9 折。

其他时间:

(1) 1 对 1 私教课,189 元/节,一节课 60 分钟,季卡 4 000 元,一周两节课。

(2) 1 对 2 培训课,159 元/节,一节课 60 分钟,季卡 3 500 元,一周两节课。

(3) 1 对 3 培训课(仅限 14 岁以上学员),100 元/节,一节课 60 分钟,季卡 1 000 元,一周一节课。

4) 渠道选择

直销渠道:由首钢极限公园对游客及爱好者进行直接销售。

间销渠道:

(1) 与北京知名滑板店达成合作,可在滑板店购买、预约体验课程,首钢极限公园内可以销售合作滑板店滑板,形成互利的合作关系。

(2) 与各大商圈商场内含滑板要素的运动服装店合作,可在店内扫码购买体验课程并进行预约。

(3) 在大众点评、美团、口碑等生活消费类 App 上进行课程的售卖。大众点评参与霸王餐活动,随机抽取几位用户上免费的体验课。

5）推广方案

（1）线下推广。

在滑板用品售卖店与运动服饰店放置易拉宝或张贴海报，海报风格如图7-6所示。

图7-6　海报风格

在首钢园区的餐饮处放置海报、易拉宝，使来首钢园区的游客尽可能也转换为首钢极限公园的消费者。

与中小学校达成合作。北京部分中小学校会列出与学校合作的兴趣班清单，由家长及学生自由选择，最后由学校统一报名。极限公园可与此类中小学进行合作，以达到从学校引流的目的。

（2）线上推广。

媒体广告：网页横幅广告、搜索广告以及与滑板相关的 KOL 合作广告。

数字化传播：①官网以公布信息为主，可在官网进行课程购买、场地信息与教练信息了解、近期活动呈现。②微博、微信公众号、抖音号运营主要与用户进行互动，拍摄训练视频、场地视频等发布在自媒体平台上，创建"首钢滑板少年"等 tag（标签），鼓励更多参与者进行互动。

4. "攀岩+滑板"青训夏令营

举办青训夏令营，通过线上招募的形式招募来自全国各地的青少年进行每期为期一周的特训，旨在发现青训队员在攀岩和滑板方面的兴趣与潜力,为青训积攒人才。

（1）招募对象：全国各地 11~18 周岁的青少年,每期限额 100 人。

（2）主要项目：滑板、攀岩。

（3）宣传重点：国内领先的专业场地；地理位置优越,地处首钢园区,与冬奥组委和相关比赛场地近距离接触,首钢背景资源丰富；冬奥会背景下园内训练氛围好；专业的教练团队；与明星或运动员互动交流的机会；优秀学员可获得学费减免等。

（4）夏令营一周安排：第 1 日：熟悉首钢园区环境；教练员为营员讲解园内情况、普及运动项目知识、普及安全知识；与当期到场明星或运动员互动,并观看明星或高水平运动员技能展示；营员体验园内所有运动项目和活动,于当天选择后期训练项目。第 2~5 日：集中训练时间。第 6 日：比赛日,攀岩和滑板各设置相应比赛,优胜者获得奖杯或学费减免。第 7 日：游览奥运场馆,体验极限项目运动场地；建立与营员的联系。

四、 文化创意产品开发

文创产业可以作为首钢品牌塑造的重要辅助、宣传亮点、盈利途径。

1. 产品设计

以滑板/攀岩文化为入手点,设计与滑板/攀岩器材、滑板/攀岩专有名词行话、滑板/攀岩文化精神等元素相关的文创产品。且根据消费者反馈,受欢迎的 IP 可以推出更多类型产品,如"滑板×混"可以设计 T 恤、帽子、手机壳、护腕等系列商品(图 7-7)。

图 7-7　滑板文创产品设计

(1) 滑板器材：滑板、板鞋。
(2) 滑板专有名词行话：板仔、板妹、板混、立 ollie、kf 等。
(3) 滑板文化精神：拼搏、努力、坚持、死磕到底、不惧重来、凭板说话。
(4) 攀岩器材：攀岩鞋、岩钉、主绳、保护器、快挂等。
(5) 攀岩专有名词行话：red point 等。
(6) 攀岩文化精神：攀登；坚持；挑战；突破；会当凌绝顶，一览众山小等。

滑板相关：

T 恤：刺绣"滑板×混"字样，意思是并不真正热爱滑板、苦练滑板，只是带着滑板摆拍的人群。这是滑板圈所不齿的，本 IP 的含义是拒绝滑板混。

帽子：刺绣"板仔""板妹"等字样，板仔、板妹分别是对玩滑板的男生、女生的称呼。

耳环、钥匙扣、项链："百炼"是极限运动需要的重要品质和精神，用钢铁材质，不加抛光、粗粒的锤击凹坑为底，篆刻"百炼"二字，制作成钥匙扣、项链、耳坠等金属饰品。

攀岩相关：

服装：以绳结、山峰等为图案进行服装设计（图 7-8）。

图 7-8　攀岩文创产品设计

耳环、钥匙扣、项链：岩钉是攀岩过程中制作保护点的重要设备，对岩钉进行艺术加工制作成钥匙扣等金属小饰物。

2. 销售途径

线下：首钢园区的小卖部、极限公园的空闲草地。极限公园的教练穿着首钢文创的服饰进行授课，作为模特进行直观宣传。

线上：所有社交平台同步线上发售。

3. 传播渠道

线下传播：与大赛、活动、公益参观进行联动，作为活动奖品。

线上传播：每款新品都在社交平台上发布通稿，提前预热造势。开放预售系统，限量预售。预售付款金额高者，赠送课程体验券、场地门票等，通过售卖文创产品进一步为首钢园区引流。发起微博超话等，购买首钢文创的爱好者可以拍穿着、佩戴、手持首钢文创产品的图片、视频，按点赞评论数评选"文创体验官"，获得首钢园区一年文创新品的免费使用权，并为首钢文创拍摄广告等。

（冠军"偷心圣手"队成员：菅凤林、刘骏、袁梦欣、朱羽葭、张文龙、侯宪鹏）

案例点评

在北京冬奥会的推动下，首钢园区近年来通过一系列的创新举措，向着集休闲、办公、科技、体育、环保等元素于一身的城市多功能智慧园区转变，旨在打造成新时代首都城市复兴新地标。但后奥运时代，跳脱出冬奥时代的政策和资源，首钢园区也面临严峻考验，该如何才能维持自身的核心竞争力呢？

作为首钢园区的一部分，首钢极限公园的运营对提升首钢园区的影响力有着十分重大的意义。首钢极限公园是首钢园区户外体育活动的主要场所，通过对老工业遗存改造，形成攀岩场、滑板场、休闲区三个部分。首钢极限公园既保留了老工业遗址的硬核工业风质感，又赋予园区新的活力与时尚。首钢极限公园属于体育公园，园内为户外极限运动爱好者提供了专业运动场地和设施，可供他们提高运动技能、交流运动心得、开展比赛和表演活动等。首钢极限公园也是北京最大的户外极限运动场地。

案例中介绍了首钢极限公园运营管理的初步设想，并提出两个任务。一是基于但不限于初步设想，确定可以运营的新型业态，为首钢极限公园选择和设计包含具有创新性和影响力的品牌活动与赛事，并打造具有"互联网＋社群"的青少年体育培训体系，做到场地优势与体教相结合，企业送培训服务进校园与吸引青少年来到极限公园体验特色公益课相结合。案例要求提出长期发展的完整的运营方案。二是首钢园区的品牌塑造与建设。以首钢极限公园为切入点，联动首钢园区整体的空间资源与体育资源，提出可行的品牌建设方案，并确立有效的传播渠道，提升品牌知名度，形成独特竞争优势。

极限运动在我国属于新兴运动，体育政策与其市场潜力密切相关。因此，案例分析时需要对相关政策及其对极限运动市场的影响进行分析，从总的趋势上把握未来市场走向。本案例希望从运动项目入手，引入相关的场地服务、赛事服务和培训服务，制订品牌建设方案，进而打造成体育公园品牌，汇聚更多有体育需求的人群，为首钢园区贴上与众不同的标签。

在案例的分析部分，重点是围绕首钢极限公园的场地资源配置和极限运动项目进行调查与分析，包括调查公园场地资源可以承接的活动和赛事的种类及规模等，分析极限运动项目相关产业情况，调查国内外极限运动场地是如何经营的，调查该运动项目的爱好者情况及对首钢极限公园场地的评价，分析全球知名的极限运动赛事、装备品牌以及周边的竞争对手。"偷心圣手"队和 X-队都做了相关调查和访谈。要考虑对首钢极限公园进行定位，如何吸引该运动项目的爱好者前来，来了后我们能够提供什么服务项目，我们能够采取什么方式与他们建立连接？如何吸引周边人流前来？如何与首钢园区整体空间资源进行联动？

在案例的运营方案和品牌传播方案部分，各个小组思路不同。冠军队围绕滑板和攀岩运动项目策划了相关赛事、活动以及公益活动，制订了品牌整合传播方案和运营方案，如发起"破而后立""综艺破圈""夜场派对"等主题活动，极限运动进校园、特色公益课体验、设计助学金、回收废旧滑板等公益活动,还设计了文创产品,既与目标人群相符,又具有创新吸引力,还具有实操性。亚军 A. LIT 队以自创"科幻末世"主题的泛娱乐赛事 IP 为核心,以学生群体为参与者,赛事联动培训,发展体教融合新路径。该小组还设计了相关 App,创意十足,令人脑洞大开。X-队选择了 Vans、奥地利红牛和腾讯作为品牌合作方进行品牌推广,并设计了合作方案。三个小组的方案里都进行了量化分析和财务预算。A. LIT 队还做了风险评估。

在引入或自建赛事 IP 方面,有些方案提出要引入某项目或赛事,但没有交代为什么引入,有些方案引入的赛事缺乏可行性。提出方案时需要考虑以下问题:一是赛事 IP 引入的成本及费用与后期的预期收益之间的平衡问题;二是赛事 IP 引入后,在耗资举办活动时如何吸引客群前来?如何进行传播和互动?如何实现收益变现?三是赛事如何实现盈利?这需要设计招商方案。

在打造"互联网＋社群"的青少年体育培训体系方面,各小组都能将近年来我国关于体教融合的政策与场地结合,但是对于培训服务进校园与极限公园内如何引入青少年这个群体,有些思路不清楚。冠军队做了"互联网＋社群运营"方案,并对攀岩区和滑板区的青少年培训项目做了详细的执行方案,包括项目设计、定价、宣传推广等,还对教练培训及管理做了细致的规划。亚军 A. LIT 队推出冬令营和夏令营的方案,以及提出进入校园做公益培训。总体上,需设计成为可执行的、能持续发展的方案。

最后,收益成本分析以及风险控制需要考虑,策划方案不仅要给出有创意的想法,还要能够落地执行并能找到收益点。

案例 8
目的地滑雪度假区的非雪季营销方案——以松花湖度假区为例

案例

万科企业股份有限公司（以下简称"万科"）成立于1984年，经过30余年的发展，公司业务已延伸至商业、长租公寓、物流仓储、冰雪度假、教育等领域。万科冰雪是万科直属八大业务单元之一，也是目前中国最大的山地和滑雪度假管理集团。其中，万科松花湖度假区是国家4A级景区，松花湖滑雪场可以满足初、中、高级水平滑雪爱好者的需求，雪场内包括教学区、初级区、家庭区、滑雪公园、娱雪乐园、竞技赛道和林间滑雪区等。

松花湖度假区的运营情况分为雪季和非雪季，目前是典型的周末和节假日生意形式，难以实现收入大幅度增长。在面对的客户群体与冬季有所不同的情况下，松花湖度假区应该如何打造滑雪场非雪季运营强有力的营销方案？又该如何利用自身的优势打响自己的品牌？

（请扫描二维码阅读完整案例）

案例分析报告节选

　　该报告一共包括四部分：营销环境分析、营销战略制定、具体营销方案以及投资回报测算。

　　营销环境分析部分，针对当前宏观市场分析，发现在线旅游市场增长快，市场空间大，政策、经济和社会因素都在进一步推进旅游业的发展，而技术则可能成为服务质量进一步提升的绊脚石。当前高消费用户更加关注服务内容，并且大量消费者倾向提前一天作出服务预订，因此应重视消费触点的管理。万科松花湖度假区在雪季市场中已经取得了相当的成就，在非雪季方面对于不同客户缺少具体划分以及针对服务，宣传力度和影响力较弱。在产品服务方面，松花湖在广度上优势较为明显，但深度不够，同质化较高。报告分析了松花湖未来的主要目标消费对象是家庭，发现当前家庭消费在需求层面更加追求快乐和家庭和睦，期待3～6天的家庭旅游，同时当前市场中的度假区普遍存在家庭服务不够明显和优质的问题，松花湖度假区应努力满足其需求，解决其痛点，进一步拓展非雪季家庭旅游市场。报告分析当前松花湖度假区痛点在于消费人群目的地游客停留时间较短，消费潜力释放不充分。目的地滑雪客户主要集中在雪季消费，消费频率低，忠诚度不够。城市滑雪客户主要集中在雪季消费。一日游客户消费频率低。应当注重引导改变主流客户的消费习惯，增加消费频率和次数。根据对内外部环境影响，竞争对手和消费者的分析，报告认为：如何提高酒店的收益,提供更多优质的服务,避免同质化,打造年轻化品牌,吸引更加稳定的客群,是当前松花湖的主要挑战。

营销战略制定部分,结合实际和万科松花湖痛点与需求,针对万科松花湖度假区非雪季营销,制定了双轨制营销战略,以主题式消费场景来搭建和持续性满足客户的社区文化运营,增加客户消费频率和次数,使得持续消费成为可能。而所有的营销战略都会被"Hi智能""Hi服务""Hi雪花"和"Hi文化"所指导。

具体营销方案部分,以营销战略为框架,参照、对比、优化市场中已有相关产品服务,自主创新一些新的产品和服务,让所有活动可以相互补充,动态调整。

投资回报测算部分,对设想的具体方案进行了长短期的划分,其中短期活动的ROI(投入产出比)可达310%,长期活动的ROI可达151.1%,回报巨大。以下为案例报告的节选部分。

一、营销战略制定

(一)双轨制营销战略

双轨制营销战略示意图如图 8-1 所示。

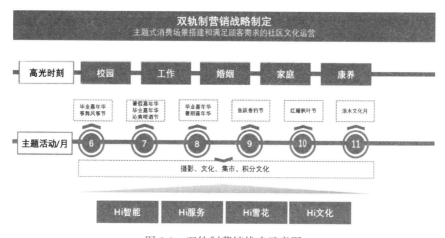

图 8-1 双轨制营销战略示意图

具体描述：在营销环境分析的基础上，制定了营销战略，即主题式消费场景搭建和满足客户需求的社区文化运营的双轨道的营销战略。主题式消费场景搭建主要是围绕万科松花湖度假区非雪季运营 6 月到 11 月中旬以设计对应主题，丰富消费场景，延长消费单位在度假区消费的时间和提高消费频率。满足客户需求的社区文化运营符合万科以客户为本的企业服务理念，以贯穿客户的"人生高光时刻"为线索，对客户各人生阶段提供具有纪念价值的服务，通过社群文化运营，使得客户消费具有阶段持续性和成长性。

双轨制营销战略的制定可以更好地拓展万科现有的目标群体，提高单位消费金额，增加消费人次，树立良好的社会形象，企业整体品牌形象得到很好的树立以及传播。

（二）Hi 系列概念

1. Hi 智能

具体描述：该战略是建立万科松花湖度假区自己的一个小程序，通过小程序实现智能化给客户生成推荐旅行路线、观看景区总览、AR 实景、在线订票、一键求助等功能，从而提高度假区的智能化数字化水平（图 8-2）。

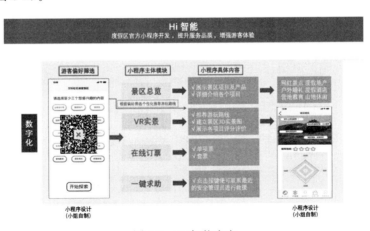

图 8-2　Hi 智能内容

2. Hi 服务

具体描述：该战略主要是通过打造非雪季服务 MOT（关键时刻）模型将万科的服务实践场景与客户的实践场景相结合，罗列与服务客户密切相关的"关键时刻"，总共为 48 个，进而实现"你的每一个高光时刻都是我们的关键时刻"的目标（图 8-3）。

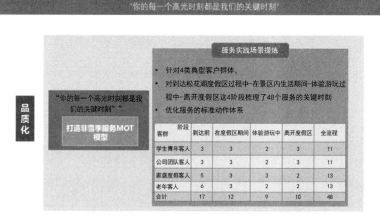

图 8-3　Hi 服务内容

3. Hi 雪花

具体描述："为冬续暖"积分银行，为引流雪花 fans 特别设计的。总体思路是鼓励游客在非雪季前来参加淡季的某些指定活动，如荧光夜跑、定向越野等，积极参与的游客能够兑换一定的积分并存入个人的积分银行中，可在雪季到来之时兑换一些特殊福利或滑雪里程等（图 8-4）。

4. Hi 文化

具体描述：通过对中国传统文化和当地特色文化的挖掘与弘扬，让我们来进行一场文化之旅，寻根、寻乐、寻城、寻乡。寻根是通过满族舞蹈、风筝节来感受民族文化的魅力。寻乐是清宫乐，11 月的枫叶节，来聆听历史的声音。寻城是吉林城，10 月浪漫文化月，感受吉林文化

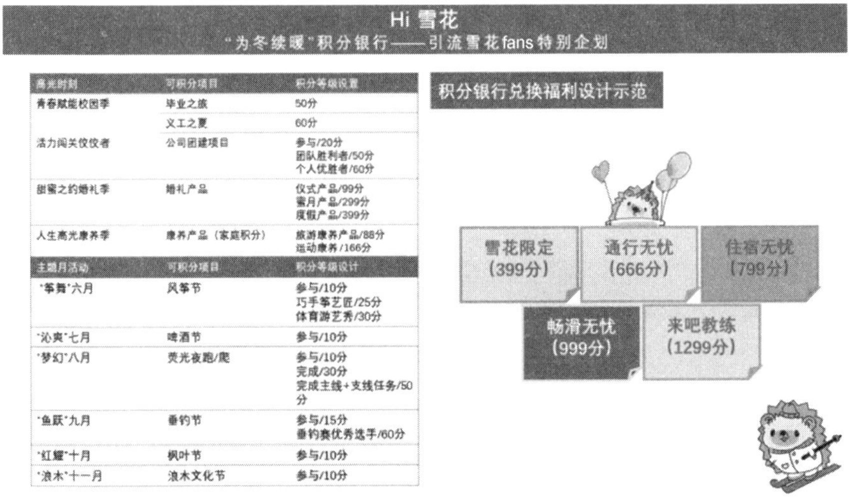

图 8-4　Hi 雪花内容

名片。寻乡是文化乡,Hi 在松花,体验这一场文化盛宴(图 8-5)。

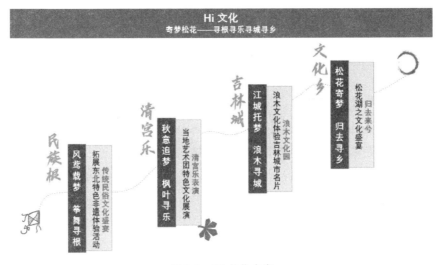

图 8-5　Hi 文化内容

（三）打造营销闭环

打造营销闭环如图 8-6 所示。

案例 8　目的地滑雪度假区的非雪季营销方案——以松花湖度假区为例　173

图 8-6　打造营销闭环

二、具体营销方案

（一）核心产品

非雪季的松花湖是一个三栖营地，分别是林间桃花源、云端乌托邦和水上逍遥游。

在林间桃花源，有专为青少年设计的少训基地，有勇者喜欢的丛林穿越项目，有生态教育之旅，可以领略当地的生态文化，如图 8-7 所示。

图 8-7　三栖营地——林间桃花源

在云端乌托邦,带领大家领略的不只是湖光山色,更多的是清风蓝天。本项目主要提供五大产品。飞屋环游、风与自由与乘风破浪三大板块,以热气球、滑翔伞、直升机为核心,打造轻极限拳头产品。多啦乐园与天使城堡两大板块,以放飞梦想为主题,拓展多项外延产品,从竹蜻蜓到纸飞机,从蝴蝶到信鸽,打造老少咸宜的趣味活动,如图8-8所示。

图8-8 三栖营地——云端乌托邦

在水上逍遥游,参与各类水上闯关活动,让大家可以勇敢地挑战自己,同时与地方电视台展开合作,如图8-9所示。

图8-9 三栖营地——水上逍遥游

1. 三栖营地内涵

三栖活动多种服务能够很好地满足不同年龄段消费者的需求,分别是活力校企营、幸福家庭营和趣味生活营。

2. 营地内涵——活力校企营

营地内涵——活力校企营如图 8-10 所示。

图 8-10 营地内涵——活力校企营

1) 牵手校园

(1) 集体毕业旅行。

活动主题:最美毕业季,6—7 月。

活动目的:针对大学生毕业的生活心理特点设计出符合大学生的旅游产品从而吸引大学生度假休闲;帮助毕业大学生满足以下需求:留下美好回忆;释放压力;游玩;邂逅。

客户特点:

① 注重价格,讲究经济,重视游玩体验。

② 出游方式多以组群为主。

③ 从众心理显著,信息传递迅速。

活动内容:

① 交通:外地游客大巴车直接去各大火车站、飞机场集中接送;送去旅店对行李进行集中安排,在旅途过程中对松花湖各游玩点进行

介绍与手册分发。

② 娱乐：当地基本体育活动项目；6—7月特色活动；当地特色项目如滑翔伞、热气球等。

③ 餐饮：住宿地方配备基本餐饮的售卖，或可以引入7—11或便利蜂等24小时便利店，同时有交通工具可以直接送往当地美食集聚地。

④ 住宿：由于服务对象是大学生，普遍经济能力有限，可以以青年旅社形式，4~6人间，价格每晚80~120元。住宿主要包含基本休息和洗浴空间即可，同时有多人活动空间室。

(2) 万科进校园。

活动主题：万科进校园。

活动目的：为毕业旅行服务进行铺垫。

活动内容：

① 校园赞助活动：对学校形式或者旅行社为代表的社团进行活动赞助，活动奖品为松花湖度假区的门票，同时在赞助权益中要求对松花湖的毕业旅行项目进行详细重点介绍，有助于松花湖度假区拓展大学生群体市场。

② 志愿者招募活动：赋予体验感和趣味性的志愿者活动，将吸引更多的学生参与，志愿者主要是对松花湖度假区相关活动在学生群体中进行介绍，吸引更多的学生参与。

(3) 留学乐园地。

本项目期望以学生群体为抓手、国际教育为起点，逐步推动度假区的多元化、国际化发展。

小组针对国际教育项目提出以下三个设想，三个设想循序渐进，逐步打造景区国际化教育名片。

① 来华留学生的体验乐园。

性质：四季经营。

合作：省内高校国际交流部门。

卖点：文化体验、小众休闲、国际服务。

案例8 目的地滑雪度假区的非雪季营销方案——以松花湖度假区为例

内容：提供小规模团队运动、文化体验服务，以度假区内水陆空运动教育为核心，提供多项月季人文体验活动，见表8-1。

表8-1 来华留学生项目设计

Leisure Sports	☐Skiing ☐mountain bike cycling ☐windsurfing ☐parasailing
Culture Activities	☐Korean ☐Manchu ☐Mongol ☐Hui
Public Services	☐Tree Planting ☐Lake protection

定价：团队需在以上10个产品中任选其一。每项产品设置四种套餐，分别为1~10人套餐、10~20人套餐、20~30人套餐以及30+套餐。团体中成员数量越多，套餐中单人优惠补贴越高。具体价格需依产品性质而定。

② 国内留学生的游乐胜地。

性质：四季经营。

合作：省内高校中外合办项目单位、中小学国际部、知名留学教育机构。

卖点：品质运动、课余教育、国际服务。

内容：为国际部中小型社团提供高品质运动体验服务，为国际部年级提供集体短期冬夏游项目，见表8-2。

表8-2 具体活动设计

滑雪运动	☐社团活动	☐集体出游
滑翔伞运动	☐社团活动	☐集体出游
帆板运动	☐社团活动	☐集体出游

定价：社团活动中成员数量越多，套餐中单人优惠补贴越高。集体出游定价需结合项目性质与商议结果而定。

③ 城市花园里的国际学校。

性质：四季经营。

合作：TAL好未来—学而思国际。

学校：万科—学而思国际学校。

目标：东北一流国际学校。

形式：半封闭式。

卖点：湖光山色、品质教育、多彩课余、国际运动。

选址：可以在青山墅公寓群西南部或青山公寓三期东部。

内容：①战略合作，资源融合。②吉林为始，着眼东北。③多彩课余，特色体系。

2）青青之旅

(1) 青青闯关。松花湖闯关项目包括两类产品，在非雪季经营。第一类产品为非雪季持续经营，是收费的娱乐项目。第二类产品为月季竞技闯关比赛，在毕业季和暑期开展。

该项目可以丰富非雪季产品，增强参与性与趣味性。也可以为非雪季引流，吸引市内外消费者参与。具体活动策划内容见表8-3。

表8-3　活动策划内容

项目	闯 关 园	闯 关 季
性质	持续经营	月季项目
时间	非雪季/6—11月	毕业季/暑期/6月底
主题	勇者乐园	"青春有你，一往无前"
合作	郑州三邦科技有限公司/厉奇探险	郑州三邦科技有限公司/厉奇探险/吉林卫视
卖点	猎奇心理	挑战心理
定价	88¥/h	观赛10¥/参项(66¥/人次)
选址	水：水上基地；陆：刺猬乐园/王子酒店前方空地	
内容	水上挑战/丛林穿越	
备注	1. 水/陆闯关；可二选一打造。 2. 闯关季活动在闯关园内进行。 3. 闯关季结束后闯关园轻装上阵，开始面向公众经营	

(2) 青青义工。设计义工之旅，可以吸引青年客群，激活省外市场；建立生态保护项目，公益与教育同行；为区内产品开拓营销新路径。

主题：松花义工之旅。

合作：EO国际义工旅行。

卖点：湖光山色、生态教育、技能培训。

案例8　目的地滑雪度假区的非雪季营销方案——以松花湖度假区为例

内容：将度假区内的义工旅行产品分为两大类。

① 生态保护项目，主要针对非雪季，以领略自然风光、环保教育课堂为方向。其下设置青少年项目与亲子项目。

② 技能培训项目，主要针对滑雪、航空两项拳头产品，以提供技能培训与实操比拼为方向。每项拳头产品培训体验项目下，设置青少年项目与亲子项目。

表8-4对具体产品项目提出设计。

表8-4　松花湖义工项目设计

类别	生态保护项目	技能培训项目	
主题	湖光山色环境保护项目	滑雪培训体验项目	轻航空培训体验项目
时长	1天	6天5晚	4天3晚
时间	每月第二个周六	国庆10.2—10.7 寒假1.21—1.26 2.2—2.8	中秋9.13—9.16 暑假7.6—7.9 8.10—8.13
定价	316￥/人	6 880￥/人	7 880￥/人
人群	省内	省内外	省内外
内容	山地骑行水上项目体验 湖林保护	双板滑雪教学/单板滑雪教学实操大比拼	滑翔伞营地学习成果验收

3）携手企业

企业团建：本项目旨在打造个性化、品质化的服务，进一步挖掘省内与省周上班族的消费潜力。企业合作项目要求景区与各大企业的相关组织建立合作关系，成为企业团建合作伙伴，为其提供高品质的针对性服务，塑造团建胜地的名片。同时与企业建立友好关系能够很好地帮助园区引流，拓展四季营收路径。

（1）策划内容。

主题：松花湖——企业的团建胜地。

沟通：企业HR部门。

卖点：湖光山色、趣味体验、个性定制、品质服务。

联动——"团建＋游乐（食宿，合作）"。

（2）具体设想。团建产品按照项目团队是否在景区内住宿划分为两类。"遇见松花湖"系列产品提供 1 日内的非住宿团建服务,"梦入松花乡"系列产品提供 2 日及以上的住宿团建服务。团建活动共分运动竞技、趣味休闲、月季体验三个主题方向,每个主题下依据园区已有产品设置若干活动项目。企业部门可依据自身需求进行"菜单式"选择,形成个性化服务包。团建产品设计见表 8-5。

表 8-5 团建产品设计

主题方向	菜 单 选 项			
运动竞技	☐山地骑行接力 ☐撕名牌也疯狂	☐水上闯关季 ☐丛林穿越战	☐帆板运动竞技 ☐决战松花之巅	☐真人 CS 对决 ☐团队 VR 对战
趣味休闲	☐篝火舞会 ☐滑雪汤泉 ☐野餐吊床	☐烧烤野餐 ☐飞盘运动 ☐星空露营	☐射箭攀岩 ☐青山客栈 ☐轻航空体验	☐纸船过河 ☐缆车观光 ☐多米诺骨牌
月季体验	☐荧光夜爬 ☐垂钓比拼	☐风筝大赛 ☐闯关活动		☐浪木艺术 ☐非遗体验

4) 商务之行

(1) 体育产业会议或者冰雪发展论坛。

活动目的:

① 吸引有代表性的体育产业从业者、专家、运动员前来,搭建沟通平台。

② 便于吸引更优质的体育产业入驻,增加松花湖的体育内核。

③ 获得较高的关注度。

④ 和各体育院校保持紧密联系。

(2) 养生论坛和旅游论坛。非雪季在万科松花湖度假区举办"博鳌国际养生论坛""中国体育旅游发展高峰论坛""温泉养生论坛""中华养生节"等会议与论坛,助力"体育康养特色小镇"的发展。

3. 营地内涵——幸福家庭营

营地内涵——幸福家庭营如图 8-11 所示。

1) 创意婚礼

活动主题:爱在松花,一世陪伴。

案例 8　目的地滑雪度假区的非雪季营销方案——以松花湖度假区为例

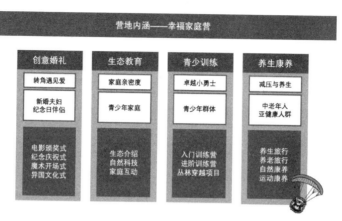

图 8-11　营地内涵——幸福家庭营

活动目的：通过创意婚礼活动策划，给予每一对在松花湖举办婚礼的新人难忘与璀璨的回忆。

活动举办地点：高山花海。

活动内容：主要活动形式有以下几种。

（1）电影颁奖礼：将婚礼变成一个电影颁奖礼，让所有来宾都身着礼服走过星光大道，然后在巨大的背景板前留影。

（2）凸显纪念日：用时间作为整个婚礼的串联，带领所有前来祝福的人回忆两位新人过去美好的回忆，迎接更美好的未来。

（3）魔术秀全场：让魔术师担当司仪角色，以魔术的形式秀一场神秘的婚礼。

（4）融入异国情怀：在整场的策划中融入来自异国的情怀。

（5）策划舞台剧：把一路走来的爱情路上的点点滴滴通过舞台剧的形式表现出来，将和爱人之间的故事在婚礼当天和所有的来宾一起分享，也和大家一起享受幸福的味道。

2）生态教育主题展

活动主题：松花生态—人与自然。

活动目的：对当地自然演化过程以及后续开发过程进行展示介绍，主要面向的是有孩子的家庭游客，展厅同时加入家庭互动游戏区，增强家庭旅游的互动感,增进感情。

活动内容:主题分为生态介绍、自然科技、家庭互动三大区域。生态介绍部分主要是对松花湖度假区内部的地貌以及自然环境进行介绍;自然科技部分,以 VR 体验馆为主,通过 VR 对松花湖度假区内部的自然地貌和景观有更加直观的体验;家庭互动部分,主要是设置相关家庭小游戏。

3)青少训练

卓越小勇士

活动主题:少年强。

活动目的:提升青少年体质,锻炼青少年意志,培养其成为忠诚爱国、诚实守信、尊重规则、关爱他人、力求卓越的中国小勇士。

活动内容:课程从运动素质、行为赋能、国防教育、自然科普这四个维度搭建相关课程。

课程类型:①初级训练营:森林冬令营(不少于 7 天);森林夏令营(不少于 12 天);小长假训练营(不少于 3 天);周末集训营(不少于 2 天);初级比赛特训。②单项训练班:课后单项训练班;运动单项训练班。③升级训练营:高阶运动技能训练营(不少于 12 天);军事场景训练;跨地区营地训练;单项科目升级训练营;高级比赛特训。

4)养生康养

服务主题:"万科松花湖度假区——中国最好的体育康养服务中心。"

服务目的:通过打造成熟的体育康养服务形成业界口碑和中国第一的品牌印象。提升万科松花湖冰雪度假区的非雪季运营能力和效益。

体育康养产品服务设计思路图如图 8-12 所示。

服务时间:针对普适性人群,全年开展。

服务内容:以四类全年康养服务为普适性服务产品打造特色,然后针对年轻人等群体可以有特色健康养生服务,而对于老年人群体则提供养老服务。具体如下:

(1)自然康养产品。

服务目的:通过使用大自然的野生素材来提供康养服务。

案例 8 目的地滑雪度假区的非雪季营销方案——以松花湖度假区为例　183

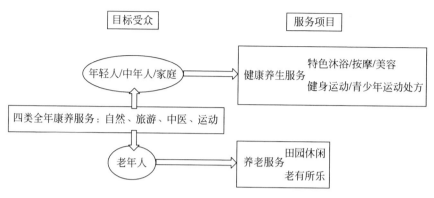

图 8-12　体育康养产品服务设计思路图

活动内容：

① 饮食：根据当地特色产物如蜂蜜、榛子、松子、蓝莓等设置特色健康食品餐厅，同时提供特色茶艺，如西洋参茶、人参花茶、五味子茶、野生刺五加茶等。

② 能量：挖掘一些对人体有益的矿石如翡翠、白玉、玛瑙、蜜蜡、东陵玉等，加工后设置能量矿石区，同时配合香味疗法、音乐疗法，客户可以在里面静躺、静坐休息来接受康养服务。

③ 休闲：提供森林浴、药浴、温泉浴等特色休闲康养服务。

(2) 旅游康养产品。

服务目的：通过客户身体力行来提供康养服务。

活动内容：

① 户外：开发徒步、登山、观光专属路线，其间可以设置自然采摘项目或者简单的定向越野项目来提高趣味性，同时在项目中融入康养小知识。

② 农场休闲：可以在路线的尽头设置小农庄，可以提供柴火等让客户自行生火烹饪，该服务的关键是对于家庭友好型客户要具有教育意义，对于老年客户要唤起他们回忆往昔的情怀，提供一个老伴一起协作的平台。

(3) 中医康养产品。

服务目的：通过结合中医传统康养疗法来为客户提供康养服务。

活动内容：

① 设置中医疗养室，提供"辨体养生"服务。具体做法是请相关中医师通过望闻问切等中医辨体方法来判断病与非病，判断体质阴阳属性，辨别不同体质的特点，制订相应的康养方案。对老年、中年、妇人、小孩不同的体质特点做相应的康养方案。

② 中草药康养。把一些对身体皮肤有益的中草药磨成精华乳涂抹身体或者做成精华液来浸泡。

（4）运动康养产品。

服务目的：通过"体育+康养"来为客户提供康养服务。

活动内容：

① 制定运动处方：专业的康复师出具运动处方。根据运动处方，提供相对应的运动服务。

② 体育项目：引入太极、气功、武术、导引养生等特色传统体育项目，招募相应的教练，开展团体性教学体验服务。

③ 健身：山地运动、水上运动、森林太极、慢跑、徒步等。

（5）养生旅游。旅游产品设计见表8-6。

表8-6　旅游产品设计

产品类型	针对人群	产品服务	价　格
高端健康养生旅游度假	1～4人出行青壮年或家庭目的性康养	1. 私人顾问；2. 定制化旅途服务；3. 所有康养服务；4. 服务体验优先权；5. 万科康养社区；6. 专车接送	1 999元/人
团体健康养生旅游度假	5人以上团体性青壮年或家庭体验式康养	1. 客服；2. 小程序智能推荐服务；3. 基本康养服务；4. 高端酒店住宿	999元/人
高端养老旅游度假	1～4人出行老人目的性康养	1. 两位私人顾问；2. 定制化旅途服务；3. 所有康养服务；4. 服务体验优先权；5. 万科康养社区；6. 专车接送	1 999元/人
团体养老旅游度假	5人以上团体性老人群体体验式康养	1. 多位顾问；2. 特色推荐旅途服务；3. 基本康养服务；4. 万科康养社区；5. 大巴接送	999元/人

(6) 打造康养社区。

定义：与养老院不同，康养社区更强调的是老年生活，包括更多精神层面的需求，特别注重空气质量、自然资源、人文环境、生活休闲配套，当然针对老人的医、护配套也是重点。

具体思路：在万科原本地产开发的基础上可以适当规划一些住宅公寓为康养类型住宅，可区分为两类：一类是适用于短期旅游度假类住宅，一类是房地产类售卖住宅，同时要配备适应开展康养服务的软件和硬件。对于房地产类售卖住宅又可以区分为老年住宅、自理型老年住宅、护理型老年住宅。

分期建设：例如先建设自理型养老住宅和部分服务设施，预留出一定的发展用地，等到一段时间后，再建设护理型老年住宅及相应的配套设施等。

4. 营地内涵——趣味生活营

营地内涵——趣味生活营如图 8-13 所示。

图 8-13　营地内涵——趣味生活营

1) 咔嚓相机

活动主题：记录在松花湖旅游度假区游玩的高光时刻。

活动目的：让来松花湖度假区的游客能够留下最美好的瞬间；让其他潜在游客可以欣赏到松花湖的美景；作为对外宣传展示部分。

活动内容：

（1）活动为全年制活动，分为雪季和非雪季两个部分，其中非雪季部分设置三个组别：①"killing part"大学生组别；②"happiness"家庭组别；③"eternal"专业摄影师组别。

（2）在奖品设置上可以以奖金、万科其他业务服务板块、摄影器材等作为奖品，并颁发证书。

（3）赛程安排为每月进行排名，每月的冠军将会进入全年评比。

（4）参赛要求：针对松花湖景区内部的各种活动、景色、人物进行拍摄，必须为本人原创。

2）落笔生花

活动主题：醉赏红叶，红耀九月。

活动目的：展示了松花湖旅游形象，给当地带来经济效益；开发当地自然资源，吸引人流，带动相关消费。

活动内容：

（1）枫叶主题文创商品展：对中国各大美术学院和独立设计工作室征集枫叶文创，并给予每一位入园的消费者投票权，对得票最高的作品进行相关奖励。

（2）枫叶创意DIY：开设DIY展区，主要目标客户是带孩子来游玩的家庭，游客可以在老师指导下进行DIY作品制作，作品可以刻上枫叶节专属章并带走。

（3）书画展：分为成人组和幼儿组，其中再分为专业组和非专业组，在枫叶节前两周在全市内进行征稿，优秀作品可以获得入园券，前3‰可获得文创奖励。

（4）清宫乐表演：邀请当地文化表演艺术团，进行清宫乐特色文化表演。

（5）乘索道赠精美钥匙链、纪念章。

3）文艺block

（1）松花湖周末市集。

开放时间：每周末14：00—22：00。

目标受众：大学生、上班族等周末休息的年轻群体。

市集形式：不依靠固定店铺，采用定时集市的方式，利用可活动的桌椅进行摆摊，文艺摊主只需线上提交摊位申请，通过审核后即可在市集内拥有属于自己的摊位。市集内容不限，形式各异。宣扬专属于松花湖包容、个性、自由的生活方式。

（2）林间市集。

开放时间：暑假休闲度假期间（6—8月）。

目标受众：假期进行休闲旅游的学生、年轻家庭。

市集形式：可以依靠一些固定的文艺店面，同时也可设置移动摊位，主要面向夏季假期内前来休闲度假的年轻学生及家庭，可多设立一些体验类的项目，如绘画、手作项目增强体验感。同时，摊位征集也可向游客开放，鼓励游客参与摊主体验，只需在工作站领取摆摊桌椅即可成为市集中的一分子。

（3）art-block（艺术市集）。

开放时间：主要集中于小长假及周末。

目标受众：热爱艺术、了解艺术的文艺青年。

市集形式：引进新潮且富有文艺气息的艺术展览，如绘画展、摄影展等，同时可邀请一些小众精致的艺术家、乐队、作家等入住街区进行展演、交流等，吸引一批热爱艺术的文艺青年定期前来松花湖"朝圣"。

（4）白鱼夜市。

开放时间：节假日及周末夜晚（视度假区人流而定）。

目标受众：热爱夜市文化的群体。

市集形式：以食品售卖为主，设立自由可活动的摊位，鼓励游客加入摆摊阵营中，鼓励创意性的食物制作，营造热闹欢快的夜市氛围。

4）仲夏之夜

（1）"八月仲夏　梦幻松花"荧光夜跑/夜爬活动。

活动目的：丰富松花湖夏季夜间活动，激活度假区夜生活夜经济；培育客群，打造吉林本地休闲运动新目的地；提供雪季积分，引流冬季客群。

活动时间:每年8月中下旬18:00—21:00,为期2天。

活动区域:荧光夜跑及夜爬路线。

荧光夜跑流程设计:

在起点处,为参加荧光夜跑的跑者准备分发荧光道具,包括荧光棒、荧光手环等装饰物。除了按照指定路线开展活动外,还可以为夜跑设计更多附加任务,即以荧光夜跑为主,以支线任务为辅。支线任务主要包括找寻发光的小刺猬、集字拍照大挑战以及荧光vlog大赛等。

荧光夜爬流程设计:

夜爬路线为徒步登山路线,参加夜爬的选手可以佩戴荧光装饰物,到达山顶星空营地后,点亮属于自己的荧光灯盏。

(2)松花湖的夜时尚——"醉美7月"啤酒节。

活动目的:促进夜经济,增加营收增长点;涵养本地客群,引领吉林夜风尚;打造"啤酒节+",有利于激活度假区非雪季的多个板块,增加酒店、饭店、停车场等板块的收入,形成营收增长的联动效应。

活动时间:每年7月中下旬举办,为期2周。

活动主题:"松下雪花 沁爽一夏"。

合作对象:华润雪花啤酒(吉林)有限公司。

卖点:青山上的啤酒盛宴。

布局:主辅两区,动静结合。主区选择:在王子酒店、青山酒店、商业步行街区域南部空地设立啤酒节主区,活动内容包括啤酒畅饮、游戏互动、夜市美食、歌舞狂欢等。辅区选择:在森之舞台附近设立啤酒节辅区,举办活动包括雪花小酌、纳凉休闲、艺术分享、星空露营等。

(二)其他主题活动

1. 风筝节

近年来,风筝作为体育运动项目和健身休闲娱乐活动开始普及,我国风筝事业得到长足发展。松花湖度假区可顺应这一背景,推出系列"风鸢载梦"活动,打造趣味风筝节,助力非雪季营收。

活动目的:契合民俗文化,融合休闲旅游;开展趣味活动,打造区域名片。

活动时间:每年6月初举办,为期2周。

活动对象:以吉林本地市民为主,辐射省周游客。

活动主题:风鸢载梦,筝舞6月。

合作对象:吉林市风筝协会。

活动卖点:山地风鸢、非遗文化、趣味体验。

收费:门票、部分动手体验项目、部分运动体验项目等。

布局:在王子酒店、青山酒店南部空旷草地举办风筝节系列活动。

活动:风筝节以风筝为核心,开展放飞风鸢、风筝制作、筝美大赛等系列活动,同时拓展以东北为主的特色非遗体验活动,为游客献上一场传统民俗文化盛宴。具体项目见表8-7和表8-8。

表8-7 风筝节主要项目

主要项目	项目内容
筝舞六月天	1. 五彩映蓝天:林涛松海,湖光山色。东北地区风筝艺人们齐聚松花湖,五彩风鸢翱翔在蓝天之下。 2. 筝舞比拼赛:风筝节在长龙风筝点睛后拉开序幕,设置传统风筝、运动风筝、盘鹰风筝与挑战风筝四个赛道,专业筝友来园比拼
巧手筝艺匠	1. 筝艺大师秀:风筝手艺大师在展台上表演印年画和风筝制作全过程,吸引园内众多游客目光,游客跃跃欲试。 2. 小小巧手匠:情侣、少年、一家三口围坐在一个个帐篷内,参与风筝扎制、填涂等趣味活动,体验风筝文化的独特魅力
风鸢载梦园	1. 我也放风鸢:游客在"巧手筝艺匠"区制作风筝后移步载梦园,进行风筝试飞,带着自己的手工风筝合影打卡。 2. 松花六月梦:"家人身体健康""要一直在一起""希望少一点作业"……从老人到孩子,从家庭到情侣,游客在风筝上写下美好愿望,五彩纸鸢载梦翱翔……

表 8-8　非遗体验主要项目

主要项目	项目内容
手工技艺园	1. 趣味技艺展：马氏布偶、王氏布贴画、朝鲜族刺绣等技艺让游客大饱眼福，叫好连连。 2. 手工体验会：青少年、家庭等围坐在一个个小帐篷里，体验剪纸、草编、泥塑等非遗活动
体育游艺秀	1. 趣味游艺展：朝鲜族秋千、罗氏戏法、蒙古族打唠唠等体育游艺与杂技趣味无限。 2. 运动体验会：游客可以在这里体验满族欻嘎拉哈、蒙古族射箭、朝鲜族花图游戏等游艺项目，感受多民族文化。 3. 艺术观赏秀：朝鲜族舞蹈、乌拉满族秧歌、蒙古族马头琴、长白山森林号子……吉林省非遗文化艺术在园区上演

2. 赛博朋克主题展

活动主题：赛博朋克。

活动目的：吸引更多年轻的消费者和年轻品牌入驻。

活动内容：

整个占地面积大概有 600~700 平方米，设有"穿越通道""游乐场""银河贩卖所""未来理发店""银河花园""太空舞台""银河酒吧""神兽空间""废弃地铁""未来脏街"等十来个场景。精心布置的各色霓虹和背景大屏营造出的灯光效果，混搭上街边复古排档的场景，碰撞出一种独特美感，使得拍照率特别高。

其中"银河贩卖所"加入文创售卖、潮牌售卖元素。"银河酒吧"作为居间主题，加入饮食售卖元素。其他各主题可以适当加入 NPC（非玩家角色），加强主题展互动。

同时整馆提供摄影服务以及在场馆结束部分引导消费者参与松花湖高光时刻摄影大赛。

3. 垂钓节

松花湖垂钓项目包括两类产品，在非雪季经营。第一类为非雪季持续经营产品，园内建设渔趣乐园，是收费的娱乐项目。第二类为月季产品，在 9 月开展以"打捞小确幸"为主题的垂钓节系列活动。垂钓项

案例8 目的地滑雪度假区的非雪季营销方案——以松花湖度假区为例

目旨在为非雪季开拓营收新路径,打造松花湖的独特生活方式。

活动目的:休闲趣味垂钓,贩卖生活方式;月季活动引流,培育消费习惯;建设渔趣乐园,创造持续营收。

活动时间:每年9月底举办,为期2周。

活动对象:以吉林本地市民为主,老少咸宜。

活动主题:打捞确幸,鱼跃9月。

合作对象:吉林省钓鱼运动协会、吉林卫视。

活动卖点:湖光山色、趣味垂钓、闲适生活。

活动收费:门票、垂钓体验项目等。消费方式包括即时消费、消费卡、会员卡三种。

布局:垂钓系列活动主要在园区内水库一带开展。

活动:具体项目见表8-9和表8-10。

表8-9 渔趣乐园主要项目

主要项目	项目内容
童趣天地	主要针对儿童及三口之家等。 1. 小小渔手:为儿童专门设计的水仗捕鱼别有一番趣味,孩子们站在水中,或徒手捕鱼或撒开小网,变身小小渔民。 2. 虾蟹乐园:小龙虾、小螃蟹在这里嬉水,小朋友们能够观赏虾蟹起舞,亦能小试牛刀,体验虾蟹捕捞的别样乐趣
青青渔趣	主要针对来园的青少年。 垂钓体验:为青少年提供岸钓和舟钓体验,提供垂钓教育等

表8-10 垂钓节主要项目

主要项目	项目内容
垂钓大赛	1. 专业比拼:为专业组别比赛,邀请专业垂钓爱好者进行比拼,采取重量积分的方法进行,角逐松花垂钓之王。 2. 休闲比拼:开通三个赛道,分别面向社会、校园与企业,开展市民间的垂钓比拼、校园代表队间的角逐,以及企业团队间的比赛

续表

主要项目	项目内容
渔趣体验	休闲垂钓：为游客设置的垂钓体验项目，包括岸钓和舟钓，同时提供虾蟹观赏和水仗捕鱼活动
篝火露营	1. 秋水欢歌：景区晚间举办篝火晚会，秋水欢歌，游客们围绕着篝火，手拉手转起圈，跳起篝火舞蹈。 2. 星空露营：结束一天行程后，游客可选择前往露营地，在星空之下，梦入松花湖

4. 浪木文化月

松花湖浪木艺术是吉林市所独有的一株艺苑奇葩，被誉为"关东三宝"之外的又一宝，在全国根艺界独树一帜，是吉林市"十大城市名片"之一，属市级非物质文化遗产。主要设想是建立"北国江城 浪木松花"万科松花湖浪木文化园——在松花湖打造吉林名片。具体内容如下。

1) 定时：每年7月举办"松花湖畔的浪木故事"松花湖浪木文化月

每年暑假期间，举办松花湖浪木文化展，为期1个月，在度假区内展出浪木艺术品，让前来度假休闲的人们接触到浪木艺术，了解吉林文化。同时，文化展还会展出游客亲手制作的浪木作品，注重那一份匠心以及作品背后的温暖故事，传递"松花湖见证你的高光时刻"的独家理念。

同时，邀请浪木根雕艺术家前来分享"我的浪木情缘"，让更多的游客深入了解在这片土地上孕育出的优秀文化和这座城市所承载的情怀与精神。

2) 定点："浪木手作"文化体验屋

开辟一间单独的"浪木手作"文化体验屋，全年开放，邀请浪木雕刻专家进行授课，指导前来的游客体验浪木挑选、制作的流程，切身感受浪木艺术的魅力。针对不同类型的游客可设计不同的体验套餐。

3) 定型：承办中国·吉林国际浪木、根艺、木雕艺术博览会

关于中国·吉林国际浪木、根艺、木雕艺术博览会的有关消息停留在 2003 年举办的第二届博览会，之后便再查询不到有关该博览会的最新动态。松花湖度假区可与吉林市人民政府、中国对外艺术展览中心、吉林市文化局和吉林市会展中心协商，将该博览会继续推进，真正打造成为高品质高规格的艺术博览会。可每年定期举办。

4) 定向：打造万科松花湖成为吉林市非遗传承保护示范单位

通过在松花湖度假区构建浪木文化园，可以进一步打造万科松花湖成为走在吉林市非遗保护路上的先行者，努力构建起度假区及企业负责任、有担当、重情怀、铭历史的优质形象，成为无形的宣传名片。

5. 松花湖非雪季主要内容运营时间安排

松花湖非雪季主要内容运营时间表如图 8-14 所示。

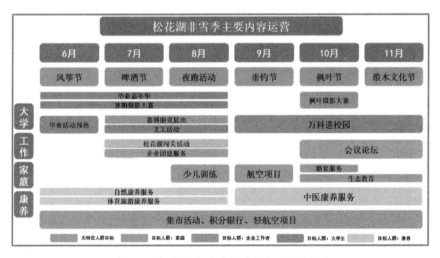

图 8-14　松花湖非雪季主要内容运营时间表

三、投资回报测算

投资回报测算如图 8-15 所示。

成本收入测算表　单位：万元

长期投入活动					短期投入活动				
项目编号	最低成本	最高成本	最低收入	最高收入	项目编号	最低成本	最高成本	最低收入	最高收入
1	5	7	20	30	13	2	3	6	10
2	5	7	15	25	14	2	5	8	10
3	10	10.5	16	25	15	5	7	20	30
4	30	28	150	200	16	10	11.2	35	40
5	10	17.5	120	240	17	17.8	25	50	65
6	100	140	270	350	18	5	10	5	15
7	25	24.5	0	0	19	5	8	7	20
8	25	35	30	50	20	2	3	6	12
9	200	250	750	1000	21	20	28	78	120
10	300	500	600	750	22	10	21	68	140
11	2	3	0	0	23	10	17.5	120	300
12	50	75	0	0	24	50	75	150	250
总计	762	1097.5	1971	2670	25	60	75	120	200
ROI区间	79.6%~250.4%		ROI	151.0%	26	50	52.5	150	200
					27	50	52.5	150	200
					28	50	52.5	150	200
					29	20	28	200	330
					总计	365.8	469.2	1330	2142
					ROI区间	283.5%~485.6%		ROI	310.1%

注：此部分测算包含营销方案全部活动，除去国际学校部分，因为不同学校涉及价格区间较大，且与项目补充方案，不做具体测算。

图 8-15　投资回报测算

注：长期项目：是指需要相对较长时间建设运营的项目。

短期项目：是指需要相对较短时间建设运营的项目。

项目1：松花湖闯关园，活动收入随参与人数多少而变化，定价为 88 元/小时，平均参与 4 小时，平均全年 500 人参与。

项目2："浪木手作"文化体验屋，成本主要为场地租赁维护、专家邀请费用；收入主要为课程收入、工艺品销售收入。

项目3：松花义工之旅——生态保护项目，定价 316 元/人，参与人数预计为 500~800 人。

项目4：松花湖文创设计，盲盒以及纪念品文创的平均单价为 75 元/件，预计非雪季可售出各类文创产品 2 万件。

项目5：万科进校园活动，假设覆盖一所学校所需要的价格是 1 000~2 500 元，以辐射中国 100 所高校为此项目初期目标，辐射一所高校能吸引 40~100 位同学前来消费，平均消费金额为 300 元。

项目6：生态教育主题馆，家庭套票 150 元/一家三口，平均全年最少每天 50 户家庭。

项目7：摄影大赛，由于这部分带给度假区主要是宣传层面的无形效益，因此活动收入不做具体测算。

项目8：体育产业会议或冰雪论坛，收益主要来源于参会费以及到场学者自行承担的餐饮住宿费。

项目9：康养地产开发，地产开发不是重新盖楼，而是在原本度假住宅的基础上打造一些康养配套服务形成康养小区。预计每一户改造费用 2 万~5 万元，社区配套设施 30 万~50 万元，康养小区初期开发 50~100 户左右，预期收益 1 000 万元以上。

项目10：航空游戏项目。

项目11：技术研发，费用来源于 AR 景点拍摄和小程序制作。

项目12：宣传推广，此部分由于对于收入的作用难以测算，因此不做集体计算。

项目13：荧光夜跑/爬，成本主要为活动场地布置费用、荧光产品购置费用、安保人员费用等；收入主要为餐饮、周边销售费用，且主要以活跃度假区夜晚氛围为目的，经济效益并不明显。

项目14：松花湖浪木文化月，成本主要为展览准备、专家邀请费用等；文化月活动更多起到引流宣传作用，经济效益较不明显。

项目15：松花湖周末市集，成本主要为物资准备、工作人员薪资；收入主要为销售收入。

项目16：林间市集，成本主要为秩序维护、工作人员薪资；收入主要为店铺租金、销售收入。

项目17：art-block艺术市集，成本主要为名人邀请费、场地布置费等；收入主要为门票销售收入、赞助收入等。

项目18：白鱼夜市，成本主要为场地搭建维护费；收入主要为销售收入等。

项目19：松花湖闯关季，成本主要为场地搭建及维护费用，观赛10元/人，预计会有500人参与观赛；参赛66元/人，预计会有1 000人参与。

项目20："醉美七月"啤酒节。

项目21：松花湖义工之旅——轻航空培训体验项目，定价7 880元/人，预计平均参与人数为150人。

项目22：松花湖义工之旅——滑雪培训体验项目，定价为6 880元/人，预计平均参与人数200人。

项目23：毕业旅行，同万科进校园活动类似。

项目24：赛博朋克主题展，单价100元/人，每日人流100～350人浮动。

项目25：创意婚礼活动策划，按照40户，3万～5万元客单价。

项目26：枫叶节，按照客单价100元来计算。

项目27：垂钓节，按照客单价100元来计算。

项目28：风筝节，按照客单价100元来计算。

项目29：公司团建服务，按照客单价500元来计算。

（冠军S6队的成员：徐雯、罗淳云、张敬谊、张家良、刘婧雅、周雅婷）

案例点评

目的地滑雪度假区的非雪季经营问题一直是全球性难题。世界各地的滑雪度假区都在采取各种方法以应对这个难题。随着北京冬奥会申办成功，我国滑雪市场快速发展，滑雪场的数量也大幅增加，但目前存在同质化严重、竞争加剧的情况。滑雪度假区这两年因新冠疫情的影响，面临的挑战更大，所以滑雪度假区迫切需要解决的问题是如何寻求良好的四季经营模式以确保企业可持续发展。

本案例中的代表企业为万科松花湖度假区，它位于吉林市东南部，致力于打造北方最具吸引力的家庭友好型的山地度假区。松花湖度假区的运营情况分为雪季和非雪季。雪季提供滑雪度假业务，主要接待来自全国各地的游客，全年收入的80%来自雪季；而非雪季是典型的周末节假日模式,没有核心产品,主要接待本地人,接待人次与雪季相当,但利润亏损。因此,本案例的任务是为目的地滑雪度假区的非雪季运营提供有效的营销方案,包括设计创新的、有吸引力的服务产品,提供优质服务的同时,考虑如何进行传播以打造差异化的品牌形象,吸引更多稳定的客源,获得更高的收益。同时该方案还应能够让万科松花湖度假区在众多冰雪小镇中凸显特色。

在本案例营销分析部分,需要重点考虑的问题有:企业现有的资源和能力如何?已开展的业务有哪些?目前经营特点和面临的问题有哪些?如何界定竞争对手?国内的竞争对手有哪些?国内外滑雪度假区在四季运营方面有什么经验可以借鉴?我们的目标客户是谁?是冬季滑雪爱好者吗?是夏天前来度假的本地客户吗?当前我们消费者群体具有什么特征?采用什么样的营销战略可以把企业现有资源与一年四季相连接?这里对竞争对手的界定和消费人群的选择与企业的定位密切相关。企业需要重新考虑业务范围和内容,以及冬季滑雪业务在整个度假区业务中的地位。

在案例具体营销计划的制订方面,需要根据营销战略确定非雪季我们可以提供度假的产品或服务,考虑:如何将这些产品或服务有机联系起来吸引目标客户前来?如何与消费者之间建立互动关系?如何进行品牌传播?一般而言,目的地滑雪度假区提供的产品就是为了满足消费者度假需求,围绕度假体验而设计的,雪季以滑雪运动为主线,而非雪季则需要设计其他的度假体验,也可以考虑将雪季服务产品与非雪季服务产品按照一个主题贯穿始终。各小组选择的侧重点各有不同。冠军 S6 队采取了以主题式消费场景搭建和满足客户需求的社区文化运营的双轨道的营销战略。提出 Hi 系列主题,围绕滑雪主题式消费,场景搭建主要是围绕万科松花湖度假区非雪季运营 6 月到 11 月中旬以设计对应主题,丰富消费场景,延长消费单位在度假区消费的时间和频率。以贯穿客户的"人生高光时刻"为线索,对客户各人生阶段提供具有纪念价值的服务。亚军"蓟门十一号"队对目的地型滑雪度假区的非雪季运营和雪季运营进行市场分析,然后对当前非雪季活

案例 8 目的地滑雪度假区的非雪季营销方案——以松花湖度假区为例

动进行深入分析,对国内外滑雪度假区进行对比分析,之后提出非雪季营销方案。最后还讨论了雪季营销方案,以增加品牌优势。该队为松花湖度假区设计了全新的双胞胎吉祥物:冬小松,夏小花;建议通过打造网红产品来吸引客流,如网红涂鸦墙、花海系列的冰激凌等,将罗曼蒂克的大道,以及高山花海,打造成为非雪季运营的代言词。而"蓟门桥青年"队颇具亮点的是设计了满庭芳的满族文化,围绕衣食住行几个方面,打造具有满族文化特点的服务产品,用满族文化×体验式旅游×矩阵营销来打造非雪季营销方案。

整体上,本案例提供的方案既要明确主题、富有创意、自成体系,又要具有实操性,还要考虑当地的局限条件。当然,也需要对方案的投入成本和预测收益进行估算。

案例 9

冠深集团——打造以体育场馆为核心、文体综合运营商第一品牌的市场策略

案例

　　福建冠深集团有限公司（以下简称"冠深集团"）成立于2008年，主营物业管理、智慧停车和文化体育产业投资三大业务板块。目前，冠深集团形成了以大型文化体育场馆、商业综合体等为产业基础，集文体产业投资、体育场馆运营、PPP（政府和社会资本合作）建设、体育小镇、独立赛事IP运营、大型赛事及演艺活动、社区体育于一体的多元化体育生态圈，是一家全闭环文体产业综合运营商。冠深集团在打造文体综合运营商第一品牌中的市场探索包括：通过市场运作盘活场馆资源，开展衍生业务经营；举办体育赛事及文化演出活动，提高经济效益；开展高端体育培训，打造"家庭健康综合体"等。

　　截至2019年末，冠深集团已经在全国13个城市拥有

41个场馆(中心),在运营场馆的数量上排名全国第二。在未来的发展中,冠深集团应该如何通过一系列营销活动来提升品牌知名度和美誉度,提升产品质量,形成更大的品牌影响力,成为行业领导者,获得更多的项目和商业机会,打造以体育场馆为核心的文体综合运营商第一品牌?冠深集团期望能接收到一份详细、全面且具有创新性的市场推广方案。

(请扫描二维码阅读完整案例)

案例分析报告节选

该报告首先介绍了中国体育场馆运营现状,对场馆运营市场进行了现状、环境、前景等分析,并提出有针对性的营销策略分析。然后根据冠深集团的场馆运营现状,对其运营场馆进行了定位分级,提出设置全新的"万花筒"模型。该模型具有可拆分组合的不同模块,并且可进行动态演绎,不同模块与不同场馆分级相结合使用。

从模型入手,该报告为冠深集团量身定做了"菜单式"综合改造方案。该方案分为"全新课余生活""全新生活态度"和"全新城市热点"三个模块,每个模块都是赛事、娱乐、培训等不同盈利模式的两两组合。

为了更进一步地解释模型,该报告将模块内容结合冠深集团现有运营场馆提出开发方案,还为冠深集团设计了进入一线城市之后的场馆运营方案。最后,对整体方案进行了可行性分析。以下为案例报告的节选部分。

一、公司场馆运营现存问题

公司场馆运营现存问题如图9-1所示。

1. 品牌定位不明晰
多为提供基础运营服务
没有利用好自身的优势资源
定位中与其他大众场馆有趋同现象

2. 缺乏整体规划性
没有利用好下沉至二、三线城市的优势区位因素以及地区联动性优势
活动并没有在冠深旗下的场馆举办的不可替代性

3. 场馆缺乏品牌赛事依托
目前旗下场馆的比赛
没有在目标群体中达到旗舰的高度
没有打造属于自己的顶级IP

4. 提供服务等级较低
服务人群特征差异明显
对服务人群进行针对性服务设计时有些力不从心

图 9-1　公司场馆运营现存问题

二、营销策略

将做强老品牌和培育新品牌相结合,在冠深集团原有的体育产业基础上进行资源整合和创新发展思路,重点打造具有国际、国内影响力和冠深特色的品牌体育 IP。推出一系列全国性和全省性体育品牌赛事与活动,注重品牌建设和整体宣传,以开展组织群众参与度高、普及面广、影响力大、带动性强的品牌文体活动,不断提升以二、三线城市为主的城市的体育惠民水平,全面提高冠深体育品牌赛事影响力,推动全闭环文体产业综合运营商的建设。在打造高品质品牌体育 IP 的同时,为国家全民健身赛事活动的开展贡献力量。营销总体策略模式图如图 9-2 所示。

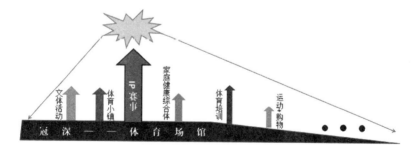

图 9-2　营销总体策略模式图

整合后,冠深集团体育文化产业将打造"菜单化组合模块"运营模式,目标是"以体育场馆为核心,IP 赛事为爆破点,形成光晕效应以促

进多样文体活动品牌化"。突出特色、避免同质竞争；培养"品牌活动＋专业公司"的运营模式。

在整体营销战略规划下，我们实行差异化打法，因地制宜实行各类举措，参见"万花筒模型"。具体营销策略分析如下。

（一）概念营销

通过各类宣传途径，主要目的是给予大众强有力的品牌认知：冠深能满足你所有的体育需求。

（二）"线上＋线下"的双线营销模式

这种双线营销模式采用多渠道打开市场、双线并行发展的策略。如图9-3所示。

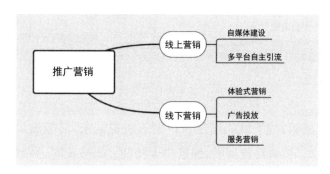

图9-3　双线营销模式简图

1. 线上营销

1）自媒体建设

自媒体建设功能简介如图9-4所示。

2）多平台自主引流

多平台自主引流模式如图9-5所示。

2. 线下营销

1）体验式营销——"低价团购"

赛事活动体验名额、场馆预订以低价团购券的形式在自有小程序、美团等平台出售，线下线上同步布局。线上能快捷便利地获取体验

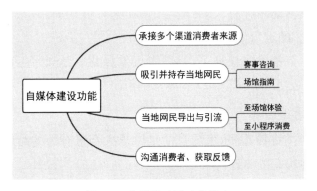

图 9-4　自媒体建设功能简介

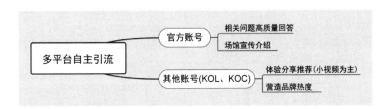

图 9-5　多平台自主引流模式

名额、预订场馆,线下既能满足客户到店消费需求,又能满足客户良好的体验需求;必须具备到店、到家两大功能;能够及时、高效触及消费者。服务、跟进、用户反馈是体验式营销的重中之重。

2）广告投放

线下广告投放以宣传物料、宣传视频为主。主要宣传场所为场馆内部以及场馆周边、高铁、火车、飞机场等人流密集区域。场馆内部宣传主要是为了对场馆进一步说明和以品牌文化的持续渗透为目的;在各个小区、商超门口摆放摊位进行推广,宣传以活动、赛事、场馆预订为单次事件宣传,以派发宣传册、直接邀约、定点广告投放为手段进行操作。

3）服务营销

针对场馆服务体验者:以消费者体验产品为主,应注重消费者转化。在体验者体验过程中应配备专业人员进行讲解与辅助,营造良好的用户体验感,适时引导消费者购买,成为场馆会员,由此增加收入。

针对产品使用者:应对场馆原有会员进行培训和分享,使其能更易于理解、接受、喜欢我们的产品设定。

(三) 目的

主要目的包括:一是传播品牌理念,和冠深集团一起,赋予空间和场所以美好的经历和终身的回忆;二是拉近品牌与消费者(小城镇居民为主)之间的距离,始终要求所传达的品牌形象符合其兴趣爱好与生活方式;三是建立品牌形象。

三、冠深·文体"菜单式"综合改造方案

(一) 项目概况

1. 项目理念

和冠深集团一起,赋予空间和场所以美好的经历和终身的回忆。

2. 项目定位

截至 2019 年末,冠深集团已经在全国 13 个城市拥有 41 个场馆,在运营场馆数量上排名全国第二,但是场馆主要位于二、三线城市,这些城市在人口数量、城市面积、经济发达程度上与一线城市有较大区别,因此我们对方案的设计主要集中于冠深集团在二、三线城市中的运营规划,再由此进一步过渡到一线城市的运营方案。

3. 项目内容

该项目分为"全新课余生活""全新生活态度""全新城市热点"三个模块。我们以场馆为中心,将娱乐、赛事、培训三个模块贯穿其中,形成了"万花筒"模型,如图 9-6 所示。

图 9-6 "万花筒"模型

(二) 全新课余生活

1. 概述

本部分将为浙江省宁波市下的慈溪市提供校园体育市场化的改进模式,以期为冠深集团在二、三线城市体育场馆的运营提供有益新思路。

冠深集团通过获得宁波慈溪市 17 所校园场馆管理、运营等方面的服务项目,开拓校园体育市场化的新模式,完善体育培训生态。我们从 17 所校园场馆的管理运营权出发,利用学校在地理上的临近和人员、资源间的沟通,结合冠深集团前期成熟的场馆管理经验以及已经成熟的"玛里集训"体育培训模式,建立慈溪市"冠深杯"中学生篮球联赛、"冠深"慈溪体育课堂改造计划以及"慈溪模式"的玛里集训推广。旨在进一步探索学校场馆管理经验,突出学校场馆管理的特殊性,充分调动社会多方优势资源,在学校引入资源形成本校特色的同时丰富冠深集团的场地运营经验。

我们发现,慈溪市的地理条件较为适合这种模式的推广。慈溪市位于宁波市北部、浙江省东北部,北部沿海、南部多山的地形形成了其自身自东向西狭长的城市分布,加之主要公路(329 国道和国家高速 G15)的环绕,慈溪市居民分布相对集中,学校相对密集,学校之间容易形成聚合效应,将学校场馆进行区域整合和一定的功能分工相对方便且无额外的通勤压力。

相比成年人,学生主体具有更强的"拉动效应"。冠深集团在学校开设的相关活动在面向学校师生的同时也在无形中面向学生家长进行宣传,可以更高效、更快速地将冠深品牌打入城市,为后面其他工作做铺垫。

2. 课上换个味儿——冠深·体育课堂改造计划

1) 具体运作方式

我们提出"冠深·体育课堂改造计划",将体育馆进行功能分区和一定的装修改造,将常规体育课更多转至体育馆,并基于功能分区增设更多课程选择,如图 9-7 所示。

案例9　冠深集团——打造以体育场馆为核心、文体综合运营商第一品牌的市场策略

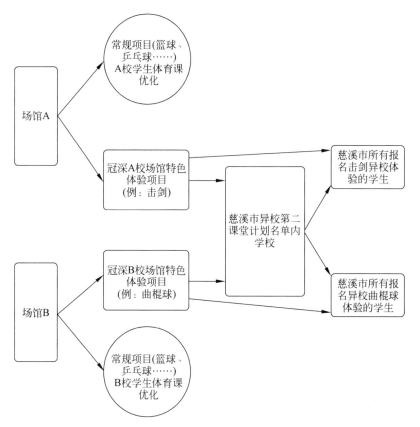

图9-7　冠深·慈溪体育课堂改造计划图示

同时,利用玛里少儿体育培训的资源,将一些不易广泛推行的体验项目分散至各个学校,使各大冠深旗下校园体育场馆拥有自己的独特体验项目,并以此为基础开展"第二课堂"计划。同时,基于慈溪市的地理特点,在各学校知情同意的前提下,可以通过报名、统一组织的方式开展异校第二课堂活动,将某学校的主题特色体验课程面向区域内其他学校开放,其他学校学生通过有组织的活动在指定时间前往对象学校的方式进行体验。

2）价值和作用

"冠深·体育课堂改造计划"不仅使学校体育场馆在充分利用的同时更加满足于学生的需求,而且将冠深集团在慈溪市的市场开发同

慈溪市教育体育职能部门的相关工作相结合,是 PPP 模式在慈溪市以及教育行业的新实践。

3. 课下来组队儿——"冠深杯"慈溪市学生篮球联赛

我们推出"'冠深杯'慈溪市学生篮球联赛"。该联赛以学校的篮球队为基本单位,将所获得运营权的体育场馆设置为该球队主场,按一定赛制进行联赛制的比赛。这紧贴冠深集团"给这座城一个欢呼的理由"的独特标签,着重打造属于慈溪自己的"篮球英雄"。

1) 运作方式

在赛制上,赛事依据慈溪市的行政规划设赛区,原则上每一个区为一个赛区,各赛区按性别和年级划设分为初中男(女)篮组、高中男(女)篮组,各赛区各组按照联赛赛制主客场比赛,决出各组的赛区前两名,进行慈溪市淘汰赛轮,市淘汰赛轮采用主客场双回合淘汰制(计算两场总分,最终平分需要加时,参考耐克高中联赛)最终决出决赛队伍进行市总决赛,市总决赛可租用市体育馆进行,采用一局决胜制。

在包装上,在赛前需要对各学校主场进行包装。利用冠深体育的赛事包装经验,结合学校和所在街区文化设置主题色、球队 Logo、球队吉祥物等(图 9-8、图 9-9),营造浓厚的主场氛围,并通过同学校合作组织学生观赛,打造自己的"魔鬼主场"。在进入市淘汰赛后以及相关节日及重大活动时,可以对运动队和运动员进行主题拍摄并通过相应宣传通道发布。

图 9-8　球队 Logo 设计参考

在宣传上,因面向校园和相对集聚分布的学生,可通过校内口口相传以及海报、宣讲等形式宣传,亦可通过自有的玛里培训的公众号、冠深集团微博与市区内主流地段进行海报和视频宣传以及在部分市内知名公众号等新媒体进行宣传,形成市内的热点,吸引市内的票房。而在淘汰赛轮之后,可以依靠冠深品牌积蓄的省内甚至国内媒体资源,进行更广泛程度的宣传,同时可以引入慈溪市的广播电视及新媒体资源,跟进报道比赛进程,加大宣传力度。将赛事打出慈溪,形成慈溪的一个新名片。

在盈利上,初期比赛可以通过吸引赞助商并开设场馆周边广告区域赋予赞助商一定的广告权益,实现营收(图9-10)。同时,在各级比赛中,在组织学生观看比赛的同时也可以将一部分区域对外售票获取一定的票房收入。

图9-9 球队主题吉祥物设计参考　　图9-10 场边广告展示效果

2) 作用和意义

相比其他赛事,"冠深杯"慈溪市学生篮球联赛从慈溪本地出发,更能营造慈溪人的归属感和认同感;同时,长时间对于赛事 IP 的掌握也会使该赛事最终在这座城市落地生根,成为一个区域乃至省级品牌IP;另外,校园联赛的形式也会激发慈溪篮球人,尤其是青年篮球运动员的热情,长远看会吸引更多人走向球场,使每年的比赛成为慈溪人的谈资,使篮球成为这座城市新的流行。

4. 放学来使劲儿——利用学校场馆开展体育培训

利用庞大的校园场馆资源,加上冠深集团在其他城市拓展的玛里集训的成熟商业模式,冠深集团可以将"玛里集训+校园场馆"进行结合,将校园体育场馆进行功能区分工,按照项目或自有特色开发,利用场馆闲时时间,将校园场馆开放为慈溪玛里集训的场地(图9-11)。

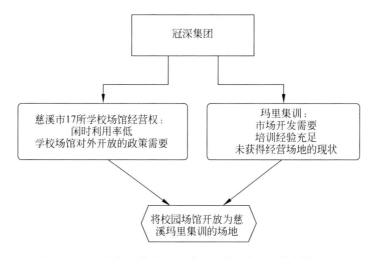

图9-11 冠深集团慈溪"玛里集训+校园场馆"模式构想图

1) 具体运作方式

在实际经营中,冠深集团可以先将所经营的学校的场馆以及地块进行划定,在人口密集地区开设玛里培训机构,以及篮球、跆拳道等无须大件器材的培训项目(节省大件器材转运成本)。

同时将学校场地进行一定的装饰和改造,进行功能分区;划定好场地使用情况排表,确定好场地使用班级、教练等信息并进行记录,以做到场馆的使用监督(图9-12)。

在定价方面,我们可以基于学校实行一定的优惠政策,对于学生、教职工、学生家长等群体实行不同程度的价格优惠;除此之外,我们可

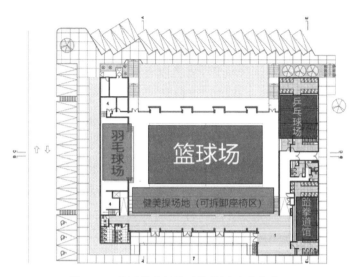

图 9-12　校园体育场馆功能分区改造参考

以将玛里集训公众号引入日常经营中,将班型、教练、场地情况公布在其中,开设线上报名、选课等操作,更方便消费者获知信息和进行消费。

2)价值和作用

这一方面拓展了场馆的利用空间,提升场馆利用率,省去了开办培训机构的额外场地成本,进一步满足了慈溪群众尤其是青少年的相关课余需求,丰富了国家"闲时开放校园体育场馆"相关政策;另一方面,由于课时的场馆运营以及课后的场馆使用实际上都是冠深集团运行,同一家运营公司运营解决了闲时场地使用带来的场馆课时不安全的问题,进一步解决了场馆开放带来的种种"后顾之忧",真正解放活力。同时这种独特的模式也将在慈溪市众多体育培训机构中脱颖而出,便利其扩大市场。

（三）全新生活态度

本部分将通过创新社区赛事,重新设计玛里集训和体育小镇为例来探讨冠深集团如何通过场馆运营和赛事辅助来促进人们形成全新生活态度,冠深集团如何促使全家都参与到体育运动中去。

1. 和同事一起酷——再包装社区、职工运动会

从基层群众出发,利用福州已经成型的玛里集训和福建省奥林匹克中心的场地资源,围绕场馆,辅之以办赛经验,对福州市社区群众比赛以及工会职工体育比赛进行再包装。

1)运作模式

福州市社区和职工体育运动会由冠深集团同社区(或工会)合作举办,社区(工会)负责人员组织及项目设置,冠深集团负责进行赛事的整体包装及组织,发挥其专业性。比赛更加平衡趣味性和参与性,参赛项目在设置一般竞技类项目以外还应设置诸如拔河等趣味性和参与度更高的项目。

在场地选择上,在充分利用冠深集团自身场地资源外,还需要考量参赛人数和赛事规模,如果参加人数较少且以趣味项目为主则可以选择室外广场等空地,若参加规模处于中小型且以竞技类项目为主则可以选择既有的玛里培训场地资源,若参加规模更大则需要使用体育场馆。具体对照方式见表9-1。

表9-1 不同级别和形式比赛与可使用场地对照参考

比赛涉及范围	竞技类项目	趣味类项目	适宜选址
社区级(某单位)	×	√	户外
社区级(某单位)	√	√	玛里集训场地
区级(某行业)	×	√	玛里集训场地
区级(某行业)	√	√	大型体育场馆
市级(工会系统)	×	√	大型体育场馆
市级(工会系统)	√	√	大型体育场馆

在宣传上,主要面向赛事内部进行。在赛前通过代工海报及公众号推送的形式在社区(单位)内进行线下线上宣传,使居民(职工)产生新鲜感进而参与,在赛后及时将比赛信息在办赛组织内及冠深集团社交账号发布,为参赛者留下美好的回忆,丰富他们的参赛体验。

2)作用及意义

冠深集团通过主动下沉的方式吸引基层居民(职工)的注意,能够

有效提升其品牌知名度，树立其品牌形象，直接解决冠深集团在群众中间知名度受限的问题。

2. 和爸妈一起浪——再赋能"家庭健康综合体"

家庭健康综合体的概念不仅着重于青少年，还要服务于全家人的健康，家庭中每个人在家庭健康综合体中都能找到适合的项目。我们在查阅玛里集训课程的时候发现其课程并没有体现出课程的先进性和分类的系统性，因此，下面我们将从儿童、青少年、中年人、老年人四个方面来展开讨论。

1）针对儿童开展的早教及运动开发

"80后""90后"进入育龄阶段，这类家长接受高等教育，享受知识资本为其带来的财富和社会地位，因此更加能够认识到早教对儿童智力、性格、潜能的发展有至关重要的作用。运动早教可以成为玛里集训"家庭健康综合体"的一个盈利点和宣传点。

基础设置：引入先进的早教课程体系，如体育游戏和一些器械活动，引进专业教练和定制器械。

课程设置：在少儿体能训练的基础上，有少儿篮球、排球、足球、羽毛球、游泳等技能的学习。

活动设置：开展儿童赛事、幼儿测评、夏令营、亲子运动趴、嘉年华等亲子活动，注重儿童运动兴趣养成和良好性格培养及家庭成员对孩子教育的参与。

2）针对青少年开展的培训项目

我们在课程设置中看到，针对青少年开展的培训项目和针对成年人的没有明显划分，甚至教课的教练都是一样的，服务没有细化，也并不符合其高端化定位。混乱的课程设置和参差不齐的教学水平必然会带来培训业务的混乱。因此，针对青少年项目，冠深集团需要引进专业人才，严格审核教练资质，并且将课程进一步分类细化，比如说平时班和暑假班，大班和小班等。

3) 针对中年人开设的专业课程

我们在这里将中年人分为两类,一类是想要通过健身或者课程学习来完善自己的,另一类是带孩子来玛里接受培训从而可以被激活成为会员的。随着生活压力的加大,中年人士对健康的需求也在增加,因此,玛里针对中年人也可以打造一系列的专门课程,如可以缓解压力的自由搏击、减脂塑性的健身、瑜伽课等。让运动成为工作之余的常态,让中年人也拥有全新生活态度。

4) 针对老年人开展的康养服务

针对老年人开展的康复服务和保健服务可以成为玛里集训的另一盈利点和宣传点,主要包括两部分服务,一是康复服务,为手术之后的老人进行复建;二是保健服务,通过器械和教练定向强化的保健。

最后,需要注意的是,开展儿童和老年人业务是具有一定安全风险的,要提前做好防范和规避。同时,四个板块要做好分区规划,儿童、老年人的专用器械单独分区,青少年和中年人可以有一定重合。

3. 和清风开个趴——再升级体育小镇计划

2019年7月,冠深集团与福安城投和穆阳镇人民政府合作启动了体育小镇的项目,旨在推动"体育+康养"模式,为社会大众提供优质文旅项目,目前规划的项目与"体育+康养"模式关联不大。因此,针对冠深集团想要推出的模式,我们将结合"家庭健康综合体"的概念,对体育小镇"体育+康养"模式进行全新规划。通过对穆阳体育小镇的分析,我们提出规划,结合"康养"和"家庭"两个概念,将其打造为一个运动休闲型体育小镇。

1) 中老年群体的康复养生板块

(1) 垂钓。穆阳体育小镇临穆水溪,可以对其水域进行合理布局,设立垂钓区,并延长垂钓产业链,发展一系列相关活动,可以举办垂钓比赛吸引中老年群体参加;在河边设立垂钓管理亭,管理垂钓事宜。

(2) 健身气功。在小镇内设立健身气功区域。通过该区域的积极推广,吸纳更多人群参与健身气功运动。并在区域内设置管理员、指导员进行管理与指导,使人们在参与健身气功训练的过程中,不仅有负责人统一管理,还有系统、专业的动作指导。

(3)棋牌+茶室。在垂钓区域和健身气功区域旁边设置棋牌桌,供春夏秋三季使用;在康复亭旁设立徽派建筑风格的棋牌室和茶馆,冬暖夏凉,康复理疗结束后的民众可以在此下棋喝茶享受。"垂钓健身下棋喝茶康复"一条龙,成为中老年人休养生息的好去处。

定期举办智力运动会和棋牌文化博览会,通过独具特色的智运会深入挖掘康养项目内涵,发挥独特的传统文化优势,吸引老年人的加入。

(4)"徒步节"主题活动。在镇中开展老年人健步走赛事,吸引老年人来参加,可以进一步丰富老年人文化体育生活,促进老年人身心健康,丰富康养模式内涵。

2)面向都市年轻群体的减压娱乐板块

(1)新一代网红拍摄地。穆阳镇风景秀美,民俗风情浓郁,对城市居民具有一定吸引力。推出民俗特色景点、民宿等,吸引都市年轻群体前来打卡,并通过移动互联网的技术流量快速传播。线下景区导流,线上短视频以及图片助推,形成共同作用,良性闭环。

(2)民俗艺术展览。穆阳镇是畲族人民聚集地,畲族民族文化丰富,在穆阳镇开展民俗艺术展览,或者利用穆阳畲族传统武术加入部分养生观念,产生更大的影响力。

(3)公司团建活动。利用冠深集团现阶段规划的野外设计、摩托艇、拓展运动区等吸引公司来开展公司团建活动。将场地和运动项目有效盘活。

3)面向少年儿童的亲子互动板块

(1)采摘节。良好的地理环境为开展"冠深水蜜桃采摘节"创造了优势,通过采摘节,可以促进亲子之间的互动,也不失为推进"康养"模式的一种好方式。

(2)畲族传统体育项目体验。处于东南丘陵地带的畲族人,创造了适宜山区开展的、地方特色浓郁的民族传统体育。"斗牛"(顶牛)、操石磙、打尺寸、舞狮、赛"海马"、稳凳、打柴棒、舞铃刀、畲族拳和硬气功等,都是颇具民族特色的运动娱乐方式。畲族颇具特色的舞蹈与传统武术项目,可以进行亲子互动体验。通过寓教于乐,不仅能够让家庭拥有新奇体验、收获快乐,还可以将体育小镇与当地民俗融合,推广民族传统文化,在体验运动项目中开发体育小镇。

(四) 全新城市热点

1. 概况

我们认为体育场馆运营开发一定要秉持"因地制宜"的原则,依据不同的经济发展水平、人口特点、区位特质等,使用不同的运营开发方案。应使用"差异化打法"进入当地市场,将"家庭健康综合体"的概念始终贯穿于冠深集团在每个城市进行的场馆运营之中。

2. 开黑党——市县际比赛新花样

体育比赛往往能激发起城市居民的热情。小城市或县级市居民之间有着更深的凝聚力。因此,当出现一支以本县市命名的球队去对抗来自另一地区的球队时,往往会激发该地居民强大的凝聚力,会比一般的高水平球队邀请赛更有看点和热度。

冠深集团在华东地区接连拿下安徽多县市的场馆社会化运营资格。为了保持场馆的持续利用,以场馆为中心,结合冠深集团在文体产业的资源,打造城市的新热点,支撑体育综合体建设,我们设计了基于小城市或县级市的"'冠深杯'安徽部分县市篮球冠军赛",以期为冠深集团的发展提供可行性建议。

1) 运作模式

"冠深杯"安徽部分县市篮球冠军赛基于冠深集团现有场地开展,但不仅限于场地所属城市参加。比赛场地的改造和设置工作由冠深集团在各场地的负责团队全权负责,比赛的组织和运营工作则由冠深文化体育投资公司的赛事团队在安徽省及各县市的体育局的合作下进行。

在赛制组成上,根据报名参赛的球队情况设置单循环或者分组淘汰赛制的比赛,每一年的比赛在一个城市集中举办,但是举办地每一年在冠深集团所拥有的场地之间进行轮换。同时,每个赛区可以根据需要进行场地的包装,营造独特的竞赛环境,提供独特的参赛体验。

在参赛队员组成上,冠深集团赛事运营团队同省市体育局合作,通过群众比赛选拔的方式选出参赛队伍代表本地区参与各项比赛。

在宣传及包装上,冠深集团可以利用其"县域活动＋民间体育比赛"的双重特点,实施"面向地域宣传比赛文化价值,面向全国推广办赛经验"的理念,面向市县级媒体,通过利用市县级官方媒体、当地的知名公众号等自媒体及短视频平台进行宣传,并在城市公交站牌或商业区张贴广告,着重树立"市县际比赛""城市英雄""为乡亲们的荣誉而战"等概念,唤起居民的热情。同时,将比赛的经验通过国家级体育媒体进行传播,使得这一自有赛事 IP 在国内体育领域打出名气,从而提升冠深文体产业和冠深集团的知名度,便于其树立在体育行业的市场地位(图 9-13)。

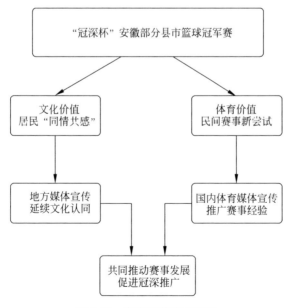

图 9-13 赛事宣传模式图解

在盈利上,除去获得地方在体育表演领域获得的财政补助以外,也可通过吸引外界赞助并赋予对方一定赞助权益获取利润。赛事赞助进行"赛事赞助"和"赛区赞助"的合理配比和分区,以更好满足赞助方精准赞助的需求,将立足于本地市场的企业充分聚合。另外,也可通过收取门票进行盈利,但需要注意的是在制定票价的时候应该考虑本地居民收入水平,也可通过同赞助商协作创立"门票+购物合并促销"的方式处理双方的平衡。

2) 意义及作用

该赛事围绕场馆,立足群众,放眼全省,利用省内县城或县级市的单位进行比赛,更好调动当地群众热情,并通过成熟的组织和运行,为城市打造新的热点,同时紧承冠深集团"给这座城一个欢呼的理由"的标签。从长远看,这项固定性赛事也将成为安徽多地居民文化生活重要的组成部分。

3) 远景:不只是安徽、不只有篮球

待赛事取得一定回报并获得一定经验的时候,也可以根据当地群众的需要,结合场地的条件,进行其他项目的赛事开发,届时可以采用不同项目不同赛区的模式,使更多城市参与其中,真正为更多人在赛事期间提供"欢呼的理由"。

同时,随着相关经验的积累,相应赛事也可以吸引安徽其他地区甚至临近安徽的其他地区进行(例如固始)。这种县域市域比赛的经验也可以从安徽得到提炼进而面向更广阔的地区推广。

3. 剁手党——中小型城市"Sport Mall"

1) 冠深"Sport Mall"体育商业综合体——项目简介

以对河南省信阳市固始县奥林匹克下的全民健身中心进行商业化改造为例,以期为冠深集团在二、三线城市体育场馆的运营提供有益新思路(图9-14)。

根据项目要求,需要设计、引进新型体育+商业项目,打造集运动体验、健康休闲、体育商城于一体的体育商业。在场馆商业化项目建设

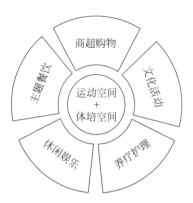

图 9-14 体育场馆"家庭健康综合体"

中引入 BOT（建设—经营—转让）形式，冠深集团可以把优势资源投入场馆运营及服务等核心项目，从而提高冠深"Sport Mall"体育商业综合体的竞争力。

2）商业化引进

（1）文化活动。此区域承接文化培训和文创产品，例如，开设插花茶道等雅意培训、音乐美术等艺术培训，以及文创产品售卖店，以期打造城市文化产业新核心。

（2）休闲娱乐。在本区域可开设休闲体育场地以及消费性强的娱乐生活设施，进一步丰富本区域的休闲娱乐生活，对周边城市居民形成强大的感召作用，塑造新一代的"网红打卡胜地"。

（3）商超购物。本区域以商业化购物为主，打造城区体育用品中心，满足城区内所有居民的体育用品需要，同时为达到持续引流居民至此地的目的，本区域还承担相当大部分的生活用品、鞋服包饰的高端品牌聚集地的功能。

（4）主题餐饮。本区域着重设置以健康养生类为主打的餐饮品牌，以及部分高端餐饮品牌，通过"网红产品"以少带多，为居民提供"消费升级"式体验，不出远门就能品尝到"大城市的味道"。

（5）养疗护理。本区域专注于美业整合，包括医疗美容、生活美容、大健康管理，以实现一站式"美丽＋健康"新体验，真正实现家庭内部全年龄个体需求满足。

4. 猎奇党——一线城市"中国会玩"民族传统体育节

研究发现,一线城市中,新奇体验项目吸引力巨大,同时主力人群消费力强。我们计划采用差异化打法,设计集合性民族传统体育节,势必引起巨大反响。

本项目以落地北京为模拟范例,为冠深集团如何"火爆"迈入一线城市提出相关建议。

(1) 项目名称:"冠深杯"第一届"中国会玩"民族传统体育节。

(2) 项目目的。

宏观:打造冠深集团在一线城市的知名度,将独特的"家庭健康综合体"概念以民族传统运动体育节的形式植入广大群众内心,为冠深集团向一线城市进军提供了较好的群众基础。

微观:体育节设置了不同难度等级、适合不同年龄运动强度的运动项目,将传统民族运动项目以休闲化、娱乐化的方式呈现,使家庭内部"老中青幼"均能获得非凡的运动体验,实现强身健体、学习民族传统文化的目的。

(3) 区位选择:北京市平谷区渔阳国际滑雪场。

(4) 日期选择:2020年五一假期(为期3天)。

(5) 举办规模:单日入场人数1 000～2 000人。

(6) 项目设置:共设置40多项民族体育赛事,其中9项竞赛表演类、18项游戏娱乐类、9项养生气功类以及9项娱乐表演类。

(7) 活动区域设置:

① 体验区:品——民族传统体育展览会、游——民族文化游园会、玩——"沉浸式"游乐园三部分。

② 休闲区:食——民族传统美食街、享——其他集体休闲项目、购——体育文化购物街三部分。

③ 观赛区。

(五)因地制宜——城市"菜单化"定制方案

1. 介绍

菜单化方案是指将我们对于冠深集团"文体综合运营商"的诸多方案像餐厅的菜单一样进行逐一列举,由冠深集团依据"菜单"再根据目前运营场馆或所在城市的具体情况,在"菜单"中进行"点菜",即在诸多方案中选取适合自身定位以及该地发展需要的最优解。

2. 步骤

1) 符号形式的简化

首先,将冠深集团"文体综合运营商"的诸多方案进行汇总和提炼,并对其按数字①~⑨进行标号(图 9-15)。

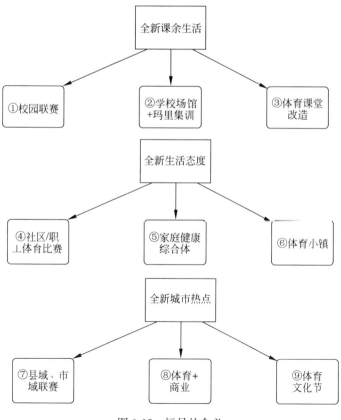

图 9-15 标号的含义

2）制定量表

为了快速判断城市的体育发展情况，我们选取了一些城市体育发展的指标，其中一级指标4个，具体内容见表9-2。

表9-2 城市体育发展指标

序号	指标	具体内容
1	资源投入普及	一地的体育财政投入情况及其变化，主要包括： 1. 全民健身投入情况； 2. 一地近年来体育公共设施的投入情况及变化情况； 3. 体育公共服务信息更新情况及完善度情况等
2	服务均等发展	一地城乡公共体育服务指标的差异，主要包括： 1. 锻炼人数、体育面积； 2. 农村地区健身设施覆盖情况； 3. 农村地区体育锻炼人口普及率等
3	微观社会回应	一地民众对当地体育公共服务的反馈，主要包括： 1. 公众对体育公共服务可获得性评价； 2. 公众对公共体育需求满足性评价； 3. 公众对体育公共政策参与度评价； 4. 是否有完善的需求表达途径等
4	宏观服务效果	从结果角度评判一地体育公共服务的绩效，主要包括： 1. 各级运动会获得金牌数量； 2. 人均体育场馆面积； 3. 承办省级以上大型比赛情况； 4. 获得体育先进市（县）的情况等

在此基础上，我们根据选取指标构建了《一地体育发展评估量表》（表9-3）。

表9-3 一地体育发展评估量表

主要指标		评分					备注
		5 非常好	4 很好	3 一般	2 较差	1 非常差	
资源投入普及情况	体育财政投入情况						
	体育设施建设情况						
	全民健身投入情况						
	体育信息完善情况						

续表

主要指标		评分					备注
		5 非常好	4 很好	3 一般	2 较差	1 非常差	
服务均等发展情况	城乡锻炼人数差异						
	城乡体育面积差异						
	乡村体育设施情况						
	乡村锻炼人数情况						
微观社会回应情况	体育服务获得性评价						
	体育需求满足性评价						
	体育政策参与度评价						
	体育诉求表达评价						
宏观服务效果情况	人均体育场馆所有情况						
	大型体育赛事承办情况						
	大型运动会奖牌情况						
	体育先进指标获得情况						

（资料参考：刘亮.新公共管理视角下体育公共服务绩效评估研究——基于武汉"1+8"城市圈的调查与分析）

3) 评估并制定决策

将指标 1 和指标 2 进行对比。当一地资源投入情况很好但服务均等情况稍差时，这一阶段一般处于体育公共服务从无到有或初步发展的阶段；相反，当一地服务均等情况做得更好的时候说明该地体育公共服务发展较为全面，需要进一步发展。

将指标 3 和指标 4 进行对比。当一地社会回应情况好于服务效果情况时说明一地体育建设更注重让当地民众有获得感，将目标聚焦到微观层面；反之，则说明该地在发展体育时更注重宏观层面的建设。

掌握这些信息之后，需要根据每一种情况对应优先发展的方案（表 9-4，这些标号的含义见图 9-15）。

表 9-4 针对不同倾向类型的有限策略对应表

倾向类型	优先策略
资源投入普及	①④⑤⑥
服务均等发展	②③④⑤⑦⑧⑨
微观社会回应	①②④⑤⑥
宏观服务效果	②③⑦⑧⑨

然后,根据体育公共服务发展情况(资源投入普及和服务均等发展)和体育建设目标的大小(微观社会回应和宏观服务效果)建立 2×2 矩阵表。根据该地的具体情况选取行、列中相对较好的部分置入矩阵,并取该地所在矩阵的行列位置的优先方案的交集,作为该地的优先方案。

3. 意义

基于每个城市特点的"菜单化"定制方案考虑到每一个城市、地区的独特性,并根据一定指标判断该地区的具体情况和切实需求,将复杂的方案进行重新打包、装配和实施,做到因地制宜,更加精准地投入本地市场,同时提高投入资源的效率。

四、愿景

(一)"五步走"一盘棋,努力冲第一

1. 第一步(2019—2020 年)

利用区域内小型群众赛事进一步提升冠深影响力。举办的赛事类型有校际联赛、社区群众赛、工会职工赛事等,并且这些赛事中较为重要的决赛利用冠深运营的场馆举办,有效盘活冠深集团运营的场馆,打出冠深集团场馆知名度。

2. 第二步:中短期规划(2020—2022 年)

利用现有或自创 IP,在区域间的冠深场馆举办区域间群众联赛(如市内各县或市际比赛),增加市内群众凝聚力,并将该 IP 联赛化、商业化、常态化,使场地使用更加密集频繁。逐步引入商业赞助,并且通过售卖门票、周边等商品取得收入。继续拓展目前承办的国内外赛事业务、演唱会业务。

3. 第三步:中期规划(2022—2023 年)

利用已有场地资源和知名度开展体育培训,引入高质量的培训机构品牌或打造自有培训品牌。同时利用校内场馆资源,创建特色项目,开设第二课堂,进行校企联合培训,提高冠深培训品牌在学生、老师、家长心中的可信度,进一步提升品牌影响力。加强家庭健康综合体的建

设,对场馆运营进一步改造。

4. 第四步：中长期规划(2023—2024年)

体育与当地文化相结合。结合当地特色项目创建"冠深体育文化节""冠深体育公园"一类的年度活动。通过互联网平台进行宣传,打造本地"网红""热点",使之成为全家节假日出行的好去处,打造冠深品牌文化。同时,冠深集团在与文化结合的方面,可以继续拓展文旅业务,建设体育小镇、拓展基地。

将场馆与商业结合,让体育场馆在空闲时间成为商家聚集地,打造"购物节",增加场馆使用频率,提高客流量。

推动体育康养业务,就特色体育小镇开展康复、养老板块业务,创造新的盈利点。

5. 第五步：长期远景(2025—)

冠深集团在二、三线城市做大做强之后可以考虑进入一线城市,通过推广民族传统运动体育节以及自身 IP 赛事占领一线城市市场。除此之外,冠深集团还可以打造自己的体育商业综合体。

（二）盈利模式分析

体育场馆的有效盈利是我国体育场馆可持续发展的保证。结合冠深集团体育场馆运营现状,给出一些体育场馆盈利模式的建议（图 9-16）。

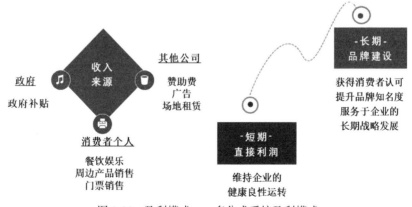

图 9-16　盈利模式——多分成系统盈利模式

（冠军"文房四宝"队的成员：刘家辰、能文欣、韩欣雨、郝佳佳、林雅菁、常欣）

案例点评

近年来，体育产业得到了前所未有的重视，已经成为国家经济新的增长点。国家通过多项政策鼓励和支持全民健身，各级财政大力支持对于体育的投入，各城市举办大型赛事或更新基础设施的需求增加。国内体育场馆无论是从数量上还是规模上，都取得了大幅度的增长，但体育场馆面临的运营问题一直都是世界共同的难题。

作为全闭环文体产业综合运营商，福建冠深集团旗下共有3家与体育相关的公司，布局体育场馆产业链，提供场馆建设、现场运营以及体育相关产业的文体综合运营服务。目前运营体育场馆的数量在全国名列前茅，但多在东南部的地市级及以下地区。案例提出问题，在未来发展中，冠深集团应该如何通过一系列营销活动来提升品牌知名度和美誉度，提升产品质量，形成更大的品牌影响力，成为行业的领头羊，获得更多的商业机会，打造以体育场馆为核心的文体综合运营商第一品牌。

该案例虽然要求为冠深集团提供详细、全面且具有创新性的市场推广方案，但仅有市场推广方案是不够的。该企业提供的产品是服务，因此需要系统考虑整个服务运营方案及市场推广方案，否则难以解决企业诉求。此外，冠深集团在体育场馆方面主要是和政府合作，考虑方案的出发点要准确把握。

在案例分析部分，重点要考虑以下几点：外部环境尤其是社会和政策环境带来的变化，我国体育场馆行业整体情况分析，从事体育场馆业务的竞争对手分析，对冠深集团布局的地市级及以下地区消费者的分析，尤其对学生群体的分析，以及冠深集团在体育产业领域的现状分析，包括集团的资源和能力、目前提供的体育场馆服务产品和活动、存在的问题。例如，冠军"文房四宝"队选取国内中体产业、中智华体、华熙国际等 6 家代表性公司，通过企业基本情况、主营业务、业务模式、主要场馆、特色五方面进行竞争者分析。而亚军"锦绣中华"队，在体育场馆行业分析部分用了大量专业的数据，分析了冠深集团的现有媒体矩阵，把冠深旗下的各个场馆微信公众号的推送量、点击量还有各类文章类型都做了分类。之后要充分理解冠深集团成为体育场馆行业的领头羊之后，能获得更多商业机会的背后的逻辑以及政府的诉求。在此基础上确定目标市场，进行市场定位，制定营销战略规划。

在案例的营销策略及具体实施计划方面，首先要考虑围绕体育场馆可以给市场提供哪些经营项目、开展什么样的活动。然后根据不同的市场需求去设计各类服务和活动，制订传播方案，通过各类体育服务和活动将企业文化及资源与当地的需求和文化融合在一起，以提升冠深品牌知名度和美誉度。

在策划方案时，要结合冠深集团目前执行的项目进行策划，如玛里集训、慈溪市 17 所学校的场馆以及安徽宿州的项目等，这样使得整个案例非常接地气。"文房四宝"队提出因地制宜的营销主张，结合上述提到的项目进行系统而深入的策划，制定具体的场馆运营策略和营销策略，具有说服力。"锦绣中华"队提出了"冠深圈"的概念，将体育场馆看作一个平台，设计了小程序，利用线上系统进行资源整合。"文房四宝"队亮点之一是设计了将城市体育发展情况同优先战略相结合的矩阵，用于辅助菜单式选择决策。虽然标准未必可行，但给企业提供了一个好的思路。如果用菜单式的选择，可以逐步将不同类型体育场馆运营标准化，有助于快速复制和大规模推广。

最后要讨论盈利模式，进行财务分析和风险控制。作为企业，希望了解投资后的成本收益情况以及可能的风险。

案例 10
城市公园的运营升级——
以北京奥林匹克森林公园大树园为例

案例

特立体育（北京）有限公司（以下简称"特立体育"）位于北京奥林匹克森林公园内，作为奥森公园大树园体育内容运营方，致力于城市公园的改造和升级，将互动性强、观赏度高的体育元素融入传统以观光休闲为主的城市公园中。奥森公园北园的大树园占地1200亩（1亩≈666.67平方米），水面10万平方米。

相比美国数量众多、各具特色的体育公园，我国体育公园的发展还比较滞后。特立体育希望在充分了解消费者需求的基础上，能对大树园进行整体规划设计，并提出未来一揽子的活动策划方案，其中要包含大型活动、企业团建和青少年培训项目等，充分发挥奥森公园的区位和资源优势，引入民众需求和场地匹配度高的体育内容，提高公园的经济效益和社会效益。

（请扫描二维码阅读完整案例）

案例分析报告节选

该报告以其区位优势为基础，以差异化发展为出发点，将"漫生活，享运动"作为大树园的运营主题，并以"公园城市化，城市公园化"为规划理念，旨在将大树园打造成休闲体育公园。小组成员采用实地考察法、文献分析法、数理统计法等多种研究方法，围绕目标人群的多样化需求，为大树园进行个性化、系统性、体育特色鲜明的整体运营规划。通过分析研究，该小组以"体育＋休闲"为基点，以可开发的大树园的不同功能为依据，将大树园分为六个区域，即梦幻之园、丛林探险、竞技天地、康养禅艺、骑趣无穷和猪猪乐园，并辅之以全地域性项目。在规划设计中，各区域都设有日常性的活动，以保证空间及设施的充分利用。同时，结合各区域的空间位置、地形特点、自然资源的实际情况，为各区域匹配设计了特色的活动内容，涵盖了具有话题性的大型活动、体育赛事，以及常年举办、周期固定的企业团建活动和青少年培训项目。同时，园区内设置了多种贯穿全园的全地域项目，旨在连接全区主题，体现"体育＋休闲"的大树园特色，体现出明显的"漫生活，享运动"的主题。以下内容为冠军队案例报告的节选部分。

一、区位分析

特力体育作为奥森公园大树园的体育内容运营方，致力于将互动性强、观赏度高的体育元素融入传统以观光休闲为主的城市公园中，一方面服务于全民健身,普及体育文化;另一方面为公园创造更多流量和收入,旨在将大树园打造成为城市体育文化新地标。

区位因素是指促使区位地理特性、功能的形成、变化的原因或条件。根据大树园运营升级的具体要求,对大树园的区位分析我们从自然因素和市场因素两大方面展开,并重点分析地理、交通、地形、宏观和微观市场环境等具体内容。通过分析,得出结论如下。

(1) 大树园运营升级将采取差别化战略:在大树园的运营升级过程中,将贯彻以大众休闲为主的开发策略,融入体育文化元素与北京地方文化特色,打造大树园独特的文化氛围;采用物美价廉的收费标准,薄利多销,部分项目甚至可免费参与;将体育主题全方位融入大树园的规划之中,并同时配有休闲娱乐板块,以人性化为出发点考虑消费者的多种消费需求。

(2) 在进行奥森公园北园大树园运营升级时,自然要考虑到南园的现有情况。根据学者孙津等在2013年的调查研究,南园现阶段缺乏:①丰富的科普文化内容;②森林养生项目;③儿童游戏项目;④安静休息场所;⑤完善的遮阳避雨设备。以上五点是在运营升级大树园的过程中需着重考虑的。[①]

(3) 基于大树园良好的地形优势,加之其保护生态的任务,在设计规划大树园时,不倾向于建设大型场馆,而是保持其自然野趣,选择更加贴近自然的、趣味性更强的、独具特色的体育活动。这样一来,大树园不仅能够继续传承其功能,还可以使运营人型体育场馆的消耗保持相对较低状态,采用低成本的策略来使企业进入"低成本—高市场占有率—稳定收益—技术投资—降低成本"[②]的良性循环之中。

(4) 对最终客户调查分析后,我们认为,应从其休闲需求出发,开发以大众参与、休闲放松为主的体育活动。除此之外,还应针对各主要年龄段人群需求打造与其相适应的活动,并在项目策划运营的细节上

---

① 孙津,刘玮琪,王博娅,等.北京奥林匹克森林公园南园功能优化与拓展分析[J].北京农学院学报,2013,28(1):60-63.

② 徐鼎亚.市场营销学[M].上海:复旦大学出版社.2016:45.

满足消费者需求。当然，如何更好地满足消费者最基础的生理需求和安全需求，大树园将在基础配套设施及服务的规划设计中有所体现，如设置休息区和盥洗区、设置指示牌和垃圾桶、优化园内交通系统等，同时在大树园的建设和运营中，将充分保障设施的安全性，在此基础上开发能够满足消费者中级、高级需求的活动。

另外，本组在实地调查的随机采访中发现，大树园在运营过程中出现了"非公共性"特征——参与设限一些地点限制游客深度参访，看似有趣味的建筑可能只是配电室，没有满足游客的体验需求。因而，在运营升级北园大树园的过程中，"体验感"也是需要重点提升的。

二、营销方案

（一）整体规划

1. 大树园定位、核心规划理念

大树园位于北京奥林匹克森林公园北园，以"漫生活，享运动"为运营主题，以"公园城市化，城市公园化"为规划理念，在保留自然野趣、注重人与自然的结合的基础上，融入具有话题性的大型活动、体育赛事，以及常年举办、周期固定的企业团建活动和青少年培训项目，旨在为游客打造一个有温度的体育休闲公园。

2. 内部交通规划

由于大树园的面积较大，而且本次设计规划的项目数量较多，因此，我们将对大树园的内部交通进行相对应的规划、升级。

内部交通工具主要以园区自行车为主，具体分为三个类型：单人自行车、双人自行车（并排）、三人自行车（纵排）。

考虑到自行车运营问题，自行车的收费方式如下：开发微信小程序，扫车身二维码，按时计费，下车停到固定地点（各区域的游玩入口、出口处）后方可扫码离开。

3. 道路规划

大树园作为开阔且开放的城市空间，缺少直观、立体的标志性人工景观,没有标志性物体可以用以描述公园内的具体位置。在实地考察的过程中,我们发现,奥森公园北园中地界的划分十分模糊。因此,我们计划对大树园内的道路进行进一步的规划和命名,明确园区内重要区域的具体范围大小。

道路规划的主要内容如下。

(1) 融入体育元素,对主干道进行命名。

(2) 重新设计园区地图,明确标示大树园的具体区域范围。除奥森公园地图外,单独出具奥森北园以及大树园的园区地图,并放置于固定的道路位置进行导引。

(3) 在岔路处和区域界线附近添加必要的路牌、导引牌,撤换破损的路线导引装置。

4. 植物科普智能管理系统规划

结合国家旅游局发布的"旅游＋互联网"行动计划,我们计划开展智能旅游景区建设——构建大树园植物科普智能管理系统(图 10-1),主要功能如下。

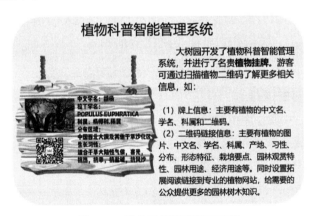

图 10-1　植物科普智能管理系统

(1) 为园区提供监护植物高效、安全的管理方式。

(2) 为公众提供直观的科普、教育平台,为园区拓展宣传途径。

(3) 为游客提升旅游趣味性与体验感。游客通过扫一扫的方式即可得到通俗易懂且具有专业性、权威性的植物信息,激发游客的学习兴趣,拉近游客与生态环境的距离。

5. 标志牌

我们计划在跑道周围修建路牌(图 10-2),在路牌上记述奥林匹克运动历史的相关文字信息,一方面让路牌发挥指引方向的基本功能,另一方面加强科普性,促进奥林匹克运动史等体育知识的普及和传播。

6. 垃圾桶

将在一些必要的路线点安放趣味垃圾桶(图 10-3)。垃圾桶的外形采用篮球、足球、排球等"球形＋锥形"的组合结构,内部设置分区以便进行垃圾分类。

图 10-2 记有奥林匹克运动历史的标志牌

图 10-3 足球形状的趣味垃圾桶示意图

(二)区域规划

结合大树园的地形特点、自然环境和现实功能,我们将大树园划分为 6 个区域(图 10-4)。分别是:A 区——梦幻之园,B 区——丛林探险,C 区——竞技天地,D 区——康养禅艺,E 区——骑趣无穷,F 区——猪猪乐园。我们将根据区域进行活动策划。

图 10-4　大树园区域划分示意图

1. A 区——梦幻之园

A 区以浪漫为主题,旨在为大树园创造社会效益的同时,塑造其独特的文化氛围。具体活动设计见表 10-1。

表 10-1　梦幻之园具体活动设计

区域	标志	特殊地形	具体活动
A 区 梦幻之园	梦幻之园	大草坪＋会展中心＋小湖	"仲夏之梦"体育电影户外公益展映 "时光往复,爱你如初"老年婚礼 "体育人"的森林Party——大树园音乐节

1)"仲夏之梦"体育电影户外公益展映活动策划

(1)活动名称:"仲夏之梦"体育电影户外公益展映(图 10-5)。

(2)活动定位。

① 活动目的。充分利用大树园本区域优美的自然环境和平坦开阔的草坪,打造户外电影放映场地,为大众提供公益性的文化活动、搭建线下的交流交友平台、培养时尚的休闲娱乐习惯。通过展映优秀体育影视作品,向民众传播奥林匹克及体育文化,宣扬励志向上的体育精神,激励和启迪广大民众投身体育、参与运动、感悟人生。

图 10-5　大树园户外电影展映活动样例

② 目标受众。体育影视爱好者、城市年轻人、附近社区居民及游客。

(3) 活动亮点。

① 周期性的展映时间。"仲夏之梦"体育电影户外公益展映将于每年 6 月举办(可避开高温和多雨)。活动为期 1 个月,每周六、日中午、晚上各定时放映 1 部精选体育影视作品,间歇时间循环放映当日影片。

② 开放性的展映环境。在草坪处打造户外电影放映场地,摈弃影院的模式,解除封闭的空间,是"没有围墙的电影院"。

③ 公益性的展映性质。展映为纯公益性质,民众可在放映时间内无限次、无限时、免费观看。"仲夏之梦"体育电影户外公益展映是在"PPP 模式"下推出的公共文化服务,可与北京奥组委、北京奥运城市发展促进会等政府机构合作开展活动,以获得珍藏版、高质量的体育影视作品,合力共营体育文化氛围,提升企业品牌文化价值。

④ 多样化的配套活动。活动在体育电影展映的同时围绕"回忆"和"情怀"的主题开展一系列趣味性、娱乐性的活动,以提高民众体验感与参与度,使活动不仅仅是一次观影,而是寻求与民众之间的共鸣,培养民众对于大树园的情感。

⑤ 自由化的社区平台。活动将配套打造线上体育社区平台,借鉴"Someet"城市青年社区的模式,使城市年轻人能够在此平台上,自发开展选择展映影片投票、观影感受交流等活动,还可结合自己的兴趣爱好在平台上发起体育类活动,或是相约运动召集志同道合的玩伴共

同观影,实现"电影友""运动友"向"好朋友"的拓展延伸。

(4) 活动内容。

① 体育电影户外公益展映。活动精选境内外优秀体育影视作品,周期性展映。同时,本活动也将是助力北京冬奥会宣传与推广、推动中国体育影视作品创作和发展、促进中国体育文化传承与发扬的绝佳平台。

② 时光博物馆。活动将在体育电影展映区周围打造"时光博物馆",为民众提供一个回味过去的场景,使年代记忆成为可触碰、可感知的实体,让人们仿佛置身于鲜活历史当中,感知历史的变迁,尤其是对体育娱乐方式、体育影视作品变化的认识,同时让他们讲出自己的体育时光故事。

③ 零食大作战。在活动设立的"零食大作战"小卖部中,售卖的饮料和小食都饱含着童年的回忆。

2) "时光往复,爱你如初"老年婚礼活动策划(略)

3) "体育人"的森林 Party——大树园音乐节活动策划。

(1) 活动名称。"体育人"的森林 Party——大树园音乐节

(2) 活动背景。户外音乐节在发展过程中,不断丰富着其外延和内涵,森林音乐节也由此兴起。近几年,国内的许多城市相继举办了独具特色的森林音乐节活动,效果较好,因此,我们设计将大树园与北马赛事深度结合,在串联大树园各园区的基础上给予跑者更多样化的、更有纪念性的、更有文化特色的休闲娱乐选择。

(3) 活动定位。

① 活动目的。发挥大树园的森林空间优势,呼应奥森的体育属性,以森林音乐节为基础,丰富活动设置,融入体育赛事亮点,增添北京城市特色,体育赛事参与者可以进行线下社交的森林 Party。

② 目标受众。"北马 ers"——北京马拉松的跑者、媒体、各环节的工作者及志愿者。

(4) 活动亮点。

① 在森林音乐节中融入了"体育""娱乐"等多项元素,打造了"体

育+音乐"的多元维度的公共文化 Party。

② 与北京的城市体育赛事深度结合,可以打造具有城市特性的品牌活动。

③ 为北马的参赛者和工作人员提供了线下社交的平台。

④ 丰富了赛事体验感,让外地跑者的"体育旅游"具有更高的价值。

⑤ 增强了赛事的完整性。

(5) 活动内容。

以"北马"森林音乐节为例,活动设想如下。

"北马"森林音乐节将作为北京马拉松庆功晚宴的重要环节,进一步丰富北京马拉松的文化底蕴,让参赛者和观赛者有更多的赛事融入感。

① 活动时间:北京马拉松结束当晚。

② 入场方式。一人一票,凭票入场。在北马参赛者物资包中每人配备一张免费门票,免费门票同时也向赛事工作人员发放。非参赛人员可以通过大麦网、微票儿、淘票票等售票渠道购买入场门票。

③ 活动场地。

周边场地布置:在奥森北园入口——活动场地路段贴制地标,用以指引方向;在大树园具体场地外延摆放道旗,营造现场氛围。

舞台布置:将北马主题海报作为舞台的主背景板,舞台的外形设置要紧密结合当年北马的赛事特点,将贴切吸睛的元素融入舞台区的设计;除炫彩的舞台灯光外,要在场地外圈保留稳定的外部光源用以场地照明。

现场合影背景板:可以将北京马拉松终点区的背景板迁至 Party 主场地,为跑者拍照留念提供更多的场地素材,同时添设新的 Party 合影背景板。

④ 活动环节。"北马"森林音乐节将设置以下各个环节,旨在营造和谐友爱的北马大家庭氛围,一方面及时回顾和总结当年的北马赛

事,另一方面让参赛者拥有更独特、深刻的参赛体验。

"北京时间":邀请有代表性的歌手和乐队,表演音乐节目,活跃气氛,点燃现场。

"北马24h":现场大屏播放北京马拉松的宣传片、短篇纪实纪录片,以影像形式生动呈现北马24小时的点点滴滴,展现各个维度北马人的风采。

"跑者之声":邀请有代表性的跑者上台表演节目(唱歌/跳舞/相声等)。

"幸运北马人":通过大屏滚动,从北马完赛者中抽取幸运北马人,赢取Party大奖。

"绘声绘色":设置北马涂鸦墙,参与者可自由进行涂鸦,书写自己的北马心愿和北马祝福。

"北马市集":售卖北京马拉松的核心纪念品。

"趣味游戏":组织简易可行、参与范围广的现场游戏,增加森林Party的互动性。

"自由交流":现场人员自由活动,给予大家交流、合影的时间。

⑤ 活动宣传。对全程进行网络直播,并在微博开启热门话题,同时开辟线上参与窗口,未能到场的北马跑者可以线上参与北马森林Party的抽奖、游戏环节等。

2. B区——丛林探险

1) B区——丛林探险整体规划

本区域以"丛林探险"项目为主体,在建设项目配套设施的基础上,打造青少年体育教育培训基地(表10-2)。本区域既可为个人、团队及企业提供一系列的定制化服务以作为日常收费项目,又可为常态化的青少年培训提供"场地+教育"支持。本区域希望为都市年轻人提供挑战自我、追求极限、释放压力的运动平台,为青少年提供综合性的户外学习营地,促进其核心素质的发展。具体规划如下。

表 10-2 丛林探险具体活动设计

区域	Logo	特殊地形	具体活动
B区 丛林探险	丛林探险	树木茂密、隐蔽性好的空地	"丛林探险"项目
			"丛林探险"青少年体育教育培训基地项目

（1）"丛林探险"项目配套设施。本区域将结合大树园实际地理环境，结合其空间开阔、树木茂密、坡度适中、隐蔽性好的特点，开展"丛林探险"项目配套设施的建设工作。

（2）"丛林探险"青少年体育教育培训基地。本区域将依托配套设施及场地资源，打造青少年体育教育培训基地。根据青少年的具体年龄，开展"丛林探险"拓展培训、森林救生员培训、青少年森林运动教育、学生户外课程教育等。

（3）目标客户群体：城市年轻人和青少年儿童(图10-6)。

图 10-6 目标客户示意图

2) B区——"丛林探险"项目开发策划

（1）项目背景及意义。大树园拥有独特的自然景观、地理优势，开发"丛林探险"项目能够充分发挥森林资源的最大效用，使旅游线路更加立体化、空间化和系统化。同时本项目能够满足游客的深层次需求，如帮助游客挖掘自身潜能，克服心理惰性，磨炼毅力，增强集体参与意识和合作意识等。

（2）项目受众。游客、有团建需求的企业。

（3）项目核心。

① 多元化：探险线路主要包括科学研究探险、休闲类探险、传说类探险、挑战类探险四类，每类有高、中、低三种危险程度的线路。

② 个性化：受众可根据自身兴趣爱好与运动需求选择体验单个或多个项目，自行设计项目组合。

③ 定制化：个人、团队、企业可享受定制化服务，由项目负责人员为其进行分组、关卡设置、任务安排，实现"一套设施，N种玩法"。

（4）项目内容。

① 开展"丛林探险"项目配套设施的建设，各设施可单独作为日常收费体验项目。具体示例见表10-3。

表 10-3 项目配套设施示例

设施名称	项目介绍	示　意　图
攀岩墙	通过合理的设计，将墙体横向分割成不同挑战级别，以适合各年龄和层级玩家分级挑战	
丛林滑索	从基地山顶高处沿滑索滑下，玩家在空中可俯瞰基地全景，呼吸纯净的自然气息，感受速度和乐趣，体验鹰一般的飞翔感觉	

续表

设施名称	项目介绍	示意图
高空网阵	布局错综复杂的网阵挑战,包括高低参差、难度有别的关卡,为不同年龄段玩家提供不同的挑战服务	
地面障碍	一项挑战体力、意志力、个人极限的穿越障碍活动,多重难度各异的地面障碍,安全系数高、挑战趣味强、参与门槛低,是青少年体育锻炼的首选和考验团队协作能力的王牌挑战项目	
模拟速降	从15米的塔上纵身跳下,体验自由落体的刺激和超快感	

② 设计一系列的设施体验组合、探险精品线路,为个人、团队及企业提供定制化服务。具体示例见表10-4。

表10-4 定制化系列示例

系列	简介
自由探索系列	个人客户可凭通票体验项目内所有设施,并在本区域范围内自行进行户外探索活动
企业定制系列	企业客户可享受一站式团建服务和培训体验,通过分组完成指定任务的形式培训领导力、沟通力、决策力、危机管理能力和冲突解决能力

续表

系　列	简　介
探险进阶系列	除体验项目配套设施外,在本区域范围内安排渐进式的技能培训,包括不同类别的户外探索活动及野外求生技能
教育培训系列	青少年体育教育培训基地可结合项目配套设施开发课程,并利用本区域自然资源设计体验环节

③ 结合设施开发综合性课程,为常态化的青少年体育教育培训提供"场地+教育+服务"支持。

3) B区——"丛林探险"青少年体育教育培训基地项目策划

本项目期望学生在接受"丛林探险"的培训过程中,逐步提升与自然和谐相处、与他人交往合作以及个人自主发展的能力,提升身体素质、综合能力与精神品格。

(1) 项目受众。青少年儿童(以9～13岁、3～6年级学生为主)。

(2) 项目核心。本项目将根据青少年的具体年龄,核心开展"丛林探险"拓展培训、森林救生员培训、青少年森林运动教育、学生户外课程教育。

(3) 项目构建。本项目在构建过程中,逐步确立以核心素养发展为目标的框架体系,以线上线下互动为形式的资源体系,以开放选择和个性化学习为特点的操作路径,以自我评价为方式的评价体系。关注真实情境下的项目式学习,探索综合运用跨学科观念、思维模式和探究技能,在教育中通过体育元素与科学、人文与艺术等元素的结合,形成具有特色的青少年体育教育培训基地。

(4) 项目线下活动的组织与实施。本项目的线下活动的组织与实施以快乐体验和兴趣培养为出发点,以实践体验和任务驱动为方式,以自然环境和项目配套设施为素材,以研究性学习和个性化发展为核心,构建青少年体育教育基地项目学习的整体性。在活动安排上,根据学生的具体年龄进行设计、组合,尽可能多地使学生参与体育与科学、人文、艺术等不同主题组合的活动。

线下活动的主要内容包括丛林生存体验、丛林科学探险、丛林户外运动和艺术人文等活动主题。

（5）项目线上资源的开发与设计。本项目的线上资源开放与设计通过网络平台进行，以在线学习作为体验式课程，具体包括学习（知识与技能的获取）、工作（实际问题的解决）、思考（创新精神的培养）三个环节。在线学习由五节微课组成，以引导活动为主线，以建立学生兴趣为首要任务，强调基本知识与技能的学习以了解本基地丰富的活动项目，为来基地进行活动做好准备。在线学习通过个性化的服务、学习情境的创设，创新青少年体育教育基地外的互联网模式。

3. C区——竞技天地

竞技天地具体活动设计见表10-5。

表10-5 竞技天地具体活动设计

区域	Logo	特殊地形	具体活动
C区 竞技天地	竞技天地	广阔的大坑空地处	体能培训基地
			Sportsman·体能挑战赛
			X-Mudder泥泞障碍赛北京站（现有）
			腾讯"城市竞技场"线下"吃鸡"比赛（现有）

1）大树园·体能培训基地项目策划

大树园·体能培训基地专注于打造青少年体能培训的户外训练基地以及青少年体能挑战赛、亲子户外体能趣味赛的赛事承办基地。

项目亮点：一是与体能培训结合，有效发挥了大树园地形多样的优势；二是既弥补了体能训练户外场地的空缺，又提高了大树园空置地块的利用率。

基地日常功能：作为儿童体能训练的户外基地，将与体能培训机构实现长久、深度的合作，与体能培训机构的训练课程紧密结合。同时基地每年会定期举办大型的体能挑战赛，并承办更具地域特色的体能训练营活动。

2) Sportsman·体能挑战赛赛事策划

Sportsman·体能挑战赛以不同年龄层的人为目标人群,定制更具针对性、难度分级的体能赛事——让儿童在体能挑战赛中感受体育的魅力和趣味,学习坚持和勇敢;让成人在体能挑战赛中释放压力,放松心情;同时让家长和孩子通过体能挑战赛加强沟通,促进亲子关系。

赛事亮点:赛事组别的划分更具体和细化,让不同身体素质的参赛者能够拥有更棒的参赛体验;各关卡障碍物的设置结合体育、冬奥等大主题。在体能挑战赛中加入一些简单的智力项目,增强赛事的趣味性和融合性。

赛事内容:以大树园C区作为赛事的主赛场,在大树园内设置障碍点和任务点,每个任务点配备专门的工作人员进行讲解和引导。

参赛者均配备计时芯片,于起点处同时出发,按照路标引导通过所有的障碍点并完成途中任务,到达终点,即完成比赛。完赛者将获得完赛纪念奖牌、抽奖券、完赛礼包(水、面包等补充能量的食物和饮品,赛事赞助商提供的小礼品、代金券,赛事吉祥物小玩偶或是其他的赛事纪念品等)。各个组别的优胜者将获得奖杯。

4. D区——康养禅艺区

康养禅艺区具体活动设计见表10-6。

表10-6 康养禅艺具体活动设计

区 域	Logo	特殊地形	具体活动
D区 康养禅艺	康养禅艺	绿化较好的平坦地带,有湖	门球、柔力球
			品茗赏乐
			花卉区
			垂钓区
			摄影展
			棋牌休闲

5. E区——骑趣无穷

骑趣无穷具体活动设计见表10-7。

案例10 城市公园的运营升级——以北京奥林匹克森林公园大树园为例

表10-7 骑趣无穷具体活动设计

区 域	Logo	特殊地形	具体活动
E区 骑趣无穷	骑趣无穷	小坑 空地处	"悦骑悦野"儿童平衡车越野赛-北京奥森大树园站
			"悦骑悦野"儿童平衡车培训基地

1)"悦骑悦野"儿童平衡车越野赛-北京奥森大树园站赛事策划

(1) 赛事名称。"悦骑悦野"儿童平衡车越野赛-北京奥森大树园站。

(2) 赛事介绍。本赛事充分利用大树园场地优势——以"越野"运动为场景设计赛道,是以"个人竞速赛""团队接力赛""亲子合作赛"为赛事内容的儿童平衡车比赛。

(3) 赛事目的。本赛事旨在丰富儿童平衡车骑行场景,为儿童打造一个与对手竞争、与队友合作、与家人共享的户外运动平台,提高个人综合素质、培养团队协作能力、增进家庭情感交流。期望儿童在"悦骑悦野"的比赛中体验自然之"野"、感受骑行之"悦",爱上骑行,勇敢前行。

(4) 参赛人群。① 2～6岁儿童;②2～6岁儿童的家长。

(5) 赛事亮点,如图10-7所示。

(6) 赛事内容及报名方式及费用。(略)

(7) 赛事周边产品设计(后期)。

① "悦骑悦野"赛事主Logo。

② 赛事现场主背景板、合影区、颁奖台。

③ 赛事奖牌及参赛证书。

④ 赛事包(参赛号码牌、贴纸、毛巾、加油棒等)。

2)"悦骑悦野"儿童平衡车培训基地项目策划

(1) 项目背景。本项目将建立"悦骑悦野"儿童平衡车培训基地,为儿童提供专业化的平衡车教育培训和一系列衍生活动。

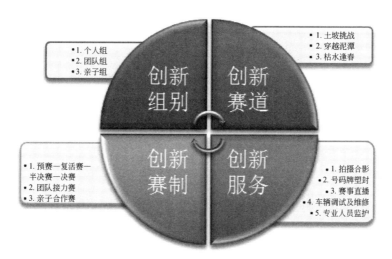

图 10-7　赛事亮点示意图

（2）项目受众：2～5 岁儿童。

（3）项目内容。本项目将建立"悦骑悦野"儿童平衡车培训基地，以儿童平衡车运动为载体，采用完整国际通用平衡车运动教学与比赛体系，依托于平衡车运动专家顾问和专业教练，专注于 2～5 岁儿童的体能和素质的发展引导与综合拓展，包括儿童运动能力、感知能力、团队协作能力、逻辑思考能力、耐力等，从而使儿童建立积极乐观的生活态度，培养面对挫折与困难的应对能力。同时也作为"悦骑悦野"儿童平衡车越野比赛的宣传推广渠道与品牌延伸途径。

（4）项目构建。

① 提供国际化平衡车课程教学。

② 提供平衡车花式"极限"玩法教学。

③ 培养专业竞赛选手。

④ 开展平衡车主题活动定制。

⑤ 赛事组织与执行。

⑥ 专业平衡车及配套装备销售。

6. F 区——猪猪乐园

猪猪乐园具体活动设计见表 10-8。

案例10　城市公园的运营升级——以北京奥林匹克森林公园大树园为例

表 10-8　猪猪乐园具体活动设计

区　　域	Logo	特殊地形	具体活动
F区 猪猪乐园		公园较深处的环形平坦地带	小猪秀场（饲养、观赏） "小猪快跑"活动区 小猪主题咖啡厅

1）猪猪乐园区域概述

猪猪乐园是一个专为儿童打造的运动空间——以小猪为主题，包含着童心、快乐、可爱的生活元素，向孩子们传播运动的理念。

2）F区——猪猪乐园活动策划

（1）小猪秀场活动策划。

活动名称：小猪表演秀。

活动定位：小猪表演秀为小朋友们创造亲近自然、亲近动物的森林空间，让孩子们通过和小香猪近距离的接触，培养爱心。

活动亮点：除基本的香猪参观活动外，固定时间还设有小香猪的表演（小猪时装秀、小猪歌舞表演等）；在香猪表演过程中，融入小朋友和小猪互动的元素，趣味性强。

活动内容：圈一块小范围的区域，用以圈养 5~10 只小香猪，由专人进行训练，锻炼小香猪的表演技能。每日固定时间固定场次开启香猪的表演活动。

活动收费：门票 5 元/张。

（2）"小猪快跑"活动区活动策划。

活动名称：小猪快跑。

活动定位："小猪快跑"以"小猪＋小朋友"的队伍形式，组织趣味赛跑，让小朋友通过"小猪快跑"活动，进一步亲近自然、亲近小动物，收获童趣和快乐，让小朋友和家长进一步理解"输赢不重要，快乐最珍贵"的观念。

活动亮点：以趣味的方式让孩子们"动起来"，提升了孩子的参与感，同时使活动也具有观赏性。"小猪快跑"将小朋友和小猪进行了有机组合，让他们产生了为同一个目标而共同努力的奇妙关联。

活动内容：参赛小朋友和小猪进行随机匹配，系上同样颜色的围巾，在规定赛道上参加赛跑。小朋友和小猪均抵达终点即视为完成比赛。

（3）"猪猪乐园"主题咖啡屋策划。在大树园F区开设"猪猪乐园"的主题咖啡屋，将"运动猪猪"的元素贯穿咖啡屋的装修、摆设、饮品等方面，为人们提供一个集运动、休闲、娱乐为一体的休憩场所，营造以体育休闲公园为定位的大树园的文化氛围。

（4）儿童活动区。儿童活动区类似一个开放的儿童市集，设有板绘、剪纸、木工雕刻、陶艺制作、风筝制作等内容并且不断更新的学习体验园区，让小朋友们在体验园区丰富的活动内容的同时，感受和了解中国传统文化。

（5）大树园观景台。大树园观景台在大树园中的位置较为隐蔽，但地势高，处于北京中轴线位置，眺望视野好。在注意安全的前提下，可以参考综艺节目《亲爱的客栈2》中的网红玻璃屋，修建简易的玻璃顶，增加观景台的美学属性，达到遮阳避雨的效果，并保留四周的开放式空间，加强人与自然的融合性。

另外，我们借鉴了韩国首尔南山塔"爱情锁"的许愿模式，计划将大树园观景台打造成一个跑者/运动大众祈福的许愿地。

（6）串联板块。

① 大树园团体趣味定向越野活动策划。大树园团体趣味定向越野面向产业园区和企业单位，希望结合体育和大树园的特殊元素设计趣味线路，使得参与者在运动过程中进一步掌握体育知识、了解奥森大树园。活动为高压力下缺乏运动的白领一族带来全新的健康生活方式，为上班族创建一个新的运动社交平台，同时加强产业园区和企业单位的人文关怀，整体提升企业的文化形象和精神风貌以及员工的凝聚力和荣誉感。

活动亮点：一是趣味线路贯穿大树园六大区域，以加深参与者对大树园的整体印象；二是线路中融入线索，设计结合体育和大树园的特殊元素。

② 8月8日大树园主题日策划。将8月8日（全民健身日）作为大树园的主题活动日，当日将对大树园付费性的活动设施给予一定力度的优惠。在大树园园区内，设置运动主题的背景板，供公园游客拍照；同时各园区开设8月8日主题活动区，让大众通过实际的运动亲身感受全民健身日的意义，感受运动的魅力。

（三）宣传推广

1. 网络宣传

1) 微信公众平台

（1）基本板块。申请大树园专门的微信公众平台，设立"基本介绍""活动信息""联系我们"等菜单栏，在固定栏目处共享大树园的地理位置、园区地图、基本分区、各分区主题、开设的日常活动等基本内容。

（2）推送内容。推送分为日常性推送和针对活动、赛事、时事热点类的推送。日常推送的频率至少一周一次。

（3）色调。推送的整体色调以绿色为基础，以简易的树的形象作为点缀，与大树园的主题产生呼应。

（4）关注与推广。

① 将微信公众号的二维码附在官网页面、相关活动的宣传海报、公园的入口出口以及标志性路牌上。

② 线下可组织"扫码送小礼品"的活动，增强公园行人关注公号的积极性，并进一步挖掘与他们有社会联系的潜在关注者。

③ 在公众号后台开设大树园热门活动的报名窗口，让参与用户"先关注，后报名"。

④ 提升公众号的内容质量，促进社会公民自发关注。

2) 微博

（1）发布内容。微博平台一方面要同步更新微信公众号的重点内容；另一方面要注重与大众的"接近性"和"贴合性"，发布生活气息强的社会生活内容。

（2）线上互动。在微博制造热门话题，吸引网友参与；举办抽奖活动，如转发相关信息并@3个好友即可参与抽奖，奖品为体育用品或园区的特色活动的免费体验资格等。

3）网站

（1）首页内容。进行基本的内容分区，及时更新网站内容，与公众号、微博内容同步。

（2）搜索引擎排名。提高大树园在主流搜索引擎被搜索到的概率，增加大树园与"体育公园""城市公园"等关键词之间的关联度，以便网站被潜在用户搜索到。

4）论坛推广

在百度贴吧等公共论坛以及体育主题论坛发帖宣传。

5）邮件推广

联系拥有体育用户资源的公司，群发邮件进行宣传。

2. 线下面对面的宣传推广

1）与产业园区、企业主等合作

与北京的一些产业园区直接对接，将园区的活动资讯直接传递至企业端，吸纳有企业团建需求的企业及企业园区参与体验，实现长效深度的合作。

2）与教育培训机构合作

与教育培训机构合作，组织儿童及青少年体验园区活动；与体育培训机构合作，提供一定程度的户外场地使用优惠（如与赫石体能合作、洽谈体能培训区域的使用）。

3）与学校合作

与学校合作，将大树园作为学校的课外实践基地，如"丛林穿越"片区可以作为青少年的第二课堂，提供更专业、更有趣、更灵活的体育活动空间。

4）制作宣传片

制作大树园的宣传片，在多方渠道进行投放。如公共空间的大屏幕；腾讯、优酷、爱奇艺等主流视频网站；官方微信公众号、微博、网站等。

（冠军"海淀锦鲤"队的成员：黄河丹、刘帅希、许可、杨翔、吴楚楚、张雨恬）

案例点评

体育公园能够利用相对有限的城市用地将运动场所与公园绿地有机融为一体，提供了自然、舒适的运动环境，将运动设施、体育比赛、休闲娱乐等多功能集于一体，有助于刺激大众参与体育运动的热情，是群众身边较为理想的健身休闲场所。国家的高度重视和政策支持使得体育公园成为当前我国城市规划建设的热点，这促进了体育公园的快速发展，但我国体育公园的运营尚有很大的提升空间。

大树园，作为奥林匹克森林公园的北园，一直没有太多体育内容的活动。特立体育是一家跨领域体育综合服务公司，拥有大树园的使用权和运营权，致力于将大树园升级改造，打造成为城市体育文化新地标。该案例提出任务如下：一是如何充分发挥奥森公园的区位和资源优势，引入民众需求和场地匹配度高的体育内容。这些内容既要有主题突出、特色鲜明、目标客户群体清晰的大型活动，也要有长年举办的企业团建和青少年培训项目。二是充分调查消费者需求，对大树园进行整体规划设计以及一揽子的活动策划方案，目的是保持奥森公园国内体育公园的龙头地位。

在该案例的分析部分，需要关注几个重要的问题：体育公园在中国的发展现状如何？世界各地著名的体育公园是如何运营的？当前大树园面临的外部环境如何？与其他城市的体育公园相比，奥森公园有什么不同之处？其最大的优势是什么？该优势可以嫁接到大树园上并发挥作用吗？大树园的现状如何？大树园的区位优势和资源优势是什么？奥森公园游客有什么样的特点？民众对奥森公园有什么样的需求？大树园如果要引进体育内容，该引进什么呢？引进的目的是出于财务、影响力还是公共配套的考虑？如何将体育与休闲服务完美结合？围绕要提供的体育服务，大树园的主题应该是什么？

在该案例的整体规划和活动策划方案部分，需要将上述分析的问题综合考虑。在具体规划时，需要主题鲜明、目标明确，围绕大树园的具体情况进行分区设计，基于目标受众的需求展开活动策划。方案中既要有长期的、基本的体育活动或项目，也要有短期的、特色的体育活动或项目，并且能够将体育、文化与休闲较好地结合起来。同时方案需要兼具创新性与可实现性。比如冠军队对大树园的特点、布局、整体基础设施、目标人群等进行调查，提出"漫生活，享运动"的口号，针对整体基础设施规划先进行了优化，然后结合地理位置进行分区设计，将区域划分为仲夏之梦、丛林探险、猪猪乐园等六大区域，在各区域设有日常性的活动，以保证空间及设施的充分利用。同时，结合各区域的空间位置、地形特点、自然资源的实际情况，为各区域匹配设计了特色的活动内容，涵盖了具有话题性的大型活动、体育赛事，以及常年举办、周期固定的企业团建活动和青少年培训项目。而亚军"跳一跳"队从行业分析入手，对国内外体育公园现状进行分析，梳理了世界著名体育公园如古希腊体育公园、法兰克福公园等的特点和做法，从识别性、可达性、公共性方面对大树园进行分析，提出户外、健康、潮流、活力等设计理念，将两个大空地分为三个区域，分别为综合活动区、青少年培训、青训基地，在综合活动区，可以开展草坪婚礼、公司团建、展览等活动，租赁场地来实现盈利。

最后，关于活动策划方案应估算其投入成本和预期收益。

案例 11

城市综合体六工汇项目体育产业招商策略和运营方案

案例

北京首钢园区的城市更新项目——六工汇,位于首钢园北区的核心位置,由六块不同的地块组成,北邻秀池,南邻群名湖,西邻石景山景观公园,东邻首钢工业遗址公园,与冬奥组委会办公区、冬训场馆、冬奥比赛场馆、滑雪大跳台等众多冬奥会地标一起拔地而生,共同组成冬奥广场城市名片。同时,六工汇也致力于建设成一个集合低密度的现代创意办公空间、复合式商业、多功能活动中心和绿色公共空间的新型城市综合体。

在办公空间方面,六工汇写字楼产业定位包含互联网、高科技、文体、金融、冬奥会赛事合作等方面;在商业空间方面,六工汇商业集时尚创意、科技、运动、美食于一体,包含五一剧场、高品质的餐饮、购物中心、科技娱乐和互动体验中心。未来,六工汇项目如何通过多种方式吸引更多的体育企业进驻?基于北京未来的发展规划,如何将体育元素融入日常生活,为北京西部的居民提供更加全面的体育服务?

(请扫描二维码阅读完整案例)

案例分析报告节选

该报告首先介绍了我国城市综合体的发展情况,同时分析了目前城市综合体发展运营过程中普遍存在的问题:市场竞争激烈,部分城市综合体盲目追求发展,战略定位不清,同质化严重,设计建造与运营管理脱钩,没有形成建设、招商、运营的一体化管理系统,风险管理问题突出等。在六工汇项目的企业、社会、政策背景下,该小组进行了市场分析。围绕消费者对六工汇城市综合体内提供的具体项目和服务的需求,以及偏好的商户类型和特点,设计了问卷进行调查,然后在上述基础上展开六工汇城市综合体项目的设计、招商与运营策略的制定。以下为案例报告的节选部分。

一、六工汇项目招商运营方案

(一)项目内容

1. 项目名称

"六工汇——城市更新公园综合体"项目。

2. 项目理念

"和你共享一座理想城"。

3. 项目定位

1) 项目战略定位

具有城市更新功能且集合低密度的现代创意办公空间、复合式商业、多功能活动中心和绿色公共空间的新型城市综合体,以"创建跨界产业总部社群,打造新型微度假式的生活方式"为核心,吸引运动、高科技、创新、国际文化娱乐等行业的领先者,打造行业交融、企业互动的创新型平台。

2) 项目功能定位

(1) 固有的基本功能:根据六工汇在首钢园区的地理位置和周边环境,六工汇项目应与园区的整体规划布局相契合、与园区其他项目相互联动、与冬奥广场其他组件协调发展,共同支撑起首钢园区的产业体系(图 11-1)。

图 11-1 六工汇项目与周边环境——未来场景展示图

(2) 城市更新功能:六工汇项目是对一些老旧城区进行改造、投资和建设,将功能衰败的物质空间加以更新,具有城市翻新、更新的功能定位(图 11-2)。

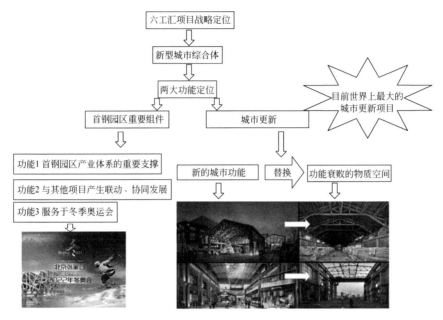

图 11-2 六工汇城市综合体项目战略与功能定位

4. 项目设计与布局

六工汇项目整体由 A～F 共 6 个地块组成,如图 11-3 所示。面积共达 13.27 万平方米(相当于 316 个篮球场),其中办公区面积达 8.8 万平方米、商业区面积达 7.7 万平方米,办公区面积比商业区面积更大。

打造集时尚创意、科技、运动、美食于一体的新型城市综合体,其中 A 地块专注"文创与艺术"的特色体验;B 地块和 C 地块是形象展示窗口,打造高端品质餐饮体验;D 地块建造六工汇购物中心;E 地块和 F 地块则是科技娱乐和互动体验中心。

5. 项目发展规划

项目发展规划主要分为三大阶段,具体如图 11-4 所示。

第一阶段:从 2020 年 12 月到项目交付前 2021 年 6 月左右,这一阶段六工汇为了达到招商引流的目的,以优惠租金、优质政策、营销推广等方式吸引商家入驻。以优惠的租金吸引客流量大的商户入驻,如

案例11 城市综合体六工汇项目体育产业招商策略和运营方案 255

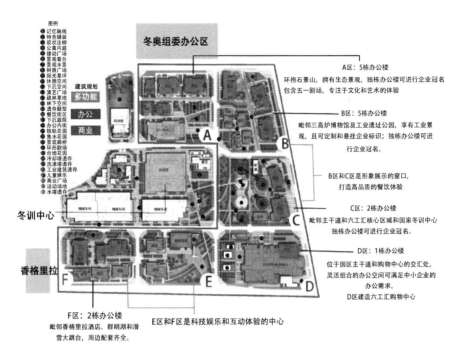

图11-3 六工汇整体布局规划图（图片素材来源：六工汇公众号）

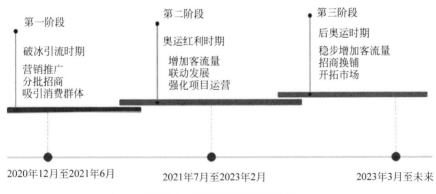

图11-4 项目发展规划三阶段

亲子区域可以签约大品牌自带流量的儿童教育、青少年培训等，当家长带着孩子进入六工汇进行教育培训时，也会顺带带动亲子区域的餐饮、服饰等商家的经营，甚至带动游乐园、趣味职业体验等体验类商家的客流量的增长。同时六工汇也可以利用首钢的工业遗址，根据不同的活动设置主题进行网红店的塑造,网红打卡点将带来很多潜在流动消费者,达到引流的目的。

第二阶段:从2021年6月左右交接后至2023年2月,这一阶段为奥运红利时期,奥运的举办会引来大批消费者,六工汇应完善基础服务设施,以便借助奥运东风加大自身客流量,提高销售额。同时,园区内的交通、卫生、服务等基础设施需要进行完善,以符合冬奥会的形象进行宣传,举办大型的营销活动,结合首批入园商户所签收的免租期营销赞助,将活动做到应有的声势,吸引更多潜在消费人群。

第三阶段:2023年2月后,奥运带来的红利逐渐减弱,项目的发展逐渐进入后奥运时期,随着项目发展势态逐渐良好,六工汇将根据新的市场环境的变化,在这一阶段进行转型,淘汰与定位不符的商户,选择更适合新定位的商家入驻,以达到六工汇新的项目定位。

(二)"矩阵式"项目招商方案

1. 招商宗旨

招商宗旨为合作、交流、创造。

2. 招商策略:二维方阵 精细施策

根据前期市场分析和项目设计,我们以交付期和冬奥时间前后制定时间轴,将项目发展分为三大阶段,在不同阶段制定不同的招商策略。招商策略分为两条线路,"X招商线路"是以进驻企业的需求为导向的招商策略,"Y招商线路"是以六工汇项目打造产业链为导向的招商策略,从进驻企业和六工汇项目两端共同考虑,制定"矩阵式"招商策略组合,如图11-5所示。

1)"X招商线路":需求导向策略

企业端需求链如图11-6所示。

六工汇在现阶段规划上基本可以分为商业区和办公区,而商业区和办公区的企业需求存在较大差别。我们以侧重产业集群过渡到侧重人流量规模的顺序,将企业需求分为五个部分,对企业各类需求进行分析。

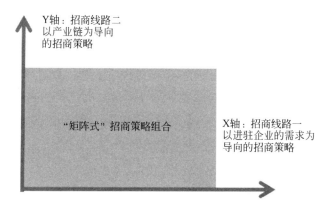

图 11-5 "矩阵式"招商策略组合

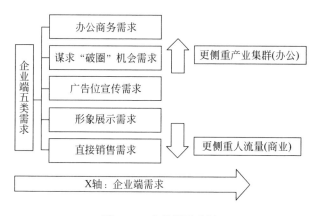

图 11-6 企业端需求链

(1) 办公商务需求。建设相对完整的产业链,如冰雪产业链中的企业,可以形成集群效应,有效帮助企业在园区内开展业务,为企业搭建产业平台,便于企业间互动交流。

① 招商策略。

企业需要的资源:产业链关键企业和龙头企业的带领作用,产业链的相对完整和各企业间的有效互动。

对应招商策略:六工汇附近有冬奥组委办公所在地和国家冬训中心所在地,另有滑雪大跳台可举办大型赛事,园区内体育或者冰雪氛围较其他地区存在显著优势,在区域规划上偏向于冬季体育项目集群,利于体育或者冰雪产业链的形成。

② 运营策略。园区通过吸引产业链关键环节企业进入园区(如体育教育培训等),然后吸引其产业链上下游其他企业进入(如装备制造、观赛服务等),形成较为完整的产业链,定期组织公司管理人员会议、产业合作大会等,加强产业上下游之间联系与合作,园区内产业形成良性互动。

(2) 谋求"破圈"机会需求。

第一类是合作范围非常广的公司,如媒体、中介类型的企业,它们希望和体育、娱乐、科技等各行业的公司形成业务往来,从而获得大量业务机会。

第二类是基于副需求,希望借助特色赛事如冬奥会项目的滑雪场景,挖掘消费者原本需求以外的其他延伸需求,向消费者提供去东北旅游滑雪的旅游服务,从而获得大量业务机会,这里主要包括旅游公司、教育培训公司。

① 招商策略。

企业需要的资源:第一类企业主要需要多领域、完整的产业链给企业提供"破圈"合作的机会;第二类企业需要园区内自己所在产业链具有完整性,并需要一定的市场关注度,给企业挖掘外部市场的机会并进行业务合作。

对应的招商策略:六工汇以体育为特色的城市综合体的定位,并与冬奥"四块冰"联动,实现全行业多领域开发,服务消费者生活的方方面面。构建体育或者冰雪相对完整的产业链条,而且可以做到产业延伸,多行业领域开发,从而实现给企业间搭线、为企业创建社交平台的目的,给企业提供"破圈"合作开发的可能。

② 运营策略。突出六工汇的地理位置和企业资源价值,如未来打造办公区域、精英企业圈,冬奥红利将带来大量体验冰雪项目的游客和爱好者,在六工汇办公区聚集各行业各类型的企业,能够创造大量企业间合作的机会。

(3) 广告位宣传需求。通过设置广告牌位,利用六工汇的人流量,达到广告宣传的效果。

① 招商策略。

企业需要的资源:与自身企业相关的大型IP或特色资源;显著的广告位置;一定的人流量。

对应的招商策略:六工汇附近的滑雪大跳台、冬奥组委办公区和"四块冰"的布阵形成了冬奥发展环境,与冰雪和冬奥有关的企业可以通过在六工汇安放广告牌位来宣传推广企业业务。同时,六工汇共有23栋独立建筑和13栋独栋的办公建筑,可以为需要宣传推广的企业提供广告牌位。最后,六工汇附近常住居民达到60万,并随着冬奥会临近,园区人流量会逐渐增加,可以达到很好的宣传效果。

② 运营策略。六工汇附近有冬奥会冬季项目比赛场地、冬奥组委办公区等,像赞助冬奥会的企业如伊利乳业等需要通过在附近进行宣传展示,通过租借办公楼的方式在六工汇比较瞩目的建筑上放上企业的Logo以达到宣传推广的目的,但此方式的合作程度较低。

(4) 形象展示(窗口经济)需求。针对需要对接六工汇的服务人群定位来展示推广自己的产品,如通过设立体验店、旗舰店等形式来向目标消费群体展示自己的产品,展示企业形象,实现产品推广。

① 招商策略。

企业需要的资源:与企业目标消费群体匹配的人群流量、与自身企业定位相符合的园区整体定位。

对应的招商策略:六工汇的体育和冰雪定位能够吸引大量体育和冰雪爱好者,且园区内办公区域较多,白领和高端商务人士数量较多,可以满足中高端品牌。

② 运营策略。六工汇的定位是城市服务综合体,以体育与冰雪为特色,服务中高端消费人群。通过在六工汇设立体验门店的形式,吸引目标消费群体体验产品,展示自己的品牌和产品形象。

(5) 直接销售需求。这主要指需要借助六工汇的市场销售自己的产品的企业,企业入驻目的是提高营业额和产品销量。

① 招商策略。

企业需要的资源：园区内人流规模。

对应的招商策略：六工汇附近常住居民达到60万，并规划有大面积商业区，办公人员数量庞大。随着冬奥会的来临，人流量会逐渐增大，六工汇未来会有广阔的市场前景和人流量。且北京西部大型商圈较东部少，给六工汇的发展和市场开拓提供可能。

② 运营策略。主要为商业企业，通过六工汇体育服务综合体的商业板块，借助六工汇的市场与人流量实现企业的产品销售和营业额提升。

2)"Y招商线路"：产业链导向策略

相比传统招商引资方式，产业链招商是以更深层次和更具长远效应的产业链打造为目标，如图11-7所示。

图11-7 "Y招商线路"：产业链导向策略

对于六工汇而言，凭借"冬奥东风"社会热潮以及靠近大跳台、"四块冰"、冬奥组委会的地理优势，其体育产业特色链条已先天形成。因此，以体育产业作为特色产业进行产业链招商策略，必能增强自身独特竞争力，提升综合实力。

（1）以赛事为核心的产业链。六工汇的体育产业链可以由上游赛事资源、中游媒体传播和下游衍生产业构成。体育产业所涉及的产业十分广泛，主要分为核心层、外围层和相关产业层，分别对应着产业链的上游赛事资源、中游媒体传播和下游衍生产业，如图11-8所示。

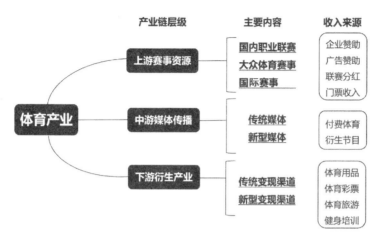

图 11-8　体育产业链示意图

① 上游赛事资源层级。六工汇可以围绕冬奥资源,承办国内外冰雪赛事,通过冰雪赛事的辐射力,吸引产业链的中下游企业,同时带动其他产业发展。六工汇上游赛事资源可由以下三类构成:国际赛事(冬奥会测试赛及正赛和其他国际冰雪赛事)、国内职业联赛(冰球联赛、北京市青少年冰球职业联赛等)、大众体育赛事(冰雪群众赛事、马拉松赛事等)。

② 中游媒体传播层级。体育传媒公司(如腾讯体育)和体育经纪公司(如赢德体育、盛力世家 CAA)。

③ 下游衍生产业层级。这包含传统变现和新型变现两个渠道,主要包括体育用品、体育彩票、体育旅游、健身培训四类。体育用品既包含传统意义上的体育鞋服、健身器材等用品,也包括"体育+科技"背景下的体育用品新形态,如智能可穿戴设备、体验类(VR/AR)体育用品等。

由于首钢园内显著冰雪产业特色,因此冰雪产业必然成为六工汇体育产业链条中独特的一抹颜色。

(2) 根据产业链阶段划分招商策略。

① 建造产业链阶段招商策略。"建链"是指引进相关产业链中具有核心地位的龙头企业,并以之为基础进行辐射、延伸,进而建立产业

链条。六工汇应重点通过知名赛事的运营,快速吸引产业链的上下游企业,促进消费,带动其他产业发展,主要通过以下两种方式。

一是直接引进知名赛事IP运营公司。如引进CBA的运营商——盈方公司,可直接吸引到CBA的赞助商李宁、安踏入驻,也可吸引相关篮球用品品牌和鞋服品牌入驻,同时也会吸引中游产业——篮球赛事媒体转播、篮球经纪公司入驻。

二是打造六工汇自营品牌赛事公司。借此打造自身赛事IP,包括职业赛事和群众赛事两大类。在职业赛事中,六工汇可通过地理区位优势中的冰雪场馆打造冰雪赛事,也可通过打造和首钢或冬奥会联名的马拉松赛事(冰与火杯)吸引相关上下游企业入驻。

② 补充产业链阶段招商策略。"补链"是对"建链"的延伸,其目的是实现产业链向上、下游延伸,打造产业集群。在六工汇的体育产业链条中,可根据赛事吸引该项目上下游企业入驻。产业中游链中,可引进一些体育经纪公司和体育传媒公司。产业下游链中,主要包括体育用品、体育彩票、体育旅游、健身培训等企业。

一是针对体育用品行业的招商策略。其主要包括:

- 针对传统体育鞋服用品企业。这类企业主要通过直接销售其鞋服用品增加现金流,同时其品牌效应也能为六工汇吸引人流。
- 针对体育文创类用品企业。可考虑两类:第一类是旅游纪念类文创产品公司,可以开发针对首钢工业特色、冬奥会特色的旅游纪念类产品;第二类是体育娱乐艺术类文创企业,可以针对六工汇特色,具体化为"体育胶卷",如将冬奥健将经典动作的照片做成胶卷以售卖,建议自营。
- 针对体育生活美学文创企业。这一类企业的文创产品主要是指通过对体育生活的观察,把自己对体育的理解渗透到日常产品的细节中,创造出美甚至是引领生活方式的产品。如"体育机械日历"。可引进目前已有一定市场且小众的企业,如联邦走马、自然造物等。

- 针对品牌文创企业。六工汇可以根据自身品牌定位开发自身文创产品(比如动漫形象),也可以通过品牌联名创造IP,联名首钢、联名冬奥会或者联名潮牌。这一类产品建议自营。

二是针对体育科技行业的招商策略。体育科技用品企业重点体现科技元素,产品主要包括智能可穿戴设备(如小米手环)、体育体验用品(模拟滑雪、VR体验体育项目等)。这一类企业可以引进小米、华为、泰山体育等。

三是针对体育旅游行业的招商策略。一是主打冰雪旅游,可以考虑引进途牛、携程、美团等。二是主打亲子主题的微度假旅游,可以考虑引进一些亲子企业,六工汇内可以通过亲子主题活动的开展,同时辅以配套的吃、喝、住、行等服务,必定可以吸引周边地区亲子系列爱好者前来打卡。

四是针对体育培训行业的招商策略。

- 健身房。六工汇内可打造工厂风特色装修的健身房,装修风格以工业、朋克为主,同时加以网红化的宣传方式,将其打造为北京西部新型网红打卡胜地。可以直接引进大型健身品牌,或者自营健身房品牌。
- 体育培训。六工汇内可引进大型体育培训公司,如万国击剑,也可引进冰雪培训企业,与首钢园内冰雪赛事资源相呼应,争取与首钢园内冰雪赛事组织者、冰雪资源拥有者建立长效合作机制。

③ 强化产业链阶段招商策略。在"强链"环节,六工汇应更注重强化品牌效应,打造高新技术等核心竞争力。例如可以引进"孵化器企业",孵化器的引进将为六工汇带来高的社会经济效益附加值,提供体育高新技术创新服务中心,为新创办的体育科技型中小企业提供物理空间和基础设施,提供一系列的服务支持,提高创业成功率,促进科技成果转化,培育成功的企业和企业家。

同时,六工汇可引进金融行业企业如保险、证券等,强化六工汇内产业集群效应,打造高品牌知名度,打造高级办公圈,同时也为六工汇内其他企业更好地筹集资金、营运资产服务,实现其持续经营和价值最大化。

最终,结合招商策略的两大线路,突出不同产业链阶段特点,针对进驻企业的不同需求制定不同的招商策略,制定"矩阵式"招商策略组合,如图 11-9 所示。通过此矩阵,可以更清晰把握不同需求的企业在不同招商阶段的招商工作。

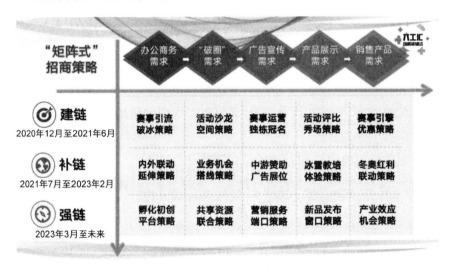

图 11-9 "矩阵式"招商策略组合

3. 后期招商:分批换铺　阶段递进

招商换铺的目的:对消费者和租户进行调研,在了解消费者和租户的需求基础上对不理想的品牌进行调整,更换位置或者直接更换商家。

招商换铺的策略:以品牌经营分析和监控为基础,对品牌的经营进行分析、品牌形象管理、品牌发展和定位,另外对于部分定位符合要求、经营不善的店铺可以主动帮助进行调整。

招商换铺的主要工作:六工汇整体的定位、各区域的经营定位、各区域的主要品牌和代表品牌、各区域业态和品类的分布、各区域的租金水平等。积极推动招商换铺才能提升品质、提高城市综合体的聚客能力、提升购物和办公环境,为提高租金收益打下基础。

4. 必备撒手锏:多维模式　营销组合

通过新颖的营销推广方式,将六工汇城市综合体的价值放大展现,吸引优质的企业进驻,加快资金回笼,减少招商成本,增加盈利。

在营销宣传方式上,园区项目只有打出线上线下互动的"营销组合拳",才会收到奇效。

1) 三大营销方式

(1) 话题营销——引发更多企业关注。

挖掘产业园的话题,吸引相关企业的眼球视点和引起人群共鸣的重音,话题可以分为以下四种。

建设事件:对于六工汇来说,别具一格的简约科技感建筑、蒸汽朋克风的工业遗址、更胜一筹的建筑配套标准、独家采用的施工新工艺或建筑新材料、首屈一指的建筑规模等都是能引人注目的建筑事件。

运营事件:六工汇在今后的运营管理过程中可能发生的具有话题效应的营运事件,如知名中介机构进场服务、行业龙头企业入驻六工汇、重要人物莅临六工汇、社会公益活动在六工汇举办等。

企业内部事件:入驻六工汇的企业在经营当中发生的具有传播价值的事件,如公司成功上市、公司老板获得殊荣、技术攻关取得重大突破、公司创建独到的商业模式、校企达成产学研合作、公司产品闯入国际市场等。

潜在事件:非六工汇内部主导发生,却与之存在显著或潜在关系的社会事件、行业事件,且事件具有一定传播效应,如与六工汇相关的新行业政策出台、六工汇所在区域纳入北京市重大规划等。

(2) 网络营销——掀起招商浪潮。

网络营销通过电子信息渠道,运用更便捷、更具交互性的方式来突破传统营销的短板和障碍。可以采用"话题营销+网络营销"的营销组合。

六工汇项目"借话题事件,行网络营销",还必须营造"波浪效应"即一波接一波的连续性营销推广,间接制造"大浪潮"事件,甚至是"海啸"

事件。只有出现这样的新闻效应,营销绩效才会精彩呈现。

(3) 冬奥营销——借助冬奥红利。

对于六工汇而言,其毗邻国家冬训中心、拥有 Big Air 大跳台、"四块冰"等区位优势,使之可借势冬奥赛事红利,打造自己的品牌形象。

六工汇可以在冬奥会举办前开始一场推广战役,鼓励消费者前往园区参加各类冰雪特色活动、亲子游戏等,以此吸引客流。在冬奥会举办期间,将园区内相关区域作为赛事的最佳取景点,增加六工汇的曝光度。在奥运结束之后,可继续综合运用广告、社交媒体、零售、体验等方式,以及运动员大使和国家队资源,来深耕园区内部冰雪运动培训业态,将其打造成园区在后奥运时代可持续发展的一大支撑产业。

2) "集齐冬奥"招商营销组合策划方案

根据上述的招商三大营销,以及六工汇项目现有的条件资源,我们将"话题营销、网络营销、冬奥营销"进行组合,设计一个有实用价值的招商活动的具体方案。

活动主题:"集齐冬奥"

子主题:六工汇可在招商第二阶段(冬奥红利期)连续开展七周迎接冬奥会主题活动,七周主题分别为冬奥会七个大项,即"滑雪""滑冰""冰壶""冰球""雪车""雪橇""冬季两项"。

活动内容:以"迷你马拉松"的形式,参与者每参与一个主题即可获得该主题项目勋章,集齐七、六、五个勋章可获得不同程度的奖励。奖励必须是独特的。

活动设计:首先是在主题活动物料的设置上,要把六工汇的理念融入活动中,将话题尽可能多地融入物料细节中去,这样可以通过参与者的朋友圈达到更好的传播效果。其次是在宣传语的设置上,要更引起参与者共鸣,增加参与感,引起受众自豪感,同时宣传语也更应该通俗易懂,激发兴趣。针对"集齐冬奥"七周迷你马拉松挑战赛,宣传语可以是"冬奥就在脚下!加入我们,跑起冬奥!"

网络营销方式:

(1) QQ、微信等传统社交媒体平台。

① 直接投放朋友圈、QQ空间广告。
② 利用公众号平台定时发推送介绍相关活动。
③ 建立相关群聊，建立黏性用户组织，针对核心爱好者群体。
(2) 微博、小红书等新型社交媒体平台。
① 直接购买热搜，增加曝光度，必要时要采取控评措施。
② 与此类平台上的推荐达人合作，将活动更有效传播到博主的巨量粉丝中。
③ 建立官方微博、小红书账号。目的主要是针对网络上的不良言论及时做出公关，保证网络营销效果。
(3) 抖音、快手等短视频平台。
① 官方发布相关活动信息，通过精彩的视频内容吸引受众。
② 与视频达人合作。
③ 建立"集齐冬奥"视频主题，所有来参与活动的受众均可发布，其作品点赞量或转载量最高的均可获得奖励。

活动反馈与调整：随着主题活动的临近、每一周的举行，话题热度都会相应发生改变，因此应根据营销效果及时调整，同时也应根据每一周主题的不同而在话题上稍微有所不同，如在滑雪主题马拉松周，话题应更倾斜于滑雪。

(三) 项目运营

1. 六工汇项目运营活动策划

1) 体育板块：打造京西体育产业名片——体育一站式服务

区域位置：E、F区互动体验中心以及六工汇户外广场。

六工汇项目可以借助首钢集团的体育基因，打造区别于竞争者的一站式服务，集赛事表演、运动体验、青少年培训于一体，着重培育品牌文化(图11-10)。

在室外广场进行联赛季节化运营。

开办春夏"联赛月"。充分利用六工汇室外广场，打响六工汇的"体育"品牌。可以邀请首钢集团具有影响力的运动队，在六工汇室外广场

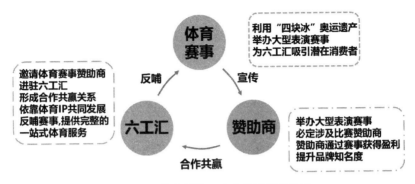

图 11-10　体育板块三大主体的利益关系

搭建表演赛区。开展六工汇—北京高校室外篮球 3×3 联赛,晋级决赛的高校队伍可以获得和首钢男篮进行 3×3 表演赛的机会。赛制设计:淘汰制,共设 30 所北京高校参赛名额,前三个周末资格赛,第四周淘汰赛,最后一周"表演赛+决赛"。

开办秋冬"室外冰雪嘉年华"。进入秋冬后,可以在广场铺设临时冰面(不局限于原广场),打造冰雪嘉年华广场,与普通冰场区分开,采取限时(30 分钟)免费体验,体验券与公众号绑定,每人每月可用一次体验券。此外在进入寒冬时可举办灯光冰雕展览,如图 11-11 所示。

图 11-11　"冰雪嘉年华+灯光冰雕节"效果图

2) 文化板块:以动漫、文创吸引青年消费者

区域位置:六工汇正片区域。

A 地块：六工汇有明显面积优势，可以打造各种大型旗舰店和体验项目。以"最大"作为卖点，吸引客流。

B 地块：开展动漫、IDO、古水北镇嘉年华——赛博朋克、工业风。大型活动场地可租给 IDO 等有规模、有名气的漫展，将六工汇"动漫"元素的品牌做大。同时，还可以邀请 coser（进行角色扮演的人）到园区内，以赛博朋克为主题，进行参演、游园，与游客互动，吸引人流。

C 地块：开展文创类活动，建立首钢园文化体验馆（制作纪念品）。首钢园独特的建筑设计可以引起人们强烈的、独特的、正面的联想。这些设计从诸多方面唤起人们对首钢历史的怀旧。

3）购物板块：创建京西最大亲子互动体验中心

区域位置：D 地块购物中心。

调查显示，京西地区的亲子类服务设施并不完善，六工汇可以借助面积优势，打造京西亲子服务一栋楼。对购物商城区域的划分进行重新设计，采用纵向划分区域的方式，形成"套娃"式商场。

最后一个品牌运营创想则是要加强六片区域的联动性，在六工汇园区各大板块中设置网红打卡拍照点，消费者进入园区时发放集章宣传单（图 11-12），鼓励客户使用无人免费摆渡车系统，游玩整个园区。设置精美的非卖礼品，奖励给集齐所有印章的客户，以此增加客流量，将六工汇项目的每处风景展现给消费者。

图 11-12　六工汇集邮单设计

2. 盈利模式

1) 租金收入

六工汇作为城市综合体，主要盈利来源于商户的租金和部分商户的提成，前期为了招商的顺利进行，首批入驻的商户租金有所减免。为了租金的提升，我们将六工汇城市综合体的成长分为四个阶段。

第一阶段：通过第一批入驻的商家引流，利用冬奥红利时期，提高客流量。

第二阶段：客流维稳后通过入驻的优质商家提高整体的销售额。

第三阶段：六工汇将在奥运后将整个项目进行转型达到成熟阶段，通过更多优质和高端的商户的入驻达到客单价和提袋率（即成交率）上升的目的。

第四阶段：将整体的租金上涨，达到六工汇的盈利目的。

四个阶段的租金梯度变化特点如图11-13所示。

图11-13 四个阶段的租金梯度变化特点

我们初步制定为每1～2年进行一次租金调整，租金的变化阶段刚好与六工汇的发展阶段重合，度过奥运红利时期后客流稳定且销售额上涨，与此同时六工汇的转型阶段正是进行租金提升的阶段。

2) 自营收入

在六工汇园中，有一部分是自营区域，如五一剧场和一些公共空间。五一剧场有话剧演出、舞蹈演出、各类发布会等活动的对外租借收入，而公共空间也会举办一些大型营销活动或体育赛事，对租借场地的商家进行收费，在规定时间内可在公共空间内不造成影响的角落推进"地摊经济"等小型活动。

3）无形资产开发

无形资产种类繁多,六工汇内包括冠名权、特许经营权、六工汇各区域内的广告牌等。想要达到无形资产的开发,六工汇至少要在两个方面有足够的吸引力,即人群效应和六工汇自身品牌的打造。首先,人群效应要求聚拢人群,围绕六工汇的主打理念打造"体验+",吸引人群体验体育、文化、亲子等项目,带动整个商圈的运行。其次,通过六工汇自身的建设以及后期的转型,打造自身的品牌,成为新的风向标。

3. 租金管理

1）租金价格定位的相关因素

（1）区域市场的供求状况。受益于2022年京张冬奥会,未来几年北京地区的商服物业呈放量增长趋势,大量商铺推出,形成市场供给量激增,相应需求量饱和,本项目要把握入市时机,以适宜的价格进入市场。

（2）区域租赁市场状况。目前区域市场租金较低,经营模式以法人出租及个体出租经营为主,对项目的定价和招商有一定的影响,因此在定价时必须将现有区域市场商铺租金状况考虑在内。

（3）项目自身的客观条件。项目的优势明显,尤其是前文提及的"六工汇项目 USP"可对区域内的同质竞争者造成一定冲击。因此,要在项目的业态定位上,突出自身优势、投资回报率高和未来发展空间大的特点,与竞争对手形成差异,构成项目定价的支撑点。

（4）项目的包装。针对周边竞争对手,本项目的硬件包装要提升档次,配套设施合理,以支撑大商业、大市场、高经营回报、中高档消费的市场定位,同时符合引进经营商家的需要,使开发商得到预期回报和体现利润最大化。

（5）宣传推广度。鉴于六工汇项目的特色的地理区位和超大型的业态形象,因此要突出显示其规模巨大和大商业、大商家的气势;而项目本身定位为具备商业、办公、多功能的城市综合体,因此,在宣传推广上要采取多种宣传途径并举、多种推广手段共用的策略,使本项目形成大商家、大商业、高回报的态势,拉升租金水平。

2) 租金价格定位策略

租金价格定位为价格适中,可持续发展。

3) 租金定价原则

租金定价应遵循位置差异、交通差异、视野差异、质素差异的原则。商服物业的价格制定受到地理位置、业态功能、商性主题、楼层层差、单层客流交通通道、整体视野、面积实用率、配套设施等元素的制约,要合理体现这种差异档次,就需要适宜的定价标准来界定。

六工汇在前期招商的过程中会提供经营或装修免租期,但必须符合以下要求。

(1) 免租期原则上分散到各个季度给予,不能出现某季度无租金经营。

(2) 免租期给予与收租金相结合,降低风险。

(3) 合约免租租户在免租期必须参加六工汇组织的各项大型企划营销活动。

(4) 续签租金合同,不得低于原合同最后一年租金标准的115%。

转型后成熟的六工汇项目将不再提供经营和装修免租期,实施无缝对接。对于不同商户的租金的定价根据已定的基本户型的位置进行调整。

4. 物业管理

对于六工汇来说,想要自己经营物业将面临经验不足和团队不熟悉等问题,难以迅速满足六工汇的项目需要。可以在六工汇进入成熟阶段前将物业进行外包,让专业的人来做专业的事。后期六工汇项目转型完成,进入成熟期后,再通过对专业的物业公司的了解和模仿,逐渐换成自己的物业,拥有适合自己的风格。

北京首钢物业管理公司可以作为选择之一。首钢物业以其优异的市场表现荣登"2020专项物业运营优秀品牌",彰显出企业品牌实力与价值。首钢物业既符合专业的要求,又熟悉冬奥的发展,能够在提供专业服务的同时帮助六工汇在冬奥时期获得更多的优势。

5. 公共服务的运营管理

1）严密的疫情防控服务

在六工汇的经营期间，疫情可能还没有过去，所以做好疫情防控工作不可避免。进场的消费者应在活动场所通道入口体温检测点主动出示"健康码"，配合体温检测，另设置排查区以防出现高温消费者，及时进行隔离。保洁人员应当及时消毒电梯按钮、门把手等公共设施、物品，在公共空间及时消毒、及时添加洗手液，保持良好的园区卫生，在园区内做好防控疫情的宣传海报等。

2）优质的基础服务设施

在商场入口、服务台等处，应放置商场购物指南供消费者取阅。购物指南应包含项目介绍、购物指南、楼层平面、品牌列表、商场位置图以及交通信息，这样的细节会给一部分消费需求明确的客户带来极大的方便。

随着购物中心内儿童业态比例不断加大，如购物中心内能完善儿童休息区、儿童游乐等设施，提供轮椅与儿童手推车，轮椅后面设置购物篮，方便购物，则会为购物中心加不少分。

在公共区域内应设置询问处、客户服务中心、Wi-Fi 覆盖区域、吸烟区、育婴室、客户休息区、行李寄存服务等公共服务区域。

3）完善的公共科技服务

六工汇项目区域内放置智能导航人，既可以为园区内的消费者指路导航，也可以对消费者的消费行为作出引导。智能导航人会通过人脸识别、对话及大数据分析等功能实现千人千面的个性化销售。

六工汇项目区域内放置大量智能服务车，如快递配送车、外卖配送车、自动垃圾车等，满足办公人群和工作人员的需求，保证园区内的卫生和服务，塑造六工汇的科技感，打造智能六工汇。

二、愿景——"三步走"

本文通过上面阐述的时间轴为愿景的划分点，以项目内容为载体,以项目产业链发展为线索,以项目招商与运营为落脚点,规划出三个阶段的愿景,如图11-14所示。

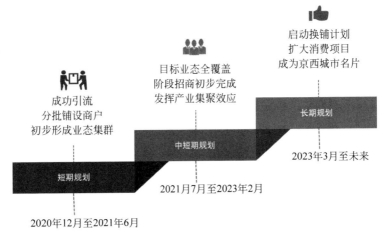

图11-14 "三步走"的时间阶段及愿景

(冠军"英东六点半"队的成员:潘望、陶烨、牛祎萌、姚瑶、王悠芝、王卓然)

案例点评

六工汇是北京首钢园区的城市更新项目,位于首钢园北区的核心位置,意欲打造成为北京城西的新型城市综合体。案例中六工汇试图寻找能够吸引体育企业入驻的方法,并希望在这个综合体中融入更多的体育元素,实现其为居民提供体育服务的功能。

从案例中我们可以了解,六工汇不是简单的产业园区或单纯的城市综合体项目,而是一个城市更新和城市复兴项目,是世界最大的城市复兴项目中的一个核心项目,所以策划时立意要有高度。六工汇由6块不同的地块组成,涵盖办公、商业和公共三大区域。六工汇希望立足长期运营,把体育企业和奥运亮点引进来,前期重视招商,后期更多的是市场推广,更好地利用空间,更看重产业和商业的联动以及室内室外活动的联动。

在案例分析部分,需要重点考虑以下几个方面:一是要分析国内外城市更新项目的发展现状,尤其是与重大体育赛事相关的项目;二是对六工汇项目的外部环境和内部资源进行分析,包括首钢园区对其的影响,找到可以切入的点;三是要对北京西部居民和已入驻或有意向入驻的企业进行市场调查,了解两类目标受众的需求;四是对周边其他城市综合体或产业园区进行竞争分析。在此基础上对六工汇项目招商进行定位。例如冠军"英东六点半"队对消费者做了问卷调查,主要内容是了解消费者对六工汇城市综合体内提供的具体项目和服务的需求,以及偏好的商户类型和特点,期望助推六工汇项目进行精准招商工作,为后期开展运营活动以及北京西部居民提供体育服务提供依据。

在案例招商运营方案部分,要对六工汇项目进行短期、中期和长期的规划设计,对各个区域的主题、功能定位、布局设计等需要考虑清楚,也要提供具体的落地运营方案。同时在这些区域中为北京西部的居民设计丰富的体育服务项目,将企业用户、商家和普通消费者连接在一起。目前六工汇商业板块有三大主题:体育运动、家庭娱乐、文化创意。但产业方面(办公区域)该吸引哪些体育企业进入?如何进入呢?这也是应该思考的问题。在招商策略的制定方面,要考虑招商渠道、招商的宣传推广、进度、费用估算等,要设计可以落地的运营模式。

例如冠军"英东六点半"队提出的项目理念是"和你共享一座理想城",项目内容分为"三大空间"而展开,分别突出了办公空间、商业空间、公共空间的优势亮点以及具体落地细节。以交付期和冬奥时间前后制定时间轴,将项目发展分为三大阶段,在不同阶段制定不同的招商策略。招商策略分为两条路线,一是以进驻企业的需求为导向的招商策略,二是以六工汇项目打造产业链为导向的招商策略,从进驻企业和六工汇项目两端共同考虑,制定"矩阵式"招商策略组合。这部分是该小组亮点之一,但还可以进行更深入的探讨。

亚军"青蓓"队就如何为北京西部居民提供更加便利的体育服务，从宣传推广和园区设计两方面来开展讨论。值得一提的是，该方案设计了一款由首钢联合入驻企业推出的新产品——STwatch 手环，希望通过 STwatch 手环加强客户和园区的互动感，优化游览的体验感和便捷度。STwatch 手环作为电子门票，是游客入场的凭证。STwatch 手环不仅有记录步数、监控心率等基本功能，在运动结束之后，还可以提供一份非常完整的体育报告。在购物中心，游客可以根据 STwatch 分数来分级兑换相应的礼品。在高科技园区，STwatch 可以为游客提供科技产品的讲解预约服务。

季军"北上青铜"队提出将六工汇打造成为一个集大型活动、全民健身、休闲娱乐为一体的城市综合体。以工业风冰雪特色为核心，以科技、创新、绿色为内涵，通过投资扶持、招商建设以及三级运营体系，推动体育融入生活，提供全面的体育服务，促进城市更新。报告中的亮点之一是一站式服务运营体系，提出打造 15 分钟的体育生活圈，建设一个体育基础设施的环境，比如依据湖景观建设健身步道、自行车车道以及多功能运动场等体育设施，这些体育设施可以与线上小程序结合。同时给人们发放园区的绿色消费券，以鼓励人们的体育消费，培养体育消费习惯和健身习惯。

最后，研究招商方案中的盈利点，进行财务预算和风险控制分析。

案例 12
产业园区与城市足球的融合之路

案例

深圳市星河产业投资发展集团有限公司(以下简称"星河产业"),是星河控股集团成立的专业产业地产投资运营集团公司,致力于成为产业内核塑造者,以产投融创新运营模式,铸就创新经济新引擎。星河产业一直以"城市运营引领者"为使命,坚持"地产为本、战略为势、创新为魂、金融为器",深度践行"多元化、专业化、国际化"的可持续发展之路,以有担当、有责任的精神服务城市,重塑城市价值。

在体育的发展与产业融合的大环境之下,星河产业致力于探索产业园区与足球文化的融合之路,在实践的过程中,期望深入探讨有关方面的现实问题:如何在一个有限的产业园区内发展足球运动并形成一个可持续的生态闭环？如何在园区内形成有价值的足球文化，满足园区内的体育需求，从而吸引企业及高质量人才入驻？

（请扫描二维码阅读完整案例）

案例分析报告节选

我国足球爱好者数量众多，占总人口的 7%，顺应国家"全民健身，全民体育"的政策，足球产业方兴未艾，预计足球运动发展年增速约为 18%。足球产业园区需求广泛，消费升级、体育需求引导、政策导向助力发展足球产业，而目前有特色的足球园区和足球场地拥有巨大的发展前景。如何做到先发制人，发挥差异化竞争优势？该报告通过梳理足球运动发展现状，分析将足球引入园区的可行性，对园区及需求进行分析，在此基础上提出打造"足球家"产业园区设计，提供面向企业端和居民端的配套设施及相关服务，构思的园区足球产业链全景模式如图 12-1 所示。

针对产业园区与城市足球融合之路，该报告提出了以资源建网络，实现居民娱乐与产业赋能一体化的星球计划方案。所谓星球计划，就是从一个星球出发，立足于足球特色产业园区，通过企业端和居民端两条路径并驾齐驱，最终实现产业融合与价值共创的 N 种打法。通过满足居民端和企业端的需求，发挥产业园区的足球链条优势，结合足球培训、社交、娱乐、餐饮、住宿，以及足球高科技、电竞、影视等需求，形成园区足球生态，打造企民融合的足球家特色园区。星球计划的总体思路如图 12-2 所示。以下内容为案例报告节选部分。

案例 12　产业园区与城市足球的融合之路

	企业端	居民端
足球俱乐部/社团	职业足球俱乐部	兴趣足球俱乐部
↓	企业足球俱乐部	居民兴趣足球俱乐部
足球赛	足球赛事	全民足球赛
↓	承办职业足球赛、足球电子竞技赛	居民足球联赛、足球友谊赛等
足球场	赛场	训练场地、运动场地
↓	足球赛场运营	场地运营+管理+信息化
足球用品及周边	运动用品	相关足球衍生品
↓	足球穿戴、智能硬件、器械	足球品牌直销、平台、电商、点评
产业融合：足球+	足球科技	足球娱乐
↓	结合VR、AI、大数据等智能化足球	打造足球文化、餐饮、娱乐、住宿一条龙

图 12-1　园区足球产业链全景模式

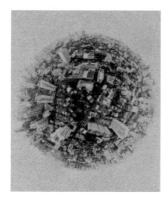

星球计划

1个星球：足球特色产业园
2条传中路线：企业端+居民端
N种阵型：产业融合和价值共创

图 12-2　星球计划的总体思路

一、园区介绍及需求分析

(一) 星河 WORLD 业态构成：写字楼＋商场＋酒店＋住宅＋公园＋学校

星河 WORLD 占地约 62.29 万平方米，总建筑面积约 160 万平方米，是产业、商务、居住、教育、购物、休闲等多业态配套的产融联盟新城，由星河产业集团独立运营。项目基于城市运营模式，打造集产城、产融、产教、产居四位一体的产融新城，为业主、客户及产业提供更好、更舒适的宜商宜居宜创体验。

75 万平方米联盟商务区为企业提供各类商办物业，打造企业持续经营的发展平台，总规模高达 5 亿元的深圳市红土星河创业基金将按照合理配比原则，首期定向投资园区企业。此外，坐拥约 8 万平方米 COCO Park 旗舰商业、约 5.5 万平方米酒店公寓、20 万平方米银湖谷湖山大宅，坐享 33 万平方米文体公园等，引进广东省华师附属学校师资力量，享受政府定向配租公共租赁房，各业态间相互连接、协同，为产业集群的发展聚变创造了条件，构筑深圳产城融合示范园区。

(二) 目标客群及需求分析

从业态构成分析中我们可以看出，星河互联的产业园区为商住综合体，引入足球元素打造特色园区，一方面可以吸引居民对商品房的购买，并且一定程度上为业主入住后的休闲娱乐需求提供解决方案；另一方面，通过打造特色文化园区，可以增强产业园对企业的吸引力，并通过进一步的资金运转和活动设计，协助入驻创业企业与投资人建立沟通渠道。

下面分别讨论足球为园区内企业赋能的潜在方向，以及如何满足居民的需求。

1. 企业端：服务战略新兴、金融投资、文化创意三大产业

目前项目已吸引超 500 家知名企业进驻，其中上市企业 30 家，14

家为福布斯 500 强企业，包括华为、中国人寿、三菱电机、五矿证券、平安惠普、顺荣通讯、菲尼克斯电气等，战略新兴、金融投资、文化创意等三大产业聚合度 75%，已形成初具规模的产业集群；与深圳自贸区、美国硅谷、韩国、以色列、巴林等区域达成战略合作，与华为、港中大、创新投、猛狮科技、前海联控、大疆、京东等企业机构实现全方位合作，合作的部分企业机构如图 12-3 所示。

图 12-3 实现全方位合作的部分企业机构

足球赋能战略新兴、金融投资、文化创意三大产业，具体内容见表 12-1。

表 12-1 足球赋能三大产业

产　业	内　容
以华为、大疆为代表的高科技战略新兴产业	足球赛事、人工智能＋足球、足球游戏、足球穿戴设备等为新研发的高科技产品提供应用场景和推广渠道
以创新投、五矿证券为代表的金融投资产业	1. 高科技产品在足球赛事等场景中的应用使投资人能够亲身体验、评估产品，辅助投资决策。 2. 足球产业为券商等金融企业提供足球博彩、足球期权等衍生品的基础标的资产和发行市场
以文体公园、影视公司为代表的文化创意产业	以足球为内容，以文体公园、影视创作为载体，在推广足球的同时提供内容直播付费、赛事版权等多种盈利渠道

2. 居民端：解决园区配套人才的健身、社交、教育需求

为支持园区内的企业发展，星河 WORLD 内建有商品房、公租房、学校、公园等办公商业区的人才配套。足球作为一种群体性体育运动，其社区化和校园化满足了居民的健身需求、社交需求和青少年的训练需求，如表 12-2 所示。

表 12-2 满足居民需求

需 求	内 容
健身需求	足球作为体育运动的基本功能
社交需求	1. 企业间的足球联赛能够实现企业品牌文化传播、企业间社团交流,提供白领社交的具体场景。 2. 企业内部的足球团建能够丰富员工的文体生活、提高员工的团队合作精神
青训需求	足球作为一种教育方式,能让青少年在锻炼身体的同时,懂得观察、总结、沟通、交流和协作的重要性,通过引入足球青训机构,推广青少年足球赛事,可以以足球为载体,以兴趣为起点,磨炼其体魄,塑造其心性

二、"足球家"产业园区设计

(一)区位设计

根据对于居民端、企业端目标客群的分析,规划现有产业园区的区位设计,如图 12-4 所示。

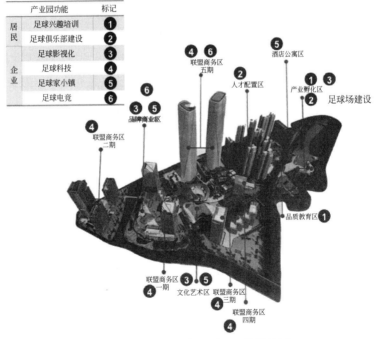

图 12-4 "足球家"产业园区区位设计图

(1) 面向居民的足球兴趣培训利用产业孵化区的足球场地、品质教育区的基础设施及人才配套,培养青少年足球技能。

(2) 面向居民的足球俱乐部建设利用产业孵化区和人才配置区的足球场地及俱乐部活动场地,充分发挥产业园区的社交娱乐运动功能。

(3) 面向影视企业、文化产业基金的足球影视化基地选取在文化艺术区、产业孵化区、品牌商业区建设相关影视基础设施及相关营销方案。

(4) 面向高科技公司的芯片研发、VR/AR 辅助裁判、智能穿戴、人工智能等足球智能化链条,通过联盟商务区提供工作环境及技术支持,辅之以产业孵化区、人才配置区进行全方位配套支持。

(5) 面向餐饮、娱乐、酒店的"足球家"小镇建设,通过产业孵化区、酒店公寓区、品牌商务区等足球元素融合,充分打造具有差异化优势的足球产业园,发挥足球元素的边际收益。

(6) 面向电竞公司的足球电竞,通过在品牌商务区、联盟商务区、人才配套区等提供办公场地及技术支持,吸引新一代年轻电竞爱好者了解足球产业园,带来强大的网络营销。

(二) 方案设计

1. 面向居民

1) 足球兴趣培训

青少年是星河 WORLD 的一类特殊居民,广义上包括住宅区的常住孩童和父母在园区入驻企业上班的流动孩童。尽管园区配套的 9 班幼儿园和 6 年制雅宝小学满足了儿童入学教育的需求,但生活在商住小区却使儿童娱乐和体育活动的开展受到一定的限制。在星河园区内发展青少年足球兴趣培训,一方面可以满足该需求;另一方面可以作为亲子活动,满足居民对于亲子关系培育的需求;或为园区内双职工父母的孩子提供一个安全、就近、有益身心的托管兴趣班。具体方案内容见表 12-3。

表 12-3 足球兴趣培训方案

足球兴趣培训	内 容
方案介绍	针对社区孩童,提供足球兴趣培训班和足球比赛获得家长和孩子的认可,培养孩子对于足球的兴趣爱好,符合国家"全民体育,全民健身"的战略布局
商业逻辑	通过足球培训、足球比赛、足球衍生品等方式进行盈利
活动形式	1. 足球兴趣班:结合社区内居民孩童的足球需求,利用足球营销获得社区外孩童和家长的认可。 2. 足球比赛:通过培训班选拔足球少年队,提供定期赛事进行足球技能比拼;同时可以和周围其他社区等开展足球联赛。 3. 足球衍生品销售:为孩童提供球衣、球鞋等相关衍生品,由于孩童的需求弹性较低,所以衍生品的销售盈利可期
场地	在产业孵化区设计足球场地,可提供周末培训场地及比赛用地
宣传方式	1. 线下宣传:在商务区、人才居住区、品质教育区等张贴海报,在社区物业等进行足球兴趣培训班的宣传。 2. 线上宣传:可建设线上足球社区的微信公众号,定期推送足球培训信息,同时可在小区物业业主群中进行推广
产业融合	可以结合"足球"+"教育",配合国家素质教育和全民健身战略,从小培养孩子的足球兴趣,强身健体的同时提升技能

对内,足球兴趣培训可以为已入驻的教育类和儿童娱乐类公司提供新商机:①兴趣班可以依托园区幼儿园和小学的体育师资与已有生源展开,并回哺成为其教学系统的有力补充,提高学校的综合竞争力。②足球培训项目可以与以儿童为目标用户的企业合作。如已入驻的"玩具反斗城",一家全球性的玩具及婴幼儿用品零售商。将其开发和售卖的足球类玩具有机地融入兴趣班的装修、奖励等系统中,可以实现玩具反斗城营销场景的拓展,不啻为双赢的战略。

对外,足球兴趣班为体育投资和青少年足球业搭桥牵线,完成商业闭环:根据国家的《体育事业发展"十三五"规划》,足球特色学校数量2025年将显著增加,而青少年足球联赛也将迎来繁荣,在这样的大背景下,青少年足球的培训和赛事运营兼备了行业和商业价值,成为投资人看好的一大产业。通过发展足球兴趣班,可以发掘青少幼群体中的足球尖子,对区域内的足球青训队输血。这种后备资源价值将吸引外部的投资公司以其为通道切入体育行业中;而融资无疑又会转化为新的足球文化和园区建设资金。

2) 足球俱乐部建设

CBNData(第一财经商业数据中心)数据显示,作为大众型运动,足球消费者年龄集中在 29~35 岁区间。360 大数据也发现体育人群以 19~49 岁,特别是 25~34 岁的年轻男性为主,且从事互联网或金融行业人员对体育感兴趣的占比较大。这与入驻企业员工的年龄结构分布以及星河 WORLD 以战略新兴、金融投资、文化创意三大产业为主的产业结构分布都较为匹配。对于庞大的足球爱好者群体,他们的踢球、看球、聊球等娱乐和社交需求却往往通过园区外的场所和人群变现。通过线上线下俱乐部,足球爱好者可以就近形成地理区域集合体,并将足球消费内化到园区实现。具体建设方案见表 12-4。

表 12-4 足球俱乐部建设方案

足球俱乐部建设	内　　容
方案介绍	针对社区成人,组建线上线下足球俱乐部,满足线上足球社交需求,提供线下足球场地及活动场地,随着足球人群的生活方式的转变,提供多个服务场景,提供社区俱乐部平台为用户创造价值
商业逻辑	通过俱乐部会员费、足球比赛、足球衍生品等方式进行盈利
活动形式	1. 开展俱乐部活动:集合社区内足球爱好者,针对青壮年人群,解决白领业余时间对于体育运动的需求,组织足球训练、内部足球赛等。 2. 提供线上足球社交平台:足球爱好者有很强的线上社区需求,提供线上兴趣平台(公众号、网站、小程序或 App)以供其讨论交流,可提供新闻、足球比赛、精彩回顾集锦为客户创造价值。 3. 组织线下足球比赛:组织入驻企业之间的足球联谊赛、与其他社区园外企业的足球联赛。 4. 线上线下联动功能:可以通过线上平台实现组团看球、组队踢球、预约场地、园区内赛事票务等便利服务
场地	1. 提供产业孵化区足球场地,可提供足球培训场地及比赛用地。 2. 在人才配套区或文化艺术区提供相关俱乐部活动场地

续表

足球俱乐部建设	内　　容
宣传方式	1. 线下宣传：在商务区、人才居住区、品质教育区等张贴海报，在社区物业等进行足球俱乐部的宣传。 2. 线上宣传：可建设线上足球俱乐部的微信公众号，定期推送足球赛事、俱乐部活动等相关信息，同时可在小区业主群中进行推广
产业融合	可以结合"足球"+"娱乐"，解决居民社交需求、娱乐需求、运动健身需求，利用线上线下途径增强人们的联系和交流

足球俱乐部筛选出了足球活动和消费的核心客户，并实现了有效管理，为园区内足球文化建设的全面展开提供了组织基础和平台支持。同时，线上和线下的俱乐部本身也成为星河"联盟商务"理念下的一个新参与者，通过共享优势为商业生态注入了新的活力。

（1）线下。足球俱乐部作为具有一定决策力和权威性、自发性的兴趣小组，在连接了园区内足球爱好者后，可以成为独立个体，与外部的体育产业等公司进行融资洽谈或项目合作，这些公司也会通过俱乐部的联系进入星河WORLD企业联盟的资源库中，成为入驻企业未来可能的合作对象。

（2）线上。以微信公众号作为初级形式的星河线上足球社区，可以借力于园区内科技公司，逐步孵化为成熟的网站、小程序或App模式的网络社区，并积累相当多的活跃用户。在满足用户信息共享和社交需求的同时，这些月活、UGC（用户原创内容）和平台本身也创造了新机遇，一方面可以为入驻的企业提供展示窗口；另一方面也为外部公司如电商、文娱等提供机会，借此进入泛星河企业联盟员工这一高潜力的细分市场中。

2. 面向企业

1）足球影视化创作

文化创意产业作为星河WORLD重点建设的三大产业之一，在孵化战略中占有重要一席。对于文化创意行业，特别是高投资、高盈利、高曝光的影视产业来说，融资的需求、成本的节约、配套设施的提供等都是掣肘其发展的痛点。在足球文化建设主题下大力扶持影视创作和相关活动，文化创意公司既可以省钱省力搭便车赶上体育题材文艺作品创作的风潮，又可以一举两得实现星河 WORLD 足球文化对内对外营销的需求。具体创作方案见表 12-5。

表 12-5 足球影视化创作方案

足球影视化	内容
方案介绍	近年来足球影视剧愈发获得消费者认可。随着人们对于足球的热情提升，配套的电影电视剧也如雨后春笋般诞生。园区可以提供影视化拍摄场地，一方面解决了影视企业的场地需求，另一方面园区本身也可以与影视公司实现双方营销，可以引入影视公司入驻园区实现互利互惠
商业逻辑	园区为影视公司提供商业基础设施配套，影视公司可以在电影电视剧等中宣传园区资源实现双向推广，可以收取土地租金和咨询服务费等
活动形式	1. 电视剧电影拍摄场地：可以在产业孵化区提供足球场地。 2. 相关路演活动场地：可以在联盟商务区、品牌商务区、文化艺术区等地提供路演相关场地和服务，同时辅之以酒店公寓区的住宿。 3. 文旅文化基金引导：园区可以引入影视公司和文旅文化产业基金进驻园区
场地	产业孵化区提供足球场地，酒店公寓区配套相关住宿服务，商务区及文化艺术区配套相关路演等服务
宣传方式	1. 影业公司宣传：通过影视公司 B 端资源在行业内流动，实现品牌在业内的推广。 2. 线上宣传：影视公司创作的电视剧电影可以充分展现园区的特色，增强消费者对于园区的了解。 3. 会议服务宣传：通过提供相关专业性会议路演服务，打响业内知名度，吸引产业基金入驻园区
产业融合	结合"足球"+"影视"，实现场地、营销、会议服务等多方需求对接

这个项目可以极大地体现"产城投融模式"下全产业链价值闭环的优势：从上游来看，园区成为影视公司拍摄场地和资金的供给者，已入驻的金融投资企业在园区的引导下也可能会为项目融资献一份力。

从中游来看,园区内的影视产业在资金扶持和设施支持下,可以充分地发挥创造能力,在百花齐放的市场分一杯羹。从下游来看,足球影视化的最终成品通过影视渠道进行传播后,又给星河互联产业园区以及参与投资的公司带来了曝光和营销效果。同时,这种成功范例无疑会在影视行业内产生榜样效应从而带来招商对象,比如更多初创的小型文化创意公司会主动寻求加入产业园以受惠于这些支持政策。

2)足球+高科技

高科技初创公司也是星河 WORLD 园区的重要组成。这些技术和思维高尖精深的公司面临的主要问题往往是缺乏资金、用户、营销和量产能力,因此总是很难将高科技产品成功市场化。这种需求正是星河互联产业园区作为加速器和总部基地一直致力于解决的。如今,足球文化建设正好提供了借力和助推这些产业的最好契机,一系列的高科技足球赛事势在必行。具体赛事方案见表 12-6。

表 12-6 "足球+高科技"赛事方案

高科技足球赛事	内容
方案介绍	在足球比赛中应用高科技企业研发的新产品,通过比赛进行产品性能测试以及新产品的市场推广,应用举例: 1. 足球+芯片:使用智能足球,在足球中嵌入芯片,球员、教练可以通过手机连接足球,了解足球的运动轨迹和球员的射门技巧。 2. 足球+VAR视频辅助裁判:凭借 VAR 系统多方位的摄像机位,裁判员可以通过慢动作回放和专业的辅助软件确认足球是否越线、回顾球员犯规的整个过程、快速定位攻防双方球员的站位判别越位等,从而做出准确判罚。 3. 足球+智能穿戴:在球鞋中置入智能传感器,球迷可以通过传感器看到球员的动作,教练可以掌握球员的平均速度等信息。 4. 足球+人工智能:通过收集全世界千余支球队的数万场比赛的百亿条数据,并将所有能够影响比赛的因素(如球员伤病情况、转会情况、天气情况等)都数据化,结合上百家博彩公司的盘口和赔率情况,运用机器学习、深度学习等人工智能算法,进行数学建模,通过分析和匹配得出比赛预测结果
商业逻辑	可从研发上述高科技产品的企业处获得赞助,通过门票销售等获利

续表

高科技足球赛事	内容
活动形式	1. 组织园区内企业的足球联赛或邀请足球俱乐部参赛。 2. 广泛征集园区内高科技公司的相关产品,并号召和邀请它们打造更多可用于足球赛事的高科技产品。 3. 欢迎甚至邀请外部高科技公司选送产品至赛事进行展示。 4. 邀请以先进制造、智能穿戴、人工智能等为投资方向的投资机构参赛或观赛
场地	在产业孵化区设计足球场地,作为比赛用地
宣传方式	1. 以"高科技、智能"为宣传主题,在体育圈、科技圈、投资圈制造热点话题。 2. 以人工智能的赛前预测为赛事预热

一方面,足球赛事为高科技公司产品营销提供了平台;另一方面,该赛事也成为科技公司争奇斗艳的舞台,星河 WORLD 可以借此观察、比较和精选入驻企业,而外部公司也可以利用赛事展现风采并与星河接洽入驻的可能性。当新的高科技公司进入后,又会开始一条新的全生命周期的孵化路径,由此形成园区内部企业资源的不断补充和更新。

3)打造"足球家"小镇

足球文化建设除了产业、赛事等元素之外,营造特定的文化氛围也是重要的一环。对于集产城、产融、产教、产居"四位一体"的产融新城来说,为业主和企业提供宜商宜居宜创体验就包括提供高质量的生活场所,比如高端餐饮业、酒店业、酒吧等娱乐场所等。在足球文化的旗帜下,一系列的足球主题的休闲场所的招商引资正好可以弥补这方面需求满足的不足之处。具体方案见表 12-7。

表 12-7 打造"足球家"小镇方案

足球元素园区建设	内容
方案介绍	打造有特色的足球小镇,提供足球主题酒店、足球主题餐饮、足球酒吧俱乐部等,区别于其他社区使足球元素充分融合到园区建设中,打造符合球迷需求的"足球家"

续表

足球元素园区建设	内　容
商业逻辑	在园区中注入"足球主题元素",从外在的建筑形象设计(可以加入足球房顶、足球建筑等),到足球配套基础设施(酒店、餐饮、酒吧等),为热爱足球的企业及居民打造一个温暖、健康、有趣的足球生态家,消费者有更高的意愿承担足球的溢价,可通过酒店住宿费、餐饮服务费等进行盈利,可变成本低
活动形式	1. 足球主题酒店:酒店的房间设置充分融入足球元素,窗帘、落地灯、装饰画、服饰、配饰、床上用品等配合足球球星、足球赛事等进行布置,同时提供最全的足球赛事回顾和转播权,提供足球社交区域,让球迷消费者充分享受看球的乐趣。 2. 足球餐饮:配合足球酒店,充分融合住宿、餐饮、演出、赛事等多种功能,让用户可以在这里放松交流、听歌,一边为自身热爱的球队加油助威,一边享受夜宵中啤酒配炸鸡的畅爽。 3. 足球酒吧:面向球迷社交的设计,针对年轻足球迷群体,打造酒吧足球主题文化宣传,不仅能够享受观看足球赛事的畅爽,还能够享受足球社交文化、足球游戏、足球电竞、足球聚会等多重服务
场地	酒店公寓区打造足球主题,商务区及文化艺术区融合足球元素,产业孵化区提供足球场地以满足用户现场踢球的需求
宣传方式	1. 细分领域推广:足球元素主题酒店、足球主题餐饮、足球主题酒吧存在一定的淡旺季之分,应当着重对于世界杯等相关足球赛事期间的宣传推广,在细分领域采取差异化营销方式打造园区品牌。 2. 明星营销:通过足球明星等营销模式,实现对于球迷的精准营销,获客成本相对较低。 3. B端推广:对接进行团建的相关企业,利用足球园区获取竞争优势,为企业提供足球团建一条龙服务
产业融合	"足球+餐饮+酒旅"实现足球小镇建设,打造自身差异化竞争优势

之前的足球俱乐部、足球兴趣培训班等主要满足园区居民以足球为核心的需求,而足球小镇的打造重点却在于酒店、餐饮、酒吧等实体店的招商引资,只是附加了足球主题形式进行的特别要求,以打造产品的独特竞争点。因此足球小镇战略是完全外向融资招商导向的;更

准确地说,在推进"足球小镇"项目的同时,星河的创投基金得以发现和挑选有发展潜力、符合园区客户消费定位的相关产业并引入园区中,从而丰富园区的商业生态和盈利渠道。具体设想如图 12-5 所示。

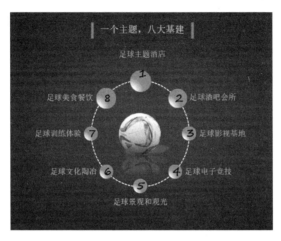

图 12-5　围绕足球元素的"足球家"小镇建设

4) 足球＋电子竞技

随着电竞市场包括电竞游戏设计和联赛运营的崛起,电子竞技已日益分化为具有巨大增长潜力的新产业。作为项目招商型企业,且专注于战略新兴、文化创意、金融投资等产业的星河来说,电竞企业成为完整园区企业联盟的重要成分。同时考虑到园区内主要员工的构成偏于年轻化,且相当大一批人特别是男青年对电子竞技有较深的偏好和习惯,与足球爱好者有较多重叠部分,融入足球元素的电竞设计成为一种可能的发展方向。具体方案见表 12-8。

表 12-8　足球＋电子竞技方案

足球＋电子竞技	内　　容
方案介绍	随着移动互联网及智能终端的普及,电子竞技在新一代消费者中知名度愈发提升,电竞作为一种参与度更高、娱乐性更好、观赏性更佳的形式助力人们对于体育竞技的热情。线上 FIFA(国际足球联合会)具有广阔的潜在市场,结合园区的足球元素,利用核心商业区吸引电竞公司入驻,开展足球电竞比赛

续表

足球＋电子竞技	内　　容
商业逻辑	园区孵化足球＋电竞公司，吸引电竞公司入驻园区，收取入驻及场地费用，同时可与加盟企业获得一定的业务分成
活动形式	1. 利用园区足球元素吸引电竞公司入驻：通过招商引资、结合自身产业园区优势、产业园内相关公司及IT人才等协同效应吸引电竞公司入驻。 2. 基础设施配套吸引电竞人才入驻：引进电竞人才进驻人才区，提供住宅、商业区等办公场所，为电竞人才的工作生活提供便利。 3. 提供后续电竞比赛场地：由于电子竞技不需要真实足球场，提供商业区的技术配套和场地配套即可，辅之以相关人才服务、电竞平台建设等
场地	产业孵化区提供技术协同，酒店公寓区配套相关住宿服务，商务区及文化艺术区提供办公、电竞比赛等服务
宣传方式	1. 电竞圈宣传：电竞圈的需求黏性较高，电竞消费者的付费意愿较高，拥有较强的关注度和忠诚度，可以通过电竞圈的宣传扩大园区的知名度。 2. 线上宣传：通过电竞比赛、电竞选手等宣传，提升园区足球电子竞技的知名度，吸引电竞比赛和电竞企业入驻。 3. 全球宣传：由于电竞比赛无国别和地域的限制，相比于传统足球比赛可获得性更佳，具有更大的目标客户和更低的获客成本
产业融合	结合"足球"＋"电子竞技"，顺应移动互联网、智能终端等趋势发展足球电子竞技，吸引园区入驻电竞企业、吸引年轻付费意愿较强的目标客户

通过提供全套的孵化支持，星河可以吸引和优选有发展前景的几家电竞公司进入产业园。初期以足球元素联合电竞公司进行共同创作，或与已入驻的科技公司、互联网公司进行流程优化和联合开发，打造出的产品可以通过园区内线上线下的足球俱乐部进行内测和反馈。如果足球电竞发展较为顺利，势必将为园区引来外部更多相关行业的关注和兴趣。最终经过更优化的整合和上下游缀连，星河可以在园区内构建完整的游戏行业生态链，成为又一朝阳商业模块，为园区提供可观的盈利。

(三) 构成生态闭环

以上方案从居民端和企业端入手,一方面满足与足球相关的休闲娱乐需求,另一方面通过产业联动为入驻企业赋能。

在休闲娱乐方面,园区通过足球基础设施的搭建,能够满足园区内居民和入驻企业员工的足球相关需求,进一步向周边辐射,通过餐饮、旅游、培训等周边业务的开发,获取正向现金流,再投入园区内足球文化设施的维护与升级中去。

在产业赋能方面,园区首先以足球文化为特色,吸引战略企业入驻,之后通过"足球+产业"的融合形式,协助创业企业进行业务孵化,并通过一系列足球相关赛事,为园区内企业提供产品营销平台,吸引潜在投资;并可以用效果较好的入驻企业案例去吸引更多优质企业的入驻,形成园区内部企业资源的不断补充和更新。

由此,星河WORLD足球特色文化产业园在居民端和企业端形成联动,并达成一体化生态闭环,如图12-6所示。

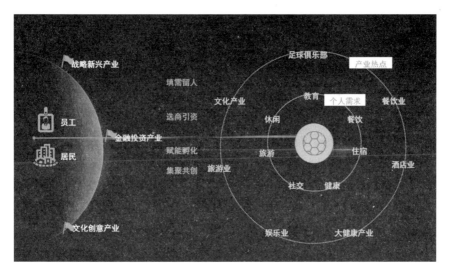

图12-6 预期达到的生态闭环

(冠军"为祖国健康工作六十年"队的成员:黄琬怡、秦瑜、李佳奇、袁宝)

案例点评

星河WORLD是产业、商务、居住、教育、购物、休闲等多业态配套的产融联盟新城,吸引了众多企业入驻,其中以战略新兴、金融投资、文化创意产业为主,创客入驻超过100家。同时,人才配套区聚集了众多创新创业人才,构成了复合型创新创业社区。如何保障产业园区内居民的体育健康生活,有效地提供体育服务,从而提升居民在居住环境中的幸福感、认同感,进而在居民的日常生活圈中满足工作、居住、健康等刚性需求,吸引更多的企业及人才入驻园区,最终形成可持续发展的区域经济生活闭环,是星河在布局建设产业园区中需要重点考虑的因素。

足球一直具有极高的商业价值。近年来国家政策助力足球产业的发展,深圳也有着浓厚的足球氛围,因此将足球相关项目引入产业园区,可以打造独特的足球文化,增加园区入驻企业、住宅业主对社区的凝聚力,为业务提供更好的生活品质,吸引高端企业和人才入驻,解决空间有效利用问题的同时,塑造企业个性化的品牌形象。那么,如何将星河WORLD与足球产业更好地融合在一起呢?

本案例提出两个问题,一是如何在一个有限的产业园区内发展足球并形成一个可持续的生态闭环,二是如何在园区内形成有价值的足球文化,满足园区内的体育需求,从而吸引企业及高质量人才入驻。

在本案例的分析部分,重点关注以下几个方面:一是要了解足球产业链包括哪些内容,探讨将具体的足球项目引入园区的可行性及带来的价值。二是国内外是否有足球特色的产业园区,如果有,它们是如何做的。三是分析星河集团的内外部环境,找到可以发力的点。四是调查星河WORLD的整体情况。五是对产业园区的目标客群进行调研,着重了解客群构成及特点、企业需求及社区居民需求。然后从需求端出发,考虑我们能够分别为企业和居民解决什么需求,这些需求可以通过融入什么样的足球元素得到满足。准确定位,明确主题。这里要注意,案例要求提供的是能够可持续发展的、有价值的、能够吸引企业及高质量人才入驻的策划方案。

在案例的整体规划和具体执行方案部分,方案需要设计一个能够融入足球运动元素的可持续发展的生态闭环,不仅要有合理的定位,有具体的方法和活动内容,还要考虑配套设施和宣传推广,考虑到投入成本和收益。该方案如果能够提炼出一整套标准的分析方法,星河集团就可以将其推广到其他产业园区中运用,发挥更大价值。

冠军"为祖国健康工作六十年"队提出了星球计划,从一个星球出发,立足于足球特色产业园区,通过企业端和居民端两条路径并驾齐驱,最终实现产业融合与价值共创的 N 种打法。该计划的主题是"引资源,建网络,实现居民娱乐与产业赋能一体化"。由此达成一体化生态闭环。该队的规划方案系统而完整,但考虑到产业园区的土地资源和范围相对有限,企业在选择时还需要进一步聚焦,还可以在如何突破场地限制方面做文章。

亚军"跳一跳"队从需求端出发设计了 10 个方案,但方案之间的联动性不强,难以形成生态闭环,尤其在企业需求端。而冠军队在产业赋能方面,充分考虑了园区内部企业资源的共享与互补,方案更有价值。

需要强调的是,无论如何设计,都应该考虑该方案的投入成本和预期收益。冠军队在这一方面可以做进一步的研究和完善。

案例 13

体博会"大健康"板块下的品牌营销策略探究

案例

中国体育用品业联合会(以下简称"联合会")成立于1993年,于2016年底与国家体育总局完全脱钩,成为民政部第一批脱钩的试点协会。联合会的工作主要包括三个层面。一是参与组织制定体育用品的标准化工作;二是组织举办中国国际体育用品博览会(以下简称"体博会");三是为行业提供论坛交流、数据发布、信息咨询等多维度服务。体博会始于1993年,是中国唯一的国家级、国际化、专业化体育用品展会,也是亚太地区规模最大、最权威的体育行业综合展会。伴随"健康中国"战略的推进,"大健康"产业持续升温,体博会的"大健康"板块目前已占据体博会的半壁江山。该板块下设五大主题展区,运营方一直努力将"大健康"板块打造成最具影响力的子品牌。

面对激烈的展会市场竞争,尤其是垂直专业展会的崛起,作为一个综合展会的子品牌,体博会如何更有辨别度?在体博会的推广过程中,如何处理与主品牌的关系?在媒体传播时,如何将线下活动进行整合,形成具有明显板块特质的系列报道?这是体博会亟须思考的问题。

(请扫描二维码阅读完整案例)

案例分析报告节选

体博会,是中国唯一的国家级、国际化、专业化的体育用品展会,是亚太区域规模最大、最权威的体育用品盛会。其中,涵盖了健身、健美、康体和营养四大主题的"大健康"板块是体博会的一张亮眼的名片。作为行业的风向标和推动者,"大健康"板块在促进整个行业全产业链发展的同时,也在不断审视自身的变革创新与品牌建设。基于对体博会"大健康"板块的品牌策略和媒体传播方面的思考,本报告将立足于品牌现状,对其内外部环境、行业竞争力和目标市场进行全面分析,针对体博会和"大健康"板块面临的问题,提出有针对性的对策,并从必要性和可行性方面加以分析,以期营销活动和相关对策能够切实有效地解决问题。以下为案例报告的节选部分。

一、市场分析

通过对体博会"大健康"板块的内外部环境分析、竞争对手分析、目标市场和受众的识别,我们得出以下结论。

(一)体博会"大健康"板块 SWOT 分析

优势在于:体博会得天独厚的成长背景和行业资源,拥有丰富的国内外客户资源,展会的内容也日渐丰富,品牌的宣传服务能力强大,会展的服务体系也很完善。

劣势在于:板块的文化特色不足,展区的规划需要更有辨识度,板块的长效影响能力需要加强。

机会包含以下几个方面:政策的导向和体育产业的发展使得板块有着长远的发展机会,奥运经济效应也带来了巨大机遇,同时国际上会展中心以及冬奥发展中心的转移也为其提供了发展的契机,落地上海国家会展中心,也为其提供了良好的硬件条件和贸易条件,协会的自主经营让会展具有无限潜力。

威胁主要来自以下几个方面:体育博览会行业的竞争日趋激烈,会展相关的法规不健全,客商需求的差异大,要求日益提高。

根据分析提出了以发挥优势、抓住机遇为目标的 SO 维持策略,以利用机会、克服劣势为目标的 WO 强化策略,以利用优势、化危险为机遇为目标的 ST 防御策略,以及以减少劣势、规避威胁为目标的 WT 避险策略,供品牌营销计划参考。

(二)竞争分析

作为国内诞生最早、最权威的体育行业综合性展览品牌,脱胎于国家体育总局的体博会无论是在政府资源、行业专业化程度,还是在产学研一体化上都有着得天独厚的优势。然而,在国内体育行业综合展会和垂直展会百花齐放的今天,体博会及其"大健康"板块面临着激烈的市场竞争。如何在趋向同质化的各类展会中应对客商分流的挑战,如何在传统的 B2B(企业对企业)模式下发掘新的经营模式和利润增长点,如何在体育用品制造业转型升级中立于不败之地,是体博会及其"大健康"板块亟待解决的问题。

(三)目标市场和受众群体

可以确认,参展商和采购商是我们最应该重点照顾的客户,而大学生作为潜在目标群体,也应在营销活动时予以关注。

二、树立权威、智能、年轻的品牌形象,提升品牌辨别度

面对越来越多垂直专业展会的竞争,体博会需要充分发挥自己的优势,为参展商、采购商和观众提供更多更好的服务。权威性是体博会的决定性优势,是其他任何体育用品类展会所无法具备的,因此对体博会来说,权威的品牌形象需要在受众心中持续地灌输和强化。另外,随着科技和时代的发展,智能化是未来体育用品的发展方向,体博会需要抓住这一趋势,利用智能化设备和平台,带给观众和展商更好的体验。而在体博会所有类型的参展商中,"大健康"板块的参展商数量最多、规模最大,完全有能力独立成为一个全新的子品牌,展现自己作为权威品牌所拥有的年轻与活力。综上,我们希望将"大健康"板块打造成为体博会的子品牌——中国国际"大健康"体育博览会(以下简称"大健康"体育展会),树立权威、智能、年轻的品牌形象,从而使"大健康"体育展会与其他展会相比更有辨别度。

(一)提供更便捷、更智能的平台服务——打造数字展会平台

对于专业观众来说,能够更快速、更有效地找到心仪的参展商是他们关注的重点。长时间的步行和缺乏方向指引会降低观众的体验感,从而减少在展会内的停留时间。而对于参展商来说,他们不仅希望自己的展位面前有更多观众,更希望能够在十多万的观众之中,精确地找到目标需求群体,在三天展会的短暂时间内尽可能多地进行洽谈合作。因此,如何为供需双方提供更便捷、更智能的服务,应该是展会主办方需要关注的重点。

目前,体博会是以线下展会为主,为供需双方提供交流合作的平台。在官网上虽然为参展商和观众提供了一些服务,如报名通道、展区规划、展商介绍、参展指南等,但是这些大多是一些基本功能,缺乏一些特色化、智能化的、能够真正地为双方提供便利的功能和服务。

为此,我们对全网数字化平台供应商进行搜索。通过分析和对比,我们认为"31会议"是其中最有竞争力的供应商,如图13-1所示。该公司已经拥有一套完整的展会解决方案,可以满足体博会的各种需求。

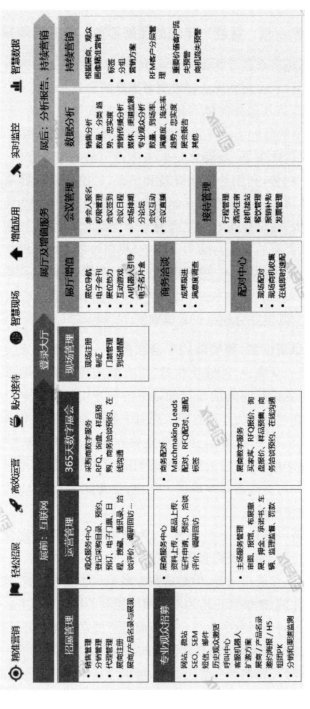

图 13-1 "31 会议"展览会服务方案

从图 13-1 中可以看出,该数字平台可提供全面的服务。我们认为,该平台至少可以为体博会及"大健康"体育展会的下列服务进行优化。

1. 展商和观众招募

目前体博会展商和观众的报名通道主要来自官网,此外也可以通过体博会微信公众号进行报名。但是在报名之前,一个很重要的环节是展商和观众招募,把体博会的资讯在报名之前就传递给目标人群。由于体博会级别高、规模大,且与参展商和政府机构保持着良好的关系,所以对这类人群的招募并不需要担心。但是,为了将"大健康"体育展会的招牌打出去,吸引更多普通观众,以及国外的参展商和观众到场,就需要实施一定的营销策略。该平台提供的 SEM(搜索引擎营销)服务,可以优化搜索关键词,在百度、谷歌等搜索引擎上推广体博会和"大健康"体育展会的信息,尽可能辐射到更多的受众。

2. 365 天数字展会

该展会是为参展商和采购商提供在线商务洽谈预约的平台。供需双方可以根据自己的需求和兴趣,与对方在线沟通,预约现场商务洽谈的时间和地点。此外,该展会还会根据产品类别、参会目的等信息进行商务匹配,方便双方更快地找到合作方,节约时间,提升效率。

3. 展厅增值服务

对观众来说,在展会现场了解展位的分布是他们关心的一个重点。该服务方案中提供展位导航功能,通过该功能观众不仅可以了解到自己目前所处的位置,还可以知道到达心仪展厅的最短路径,从而更快地到达目标展位。此外,展位热力功能也能够让观众了解展位的实时参观人数,便于提前规划参观路线和计划。

4. 数据分析功能

根据观众报名时填写的个人信息生成观众画像,分析参会人员的年龄组成、参会目的等信息,为以后的持续营销提供参考。也通过收集观众和消费者的数据,快速生成展会分析报告,监测观众到场率、停留时间等指标,从而对下一年的展会服务改进提供借鉴。

(二) 提供更专业、更权威的增值服务——打造"大健康"学院

体博会之所以每年都能够吸引大量参展商和专业观众,不仅仅在于其历史悠久,更因为它是由国家体育总局创办的,中国唯一的国家级、国际化、专业化的体育用品展会,是亚太区域规模最大、最权威的体育用品盛会,体现了独一无二的权威和地位。因此,作为体博会的子品牌,"大健康"体育展会应该充分利用自身的优势资源,提供更专业的服务,满足体育产业从业人员的需求,促进整个行业的发展。

我们认为,利用国家体育总局资源,与相关行业协会合作,开设有关健身、健康、营养的职业培训课程,并在学员通过考试后颁发相应证书,不仅可以促进体育健康产业的发展,而且能够强化"大健康"展会专业、权威的品牌形象和价值。

通过分析,我们认为营养师岗位能力课程和社会体育指导员课程与"大健康"体育展会最为契合。除此之外,"大健康"体育展会应该积极与国内外相关权威机构和组织合作,逐步增加职业培训课程,不断提升课程的含金量,将"大健康"体育展会打造为行业精英的孵化器、人才培养的摇篮!

(三) 举办接地气、年轻化的营销活动——吸引青年电竞玩家

除了为专业观众提供更好的服务外,吸引普通观众也是"大健康"体育展会应该关注的焦点。体博会将自身定位为"行业创新发展的实践者",那就更应该关注体育行业趋势,通过营销活动挖掘新的受众群体。前面我们已经提到,大学生应当被作为潜在目标客户,去重点关注。

随着时代的发展,电子竞技对于大学生的吸引力越来越大。因此,我们设想针对大学生中的电竞爱好者,特别是"英雄联盟"游戏的玩家开展营销活动。通过邀请电竞明星运动员的到场,吸引大学生到体博会参观、互动、体验,让他们在活动中转变健康观念,以更积极的态度对

待电子竞技和身体健康。

在中国,最受欢迎的电子竞技游戏是"英雄联盟",该游戏有着庞大的玩家数量和强大的吸金能力。目前,"英雄联盟"游戏已经打造了一个完整的生态圈,玩家们不仅自己打游戏,还热衷于在直播平台上观看职业战队的比赛。其中,RNG战队是目前中国职业化和商业化运营最好的电竞俱乐部,也是最受中国玩家喜爱和支持的队伍。俱乐部内的明星队员"简自豪(ID:UZI)",是该游戏的传奇人物,拥有大量忠实粉丝。因此我们认为,邀请RNG战队和UZI来到现场参加活动,必将能吸引大量大学生和游戏玩家,到"大健康"体育展会现场参观、互动、体验。

将电竞放在有关健康的展会中,是比较大胆的尝试。但我们认为,大健康与电竞游戏跨界合作是非常必要的,与RNG战队、UZI合作是非常可行的。我们的判断基于以下分析。

首先,国家对电竞产业的发展越来越重视。其次,电竞与展会的结合仍处于起步阶段。目前市场上已经有了一些电竞主题的垂直型专业展会,如2019国际电子竞技(上海)巅峰博览会等,也有一些综合性展会已经将电竞纳入展会内容中。总体来看,电竞展会还有很大的发展空间,电竞与大健康的结合仍属空白。因此,体博会应该抓住这一契机,将电竞行业纳入体博会的内容体系中,作为推进"大健康"板块发展的一项重要举措。这样不仅有利于电竞行业的发展,而且可以使体博会体现"行业创新发展的实践者"的品牌定位,为体博会打上"更年轻、更新潮、更有活力、更有创新精神"的标签,吸引到更多的受众,走在竞争对手的前列。最后,对于合作方RNG俱乐部来说,它也需要一个更好的平台去推广自己的品牌。"大健康"体育展会有体博会做背书,历史悠久,是中国体育产业最顶尖、最权威的展会品牌。因此,"大健康"体育展会与RNG俱乐部的合作可以实现互利共赢,存在很大的合作可能性。最后,体博会将于2020年5月21日—5月23日在国家会展中心(上海)举行(该案例报告写于2019年),因此RNG方和选手UZI届时能否到场值得关注。RNG的总部就位于上海,距国家会展中心直线距离5.3千米。通过查阅资料,我们发现,在2018年RNG俱乐部的

11站线下活动中,上海站作为第一站于5月26日举办,该时间恰好与体博会的时间重合,且RNG上单选手Letme亲临现场。因此我们判断,时间和地点都不会成为阻碍双方合作的因素。

因此,"大健康"体育展会与RNG俱乐部开展合作,以接地气、年轻化的营销活动接近青年和大学生等潜在目标群体,是展会扩大品牌影响、增加受众人数、传播健康理念的极佳选择。

参展商、采购商和观众是"大健康"体育展会最重要的客户和利益相关者。通过打造数字展会平台、开设"大健康"学院、邀请电竞明星等活动,可以树立起"大健康"体育展会权威、智能、年轻的品牌形象。但仅使到场参与者感受到"大健康"体育展会的活动和价值是远远不够的。接下来,我们将介绍如何利用媒体,整合线上线下活动,从而将"大健康"体育展会的品牌推广给更多的受众,进一步提升子品牌的辨别度。

三、整合线上线下活动,形成具有明显特质的系列报道

体博会在推广"大健康"板块品牌的过程中自然也离不开媒体的宣传报道。同时为了更好地打造"大健康"品牌形象,系列报道中需要更多的具有"健康"板块的活动,通过系列的线下活动展开媒体宣传计划。这一部分主要是在"大健康"板块原有活动的基础上,在线下增加以电竞为主题的"Still Alive!"系列活动、"健康"学院的打造以及举办"大健康"产业峰会。线上展开抖音、微博内容＋报名链接、线上展位以及展会＋新零售推广三个线上活动,并且根据展会活动的阶段初步拟订媒体报道计划,供品牌营销活动参考。

(一)"大健康"专项属性线下活动

"大健康"品牌原有的线下活动已有一定内容,现主要针对2C端潜在价值挖掘和培养方向开展线下活动计划。

1. 以电竞为窗口挖掘年轻消费者市场

1) 活动名称

"Still Alive!"。该灵感来自中国电竞传奇选手UZI的一场代表

作。该名称可以引起电竞玩家的共鸣,提高活动对目标受众的吸引力。同时,"alive"这个单词又有"情绪饱满,有活力"的含义,这与体博会"大健康"板块的理念相吻合,鼓励大学生即使热衷电竞游戏,也要积极参与体育锻炼,保持活力,培养健康的生活态度。

2) 目标受众

大学生电竞爱好者。我们设想针对大学生中的电竞爱好者,特别是"英雄联盟"游戏的玩家开展营销活动。

3) 营销目标

以电竞为突破口,吸引年轻人关注健康问题,培养潜在体育健康用品消费者,使体博会更有辨别度。

4) 现场活动及主题

主题主要有三个:联盟传奇永不息;横刀立马谁能敌;燃烧我的卡路里。

(1) 拉新活动:联盟传奇永不息。该活动将邀请 RNG 战队的传奇队员 UZI 参加,出场亮相并与粉丝互动,这将会吸引大量电竞玩家到场。随后,邀请 UZI 与 RNG 战队的康复师,以及其他健身、营养、康复等领域的专家一起参加座谈交流会,探讨对电竞运动员的伤病预防与康复。在这一过程中,可以围绕大健康主题讨论一些话题,如:表面成功的背后付出了很多代价,长时间坐在电脑前训练比赛给自己带来了严重的伤病;伤病险些使他提前告别赛场,康复师帮助他延长职业生涯、再创辉煌等。通过 UZI 的现身说法,观众可以感同身受,认识到健身的重要性。

(2) 留存活动:横刀立马谁能敌。该活动将邀请 UZI 与幸运粉丝一起上台,进行"英雄联盟"游戏单挑赛,并在其他展区的大屏幕上实时播放,这将会吸引游戏玩家和其他观众驻足观看,使现场始终保持较高的人气。

(3) 激活活动:燃烧我的卡路里。在单挑赛后,邀请 UZI 和幸运观众现场进行有氧健身和恢复,接受专家的专业指导。在这一过程中,专家会告知健身对电竞选手的重要性,如何才能更好地放松身体,以及如何预防长时间久坐带来的危害。最后,每一位现场观众都能通过关注体博会微信号等方式,领取代金券,享受所有参展商的产品和服务的优惠折扣。

2. 打造"大健康"学院,培训聚集专业人才,提升业内品牌认知

1) 培训类型

"大健康"学院主要开展健身教练和营养师、健康管理师傅及健康管理经理人两类培训。

2) 目标受众

主要针对专业的从业人员,其中健身教练和营养师是社会指导员属性的人群,为专业体育内容传播的窗口。"健康管理经理人"课程主要是培养健康管理公司专业管理人才。

3) 营销目标

打造"大健康"品牌专业培训,挖掘体博会资源变现能力,培养行业专业人员,使"大健康"品牌形象更加立体。

3. 开展"大健康"产业峰会,探索国家战略背景下产业发展规律和机会

1) 活动名称

"健康中国"产业峰会:聚焦"健康中国"战略下体育产业的发展历程,重点探讨"健康中国"中体育建设方面的落实推进、健康体育发展成果、健康+体育发展机会等话题。

2) 目标受众

分享内容包含多渠道模式,内容紧扣国家战略,满足各类出席观众及媒体传播需求。主要针对各省区市体育局相关单位领导和健康体育行业引领者。

3) 营销目标

搭建政府和企业的对话平台,吸引业界和媒体关注,提升展会品牌影响力。

（二）线上活动拓展展会价值

1. 抖音、微博内容＋赠票、报名链接，吸引体育群体

通过前沿、时尚短视频在抖音和官微展示，展现体博会精彩内容，另外附免费线上赠票链接和零售商报名渠道，吸引体育发烧友关注。

2. 打造线上展位

展商赞助或冠名微博"健康体育人"主题故事收集和"评选＋抽奖"活动，链接品牌和体育消费人群，丰富展会内容，加强展会品牌形象打造。通过展商赞助或冠名微博展开"健康体育人"主题故事的收集和评选，配套展商产品抽奖活动，搭建有品牌营销需求的展商与健康体育用品消费者的渠道，打造线上展位，挖掘C端消费潜力。图13-2为线上展位打造逻辑图。

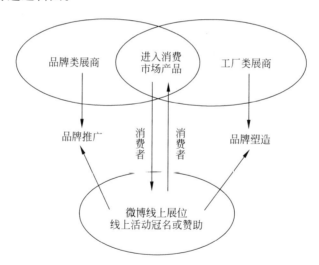

图13-2　线上展位打造逻辑图

3. 体育健康用品展＋新零售活动推广

配套新零售平台的合作，展会现场体验活动以及小游戏和线上平台进行同步活动推广，赠送体育健康用品品牌产品优惠券等，挖掘展会+新零售线上价值。

(三) 线上+线下活动整合,系列媒体宣传报道

媒体宣传报道是社会各界了解品牌的重要渠道,通过媒体宣传,也能加强品牌形象的塑造,体博会"大健康"板块品牌打造也离不开媒体报道。"大健康"板块作为体博会子品牌,其品牌化过程中需要结合自身"大健康"主题属性的活动,拟订相应的媒体宣传报道计划,才能达到一定的效果。

宣传形式:板块系列的媒体宣传报道针对整个展会和活动都分为三个阶段,即展(活动)前、展(活动)中、展(活动)后。通过电视媒体、网络媒体、纸质媒体和新媒体四个途径,以专题片、电视、报纸、广播等形式全面宣传"大健康"品牌展会。展会活动诸多,以下仅以展会主要活动以及建议开拓的具有品牌特征的活动为例,以此展开媒体报道计划,见表13-1。

表13-1 线上系列报道结构图

媒体报道阶段		活动前 热点预热	活动中 盛况直播	活动后 内容推广
会前: 预热 报道	邀请、招商、吸引社会关注	包含体博会介绍、往届盛况展示、招商联系、专业观众邀请、吸引民众等	1. 电视、网络媒体进行专题宣传片展示。纸质媒体展示开幕详情及招商公告,同时网络官方媒体开设倒计时板块。 2. 国外贸易平台、专业健康体育用品交流平台发布邀请信息。 3. 短视频平台展示场景短视频,附加零售、代理商和散客报名渠道。 4. 网络媒体、电视广告预告体博会规模、活动和热点,吸引媒体关注	
会中: 集中 报道	开馆仪式	政府相关部门和联合单位代表等相关人员出席	门户网站、自媒体和纸质媒体:预告开幕式出席人物、规模、特点等内容	网络媒体:"跟我一起看健康博览会"活动。线上直播报道开馆仪式	电视媒体、门户网站、纸质媒体:报道开馆盛况

续表

	媒体报道阶段		活动前 热点预热	活动中 盛况直播	活动后 内容推广
会中： 集中 报道	"大健康" 产业峰会	以"大健康"产业发展为主题，搭建政府和企业对话平台	门户网站、自媒体和纸质媒体：预告峰会主要议题、出席人物、峰会亮点等	网络媒体："跟我一起看健康博览会"活动。线上直播峰会内容	电视媒体、门户网站、纸质媒体：提炼政府部门报告、总结行业发展趋势和热点等内容
	"Still Alive"电竞与健康	电竞吸引年轻群体关注健康体育，培养潜在消费者	预热造势，悬念营销：微博、微信、官网等公众平台发布神秘嘉宾到场的信息。通过发布人物剪影海报等方式，暗示嘉宾的身份，制造悬念	平台直播，粉丝效应：通过UZI本人的虎牙直播间，对当天的现场活动进行现场直播	内容推广，用户运营：互联网短视频分享"UZI在体博会"视频，偶像作用培养"大健康"在年轻消费者中品牌印象，培养潜在年轻消费者
	"大健康" 学院	打造"健康"行业专业从业人员培训学院，拓展和延伸品牌价值	官网、微博、微信等平台发布学院建设，招募学员	微博、纸质媒体、地方电视台：现场采访报道学院方招生情况、采访培训者心得和体会	总结、展望：微博、微信等线上平台总结培训效果
会后： 总结 报道	跟踪、维护 与总结	进行客户满意度调查、国内外客户关系维护、总结报告	电视媒体、纸质媒体、网络媒体对体博会进行总结报道。官网进行总结报告		

四、"大健康"体育展会子品牌带动体博会主品牌发展与创新

体博会希望将"大健康"板块打造成为一个子品牌,与市场上的垂直专业展会和地方性综合展会相竞争,那就一定要在某些方面有所创新和突破,而不仅仅是给"大健康"板块换一个名字。体博会发展到一定的规模,对展商的吸引力已经到达了一个瓶颈。那么,如何吸引更多的采购商和消费者,鼓励和刺激他们多消费,从而进一步激发展商的参展动力,应该是体博会下一阶段的发展方向。此外,"大健康"板块作为一个市场规模大、发展后劲足的专业板块,有着其他板块所不具备的优势,有成为体博会子品牌的潜力。因此我们认为,应将"大健康"体育展会这一子品牌定位为高端品牌,从而带动体博会主品牌的发展与创新。

(一)"大健康"体育展会尝试发展 DTC 营销模式

目前,"大健康"板块在体博会的比重已经接近70%。该板块下设健身器材及用品、运动营养品、运动康复设备、按摩及家用保健器械、全民健身公共器材五大主题展区。而在这五大主题展区中,除了全民健身公共器材展区以外,其他四大展区的终端使用对象都可以是个体和家庭,很适合发展直接面对消费者的营销模式。

建议体博会将"大健康"板块作为发展和创新的前沿阵地,在保持、巩固商家对经销商,商家对政府的交易模式和规模的基础上,重视对个人消费者市场的开发,尝试发展 DTC(direct to consumer)营销模式。DTC 营销,是指直接面对消费者的营销模式,它包括任何以终端消费者为目标而进行的传播活动。通过一些有效的 DTC 营销活动,不仅能够吸引普通消费者来参观,更能刺激他们消费,为展商带来额外的经济效益,从而提升体博会的品牌影响力。

前面我们已经提出了一些吸引观众到场的线上线下活动,接下来就要让现场观众对我们的品牌有更深的了解。我们希望"大健康"体育

展会具有最专业、最权威、时尚化、年轻化的品牌形象,并使"大健康"体育展会的品牌形象和品牌价值深入人心。这一过程也将通过展会数字平台、专业座谈、权威峰会和电竞粉丝交流会等营销活动传递给消费者。

1. 与天猫商城合作,举办"天猫大健康体育狂欢节"

天猫商城作为国内最大的 B2C(商对客)平台,每年都会举办一些特色主题活动,通过更优惠的价格刺激消费者购买。鼓励参展商开店,当一定数量的展商进驻天猫商城后,体博会可以发挥自身的优势和资源,以"大健康"体育展会的名义和天猫商城接洽,举办"天猫大健康体育狂欢节"。以"大健康"体育作为主会场,以健身、营养、康复等类别作为分会场,凡是参与活动的商品都被打上"大健康"体育展会参展品牌的标签。该活动不一定要在体博会期间举办,可以与体博会稍微错开一些时间,既能使消费者强化对"大健康"体育展会的认知,又能够保持一定的热度,进而获得更多的用户数量和更深的用户层级。

2. 为电商平台和展商店铺引流,开展联盟营销

举办"天猫大健康体育狂欢节"可以在活动期间为展商带来巨大的流量和收入。但是,如何在其他时段为它们引流成为一个问题。

当展商的天猫店面建立起来后,在会展期之外"大健康"体育展会可以为它们提供帮助,在体博会官网的展商介绍页面,加入展商天猫商城的链接,甚至可以是优惠券代码。而"大健康"体育展会对展商帮助的实际效果,可以通过多种方式衡量,如利用 CPM(千人成本)测算关注度、CPC(每次点击费用)测算链接点击率、CPA(每次转化费用)测算购买转化率等。对展商来说,这节省了网店的营销成本,只有当真正带来了"生意"才付钱,同时又利用了"大健康"体育展会实现了流量增加;对展会主办方来说,不但帮助了展商,体现了"大健康"体育展会的价值和影响力,还能带来额外收入来源,可谓一举多得。

(二)设立参展门槛,打造高端展会

体博会目前已经成为业界最权威的体育类展会,每年参展商数量和规模在体育类展会中都是顶尖的。但当发展到一定阶段的时候,必然会面临展会规模和展会等级相取舍的问题。因此我们认为,体博会应该抓住时机,利用"大健康"越来越受重视的契机,将"大健康"体育展会打造成为具有高端品牌形象的子品牌,这样做对参展商、对体博会自身的发展都有好处。一方面,设立门槛意味着在起步阶段展商数量的减少,展商进入"大健康"体育展会,就代表了权威对它们产品和服务的认可,鼓励它们加大投入,将更多更好的产品和服务提供给采购商和消费者。"大健康"体育展会也可以在资源有限的情况下,集中资源和力量更好地满足这些参展商的需求。另一方面,设立门槛也激励那些没有满足条件的展商继续努力,不断提高自身的实力。长此以往会形成一种良性的竞争,从而提升体博会的整体质量,将体博会带上一个新的台阶。当然,设立门槛必定会使一些小展商退出,可能会将它们推向其他的地方性展会,在短期内给体博会带来一定的经济损失。但一个有影响力、健康成熟的展会,展商和主办方之间必定是相辅相成、互相促进的。随着展商质量的提升,体博会和"大健康"体育展会的影响力将越来越大,真正成为一个全球性的体育展会品牌,冲出亚洲,走向世界!

综上所述,我们认为大健康板块与体博会应该是相辅相成、互相成就的关系。"大健康"体育展会在前期依附于体博会而成长,体博会作为大健康板块的靠山和基础,提供了"大健康"体育展会发展的土壤和平台。现在的"大健康"体育展会应该发挥自身特色和优势,贴近终端消费者,通过与天猫商城合作发展 DTC(直接面对消费者)业务,这不仅顺应时代潮流,满足人们对体育产品的需求,提升体博会和"大健康"体育展会的知名度,而且帮助展商开拓市场,提升展商参与体博会的积极性和持续性。同时,"大健康"体育展会通过高端展会的定位,区别于体博会,以新颖的面貌带动体博会整体品牌形象的提升。

(冠军"BSU Dream"队的成员:单葳、刘天成、刘梦赛、卢益平)

案例点评

中国国际体育用品博览会系中国体育用品业联合会旗下的展会，是中国唯一的国家级、国际化、专业化的体育用品展会，是亚太区域规模最大的体育用品盛会。"大健康"板块作为体博会最大的板块，中国体育用品业联合会希望将其打造成体博会品牌下最具影响力的子品牌。针对运营方遇到的实际困难，案例提出3个问题：首先，面对激烈的展会市场竞争，体博会"大健康"板块作为一个综合展会的子品牌，如何更有辨识度？其次，体博会"大健康"板块在推广过程中，如何处理与主品牌的关系？最后，在媒体传播时，如何将线下活动进行整合，形成具有明显板块特质的系列报道？

针对本案例提出的问题，我们首先要思考什么是"大健康"，大健康的内涵是什么？"大健康"板块应提供什么内容？应调查分析国内众多对标的垂直专业展会，讨论大健康板块应该如何做才能与其他对标展会区别开来，形成较好的辨识度；要考虑在体博会的主品牌下，子品牌既要有独立的个性，还要有新的生命力。我们该如何在两者之间寻找到一个恰当的点，去借助主品牌的力量推广子品牌？在此基础上，再去设计线下活动，进行整合营销传播。

在案例分析部分，重点关注以下问题：一是分析讨论当下时代大健康的内涵是什么，理想的大健康板块应该包含什么内容。二是展会行业分析，扫描国内外的展会行业，总结其特点和趋势，寻求机会。三是做竞争分析，不仅调查和分析国内同类型的展会，如健身展览会等，还应去了解国际上体育类相关展会目前发展的情况和创新举措。这里需要做详细的对标分析。冠军"BSU Dream"队在竞争分析方面工作扎实，从国内展会到国际展会，从综合型展会到垂直专业展会，都做了全面的分析比较。四是调研市场需求，识别目标受众，了解用户特征。企业对体博会尤其是大健康板块有什么诉求？前来观展的最终消费者有什么诉求呢？是否需要关注他们？如何吸引他们？体博会现有模式为 B2B 模式，是否需要根据竞争对手情况和市场需求情况更改模式，是否要增加 B2C 模式，为终端用户提供服务？五是分析体博会自身的资源和能力，根据大健康的内涵，理想中体博会的大健康板块可以提供哪些产品和服务？体博会现有的健身板块与理想中的差距在哪里？目前存在的问题和挑战有哪些？我们可以通过什么方法和手段来解决这个问题？这里要注意的一点是体博会的政府色彩比较浓，不能完全用市场分析的框架去分析问题。六是体博会品牌和大健康板块子品牌现状的分析。

在案例营销策略和具体执行计划部分，根据前面分析的体博会大健康板块与理想中的大健康板块之间存在的差距，结合行业分析和竞争分析，设计体博会大健康板块应该提供的产品和服务，并将方案细化，能够落地执行。这是提高辨识度最根本的途径。当然我们也可以通过营销传播等其他手段去提高辨识度。参赛小组多数只是从宣传推广、策划活动等方面去考虑。比如冠军队就是通过挖掘特质设立门槛、树立高端品牌形象、开展特色营销活动、线上线下整合传播等来提高品牌辨识度。

在考虑大健康板块与主品牌之间的关系时，需要先讨论体博会主品牌的核心内容哪些需要继承和保留，子品牌应该加入哪些独特的内容，两者之间如何统一，给出具体的方案。然后再去考虑子品牌如何借助主品牌的力量进行推广。

在线上线下活动设计方面，冠军队提供的活动内容比较丰富。亚军"高远"队根据展会的时间轴从展前、展中和展后三方面进行活动设计，提出改进"两赛两会一展"的一些思考。

最后，在子品牌的推广和线上线下活动整合传播方面，还需要分析其投入成本及预期收益。

案例 14
共享竞界——体育产业建设者之路

案例

共享竞界体育科技(北京)有限公司(以下简称"共享竞界")创立于 2018 年 3 月,由体育之窗及广告产业服务平台中华广告网共同出资组建,其倡导"体育+互联网"模式,打造体育资产商业化服务平台——竞界网(http://www.shareip.net/)。公司的业务内容涵盖体育资源整合,针对赛事 IP 和企业体育营销需求开展专业定制服务。

在经营过程中,共享竞界也面临着体育赛事发展及相关专业服务保障体系不完善、商业体系不健全、消费体系尚未形成的巨大挑战。希望能针对中国体育产业的发展现状,从保障体系、商业体系和消费体系三个维度进行分析,共享竞界该如何策划实施,以达到更好促进"体育赛事商品化"转化的目标。

（请扫描二维码阅读完整案例）

案例分析报告节选

该报告主要内容分为共享竞界体育营销分析、体育产业核心资产商业化推进方案、共享竞界平台用户增长策略以及共享竞界平台推广方案四个部分。

该报告先介绍了体育产业的环境和共享竞界的现状，对共享竞界的内部竞争优势与劣势、外部竞争的机遇与威胁等方面做了 SWOT 分析，找出了共享竞界目前存在的困境：共享竞界品牌推广力度不足；平台缺乏优质赛事 IP 资源；平台与用户间联系较弱；平台易陷入资金流动和信息安全等问题，并从 OS、OW、TS、TW 四个维度提出了相应的市场战略。例如通过后备资源力量和关系网络，联络潜在目标客户群，扩充共享竞界赛事 IP 储存库和入驻企业数量；依托体育之窗的资源，吸引体育之窗已有的合作伙伴入驻；打造已有的赛事 IP，做好相应的业务沟通合作，来提升平台的初期知名度等。

在促进体育赛事商品化方面，针对中国体育产业现在的发展状况，该报告从保障体系、商业体系和消费体系三个维度进行了分析。除此之外，也站在共享竞界公司的角度，提出了共享竞界平台用户增长策略和共享竞界平台推广方案。以下为案例报告的节选部分。

一、共享竞界体育营销分析结果

分析研究后，我们认为，共享竞界应该牢牢抓住互联网平台的机遇，学习成功的电商平台经验，强化平台的交易特性，面对不同层级的需求,推出不同的定制性服务。也可以和大型电商平台合作,推出自己的体育营销旗舰店。

同时,面对互联网平台的挑战和风险,应该有清晰的认知,做好充足的准备,防患于未然。面对复杂多变的环境,共享竞界要做好自己,打造一个高质量的平台。首先,公司应该以更专业、更权威的服务来征服用户,加强与高等学府和专业机构的合作,打造专业的服务体系。其次,公司应设立专业的后勤服务团队,能够及时地解决用户的疑问,为用户匹配更合适的资源。

除了增强公司自身的硬实力之外,对于公司的营销宣传也是很重要的一环,必须让更多的人了解公司,想要入驻共享竞界。公司应该设立对外商务联络工作组,主动去联系有价值的中小赛事 IP、企业、场馆等,向它们介绍共享竞界能给它们带来的机遇,吸引它们加入共享竞界。同时要加强共享竞界在新媒体中的宣传,扩大公司的影响力。面对互联网潜在的安全问题,共享竞界作为线上交易平台,应该格外注意,做好平台的安全性防护,同时可以制定相关的安全性策略,如线上进行小额定金交易,其余在线下进行。国家对于体育产业的支持力度越来越大,共享竞界应当抓住政策红利,与平台资源结合,促成体育产业领域各方之间的合作,推动体育核心资产的商业化。

二、 资产商业化推进建议及可行性

我们主要针对商业体系、消费体系和保障体系三个维度存在的问题提出建议并进行可行性分析,以期实现在中国体育产业现状下,更好地促进体育赛事商业化转化的核心目的。

(一) 商业体系

本文从市场开发、寻求多方品牌合作、技术开发、热点营销以及资源并购五个方面提出建议,并根据国内外相似体育公司或体育营销案例的成功经验进行对应的可行性分析。

1. 开发目标客户市场,搭建信息平台

共享竞界从平台自身具备的体育资源出发,明确公司在体育产业主体中的位置,调整战略开发其客户市场,明确企业自身定位,建立多方有效沟通的信息平台。在体育产业的五类主体——赛事、赞助商、媒体、球迷、中介中,共享竞界应该明确公司作为中介平台与其他四类主体之间的关系,以此寻找自己的发展空间。针对赞助商,共享竞界应该主动开拓客户市场,确定自己的企业客户类型和规模,构建自己的客户群。

2. 多方战略合作,有力保障赛事运营体系

面对第三方客观数据缺失、没有对价依据的问题,若共享竞界暂时没有办法形成自己的数据支撑,应该实施多方合作的战略,从体育组织、体育数据公司和品牌合作三个方面来给自己的赛事运营形成一个闭环保障,这有利于共享竞界尽快地整合资源、开展业务。

1) 以官方体育组织作为运营保障

可以寻求与体育组织的合作(可以以网站链接等形式进行),为公司业务的开展、资源的整合、客户的沟通等提供更加坚实的后盾保障,这可以很大程度上提高公司的运营效率。

2) 以体育数据公司作为对价支撑

共享竞界作为体育赛事服务类公司,除了议价言商之外,通过数据和更好的技术应用来掌握赛事动态、挖掘赛事价值同样重要。所以数据对于共享竞界来说是服务和体育赛事商业化的基础。如果共享竞界短期内不能形成自己专业的数据库,可以与体育数据公司进行合作,以更快地利用第三方数据开展业务。

3) 寻找品牌作为战略合作伙伴

与品牌的合作形式不能局限于企业客户开发,而应注重品牌在体育营销方面的影响力,备选合作方可以是一些在体育营销领域有所实践和经验的品牌。体育营销可以将体育元素和非体育品牌进行完美的融合,这也正是共享竞界希望做到的,与品牌的战略合作可以为共享竞界提供更成熟的体育赛事服务经验和资源。

3. 建立征信体系，主打技术服务

1）建立征信体系

共享竞界可以仿照阿里的芝麻信用，利用现有的体育资源，对入驻和参与交易的企业、赛事进行资质审查，并公布审查条件与结果，合格者方可入驻，并公布入驻赛事和企业的背景信息、历史信用记录供参考，根据消费习惯为用户画像。同时，记录入驻赛事和企业的交易情况，生成信用分，失信行为会导致信用分下降且产生不良记录。

2）找准痛点，特供权益

共享竞界要提供独家权益服务，提供服务时更要基于对共享竞界品牌的认可以及用户的极高重叠度，这也是以科技产品进一步打通社交的重要机遇。

3）以技术重构服务权益体系

借鉴美国运通信息卡的服务权益体系，其常客采用垂直封闭式注册模式，确保用户在消费能力和生活习惯的一致性，打造高质量社交圈层；然后基于消费行为的独特算法对用户进行层级分类，形成引导和激励的反馈式刺激；当用户处于消费场景时，或提供最高效决策建议，或以意见领袖带动决策，引导用户完成内容和权益消费；最后对社交场景进行反哺，实现权益体系闭环。共享竞界可以同时借助移动互联网和技术，构建起更符合中国用户习惯和逻辑的权益的结构化服务体系——身份—社交/场景—决策—消费。

4. 玩好热点捆绑式营销

共享竞界的目标之一是释放体育赛事的商业价值，商业价值包括营销价值和体育资产两部分，冠名权、各级赞助商的权益和衍生品授权都包含在营销价值之中。共享竞界将助力企业，打造品牌营销，最大限度地挖掘赛事的营销价值，解决对价合作缺乏依据的问题。

5. 并购整合体育资源，打造体育商业生态圈

针对供需双方认知不统一、合作缺乏环境的困境，共享竞界应该从赛事IP、俱乐部、明星运动员、体育场馆这几个方面进行资源整合，

从资源层面完备自己的体育产业链。

1）抢占赛事 IP，提高企业的核心竞争力

从共享竞界目前的经营模式（赛事 IP 在线服务体系）来看，赛事资源是公司开展业务的基础，所以共享竞界需要把握机会来整合并购一些优质且有发展潜力的赛事 IP 以壮大自己的核心资源。只有赛事资源丰富，公司才有服务和运营赛事的基础。

2）挖掘成长迅速的俱乐部及有潜力的运动员

传统体育 IP 的构成包括核心赛事、俱乐部以及具有市场号召力的明星球员，体育赛事、体育俱乐部和运动员这三者的关系是密不可分的，所以对于体育赛事商业化的开发，需要同时对俱乐部和明星运动员或者有潜力的运动员资源进行整合。

3）整合体育场馆资源，填补体育资源产业链缺口

共享竞界希望打造一个全覆盖的体育产业链，因此体育场馆资源必不可少，且场馆利用价值的挖掘及利用率的问题仍等待专业管理和服务类公司去解决。

（二）消费体系

1. 构建体育赛事可持续消费模式

共享竞界可首要关注如何通过专业服务，协同赛事针对性地解决为消费者带来负面体验的主要问题，以此作为切入点寻求赛事的良性发展。

1）定制标准化消费者服务体系

共享竞界可从核心服务、期待服务两个层次，协助体育赛事运营主体定制标准化消费者服务体系，进一步加强赛事运营中服务理念的贯彻和执行，从保障消费者消费体验的角度，提高消费者产生重返意愿的概率，推进体育赛事消费可持续的落实。

（1）消费者服务体系的核心服务是与体育赛事的参与或观看直接相关的一系列基础服务。赛事信息提供、运动员知名度和竞技表现、大众体育赛事的运动场景、竞技体育赛事体育场馆、观赛效果等一切影

响消费者对体育赛事感知质量的因素,都可能对体育赛事观众的未来消费行为倾向产生影响。针对这一层级的服务体系,提出以下几点建议。

① 依托共享竞界平台资源,对接空间更为宽阔、装饰设计优良、参与体验更好的体育场馆,包括良好的场地照明设施、观众入口和看台通道设计、舒适的座椅位置等。

② 配备更为先进的赛事设施,如大屏幕展示实时赛况和比赛数据等。

③ 设置多样化报名/购票渠道,线下购票开通支付宝、微信等无现金支付方式,消费者还可以选择在赛事官网、共享竞界官网支付费用。售票期间在网站首页显著位置设置进入按钮,保证售票系统的便捷与先进。

④ 收集消费者在不同渠道购票时使用的联系方式信息,通过短信或邮件等多种方式向消费者传达赛事信息,关注赛前的比赛知识普及。

⑤ 赛事可专门开辟一块大屏幕作为微信弹幕上墙平台,将这种晚会与典礼常用的互动形式借用到赛事中来,提升赛事娱乐性与趣味性与消费者卷入度。

⑥ 设置清晰明确的赛场示意图和指示引导牌,确保安保、医疗、消防等应急设施和人员的完备。

(2) 消费者服务体系的期待服务是指消费者希望赛事产品能够具备的一系列属性和条件,如干净的环境、平价快捷的餐饮服务、便利的交通、离赛场较近的停车场、引导人员设置等,这些因素构成了间接影响消费者重返意愿的赛事环境。针对赛事的期待服务体系,提出以下几点建议。

① 以共享竞界为运营主体,以所有入驻赛事的招募需求为内容,开通大学生赛事志愿者征集公众号,以赛事志愿服务证书作为吸引报名的基本材料。在赛事开始前数小时培训大学生志愿者,保证志愿者的仪表整洁、行为举止大方得体,以此配置成本低、素质高、岗位齐的志愿者引导服务体系。

② 设置赛场入口处到最近的交通网点间的摆渡大巴车,解决体育场馆偏远或赛事参与者众多无法顺利打车的问题。

③ 聘请足够的保洁人员保持赛场的环境卫生,确保消费者消费体育赛事产品时保持舒畅的心情。

④ 在体育场馆看台口或赛道一侧设置合适数量的统一餐饮服务车,竞技体育赛事可配备多种面点、快餐等便捷充饥的食物,大众体育赛事则可免费提供香蕉、功能饮料等快速补充能量的饮食,降低场馆周边食物昂贵、品种选择少为消费者带来的困扰。

⑤ 免费发放具备一定设计感的吉祥物玩偶、周边毛巾、文化衫等限量赛事周边纪念品,加深消费者对赛事的持续记忆。

⑥ 提供服务台问询服务,配备物品寄存、失物招领、投诉服务站点。

2) 发挥"互联网+体育"赛事直播互动优势

与观看赛事直播相比,现场观看赛事对于体育爱好者来说存在更多的障碍。因此在对入驻平台的体育赛事进行传播规划时,共享竞界可以对当今网络流行的直播平台给予更高的关注度,将移动化的网络直播接入消费者的赛事体验中来。众多大热的直播平台(图14-1)都是共享竞界可以考虑合作的对象。共享竞界可以根据赛事影响力等级将入驻赛事资源进行划分,以便保障双方合作的顺利达成。对于相对强势的赛事IP如排球超级联赛,可以由网络直播平台支付赛事转播费用。而对于小型的弱势赛事来说,付费获取直播平台首页的推荐位和导流服务能够产生更为直接的效果。这些平台一方面具备庞大的用户流量基础,可以为赛事带来更高的关注度;另一方面也可借助多元互动形式增加赛事消费者的忠诚度和黏性。

首先,直播平台自带的弹幕评论功能可以让消费者直接参与到体育赛事产品形成的全过程中去,同时也可借鉴优酷直播的弹幕运营方

优酷直播

小米直播

秒拍视频

一直播

直播8

章鱼TV
企鹅直播

图14-1 直播平台

式,以赛事运营主体官方账号的身份发布有价值的弹幕信息,引导消费者的话题内容与延续讨论。

其次,体育赛事可依托直播平台形成社区,并引导该社区向体育消费社区的转变。

2. 营造多元赛事消费结构

1) 增添赛事科技和娱乐元素

共享竞界在探寻体育赛事发展方向上,也可更多地考虑科技、娱乐元素与体育竞赛本身的融合。

首先在科技化层面,共享竞界可以寻求与VR公司的合作,连通体育赛事和迅猛发展的VR技术,制作赛事专属的虚拟现实体验程序。竞技类体育赛事如中国排球超级联赛、德国斯诺克大师赛等,可以采集球员训练和比赛等多种相关运动场景进行制作,让消费者亲身体验到与顶尖选手同场竞技的刺激感。大众体育赛事如国际垂直登高大奖赛、城市马拉松赛事等,则可采集参赛者完赛全程,为无法亲身参赛或无实力完赛的消费者提供感受异国他乡风土人情和抵达终点的机会。

其次在娱乐化层面,共享竞界可选择打开平台入驻体育赛事和运动员资源之间的通路,联动运动明星参与到体育赛事中去,增强赛事娱乐性和可观赏性。

此外,可以在赛程中的某几个合适的节点设置游戏环节,如与赛事展板或吉祥物合影转发朋友圈,集特定数量的赞即可在下 站点免费换取礼品等,促进消费者形成自传播机制。

2) 注重培养非赛时用户黏性

体育赛事可设定每月的特定某天作为赛事自有节日,安排知名度较高的体育明星展开球迷见面会等线下互动活动,同时由赛事运营主体牵头建立球迷俱乐部,举办消费者聚会及其他文化娱乐活动。

3. 共享竞界扩宽新的盈利渠道

目前,共享竞界以企业端和IP端的咨询服务、两端的交易佣金以及商业化服务平台的会员入驻三种模式为主要的盈利模式。共享竞界应加强自身的优势,拓宽新的盈利渠道。

共享竞界在构建平台方面已然做得非常全面了,但仍有部分缺口。例如缺少对于媒体的引入和对于核心IP的拥有。赛事的成功有赖于媒体的传播,而媒体也希望能够为观众生产出有吸引力的内容,因此,媒体作为一个传播者加入赛事共同制造内容是一个双向的成功。在核心IP方面,不论是通过培育自有IP方式还是购买成熟IP的方式,公司拥有核心IP是非常重要的,而IP的成熟也能为公司在业内增加影响力,从而吸引更多的客户成为平台上的会员,打造一个良性的循环。

(三) 保障体系

共享竞界可以从以下两方面入手完善相关保障体系。

1. 建立体育赛事赞助保障体系

体育赛事赞助服务是一个系统工程,在服务的过程中,从观众到运动员,从赞助者到组织者,都是服务系统的有机组成部分,各个部分对服务质量都有影响。

(1) 法律服务方面。从体育赛事相关文书起草和审定、赞助合同的审查与签署、合约的解释及履行、打击隐形营销等方面提供完善法律服务,以确保体育赛事赞助者的合法权益得到保障。

(2) 赛事设计方面。从体育赛事相关风险预测与管理、服务环境要求、硬环境和软环境、合理照顾赞助者、人力资源服务管理方面进行严格而细致的管理。

(3) 赞助评估服务方面。赞助营销评估对体育赛事组织部门和赞助者来讲都至关重要,因此有必要对整个活动体育赞助进行科学评估。

2. 建立体育赛事服务评价体系

其主要包括以下几个方面的评价:为观众提供个性服务;树立为观众提供服务的意愿;履行服务承诺的能力;服务系统的信赖程度;能提供服务的有形载体,包括工具、设备、人员的外表。

三、共享竞界平台用户增长策略

共享竞界作为一家数字体育市场的共享平台,在体育营销传播中扮演着中介组织的角色,现阶段的主要交易载体为平台的官方网站。共享竞界的主要盈利来源之一为连接赛事方和企业方达成体育营销后产生的交易佣金,每一个新用户的入驻,都意味着更为长久的收益回报和竞争企业用户的减少。这就需要平台具备充沛的赛事存储和企业入驻量,提高交易成功率。

不同于一般互联网平台,共享竞界的目标用户群体更为专业化和有组织化。我们以 AARRR 转化漏斗模型为根据,如图 14-2 所示。从用户的获取、激活、留存、变现和推荐五个层次提出增长用户数量的可行性策略,以期帮助共享竞界开源节流,进一步扩大平台规模,降低边际成本。

图 14-2　AARRR 用户增长模型

(一) 获取用户

1. 寻找优质潜在用户

依托于共享竞界的互联网技术和大数据优势,建立平台潜在目标用户资料库,锁定特定市场的目标客户群,调整客户结构。具体体育赛事选择方案可参考如下规则:第一,选择符合国家体育产业政策支持、市场潜力大的赛事项目;第二,根据共享竞界现阶段平台规模、资源和人力水平,选择相对中小型的体育赛事为着手点;第三,以共享竞界现有种子用户对平台氛围的基奠作用来看,应当加强以大众参与性强的娱乐性体育赛事为主的用户吸纳力度。对于企业用户的选择,则可从市场应对性强、整体形象及信誉良好的快消品、体育用品企业入手,形成与大众休闲赛事资源库的高效对接。目标确定后，则可通过市场调研收集用户的发展前景、体育营销认可度和需求等信息，分析用户入驻平台的可行性，从而更为全面地掌握目标市场发展情况。

2. 优化用户进入流程

在设置网站的注册登录界面时，应时刻考虑流程的简化与便捷，运用一切可接入的手段使得用户尽快使用平台。共享竞界可选择以邮箱注册为主要页面，删除用户名和图形验证步骤，改为邮件确认激活账号的方式，同时设置手机注册及微信、QQ 备选登录方式。平台的用户池就是一个优质的邮件列表，方便企业后续的潜在用户发掘。

3. 精细化投放策略，提升 ROI

鉴于共享竞界现阶段主要客户群为专业化、结构化的赛事和企业组织，平台可针对这类用户的日常触媒习惯来制定对应的精细化投放策略，尽可能圈定适合服务和产品的目标人群，提升品牌推广 ROI。共享竞界可使用平台本身用户画像与不同渠道的用户数据和行为特征进行对比，选择较为契合的几条渠道尝试对应的转化实验，并重点培养吸引用户量较高的投放区域。共享竞界可尝试在梅花网这类营销信息集中的垂直网站投放广告，如图 14-3 所示，触动企业进入体育营销领域的神经。

图 14-3　共享竞界在梅花网投放弹窗广告概念图

（二）激活用户

1. 优化访问路径

互联网平台运营的任何方式，都是围绕着用户进行的。在激活的关键环节，如果操作过于复杂则会导致用户流失，因此共享竞界可以关注如何才能降低用户的使用门槛，不断优化访问路径，保持服务和产品的易用性。用户使用平台时方方面面的体验都要作为优化路径时考虑的对象。共享竞界可在接下来的网站建设中着重解决平台跳转页面过多的问题。从用户的视角来看，在共享竞界网站上搜索内容过程中跳转出来的新页面将在浏览器上占据过多空间，带来一定的负面体验，如图14-4所示。

图14-4　浏览过程中产生的共享竞界网站页面

2. 网站平台开设体育营销专属话题社区

共享竞界希望通过建立口碑辐射其他赛事，促进体育营销交易信息公开化、透明化，建立话题社区是行之有效的方案之一。一个运营有道的话题社区可以承担起平台和用户交流、平台相关信息告知、平台福利告知、用户教育等功能实现的重任，是平台布局内容化运营的重要手段。在共享竞界体育营销话题社区中，平台方可以发布PGC（专业生产内容）内容来引导讨论和培养企业相关意识。设置话题社区一方面可以激励非入驻用户多生产原创内容；另一方面也可促成入驻用户对平台服务反向评价体系的构建，形成反映服务质量的标杆。共享竞界也可通过论坛内容的抓取分析市场需求，针对用户的痛点、意见等作出有效反馈，提升销量。同时通过采集分析评价内容规划产品布局，并且可以通过评价内容评估卖家服务，从而有针对性地提高服务水平。

（三）留存用户

1. 邮件营销保持稳定的用户触达

电子邮件营销是互联网技术给予企业的又一大营销利器。通过电子邮件定期发送的产品和服务信息、品牌商务拓展资料会不断刺激客户的痛点，持续累积消费意愿，最终促进交易的实现。

共享竞界可以在用户注册及入驻流程中添加对电子邮箱的统计，在进行线下面谈时留存各赛事或企业商务代理人员的名片成册，甚至可以在平台开设的从业者话题社区中抓取潜在优质客户信息，以代表姓名、职位、公司名称、联系电话、电子邮件为主要信息类目制成邮件营销推广对象表，每月定时发送共享竞界商务邮件到目标用户邮箱，保持与客户的长期稳定联络，唤醒用户的消费意愿。推荐邮件内容类型如下。

1）共享竞界月度新闻资讯

共享竞界可在每月最后一周设置某一天为固定时间点，按时发送简短的平台月度新闻资讯至邮件营销推广对象表中的所有邮箱，内容可包括平台达成的战略协议、新入驻平台的赛事或企业、平台专项服务效果展示等。数量以4~5条新闻，每条200字左右为宜。每条末尾可附上该资讯公关稿全文链接，让产生兴趣的客户可以找到更为详尽的信息。

2）适当程度的平台信息披露

平台可借用电子邮件营销的方式，在较长的时间跨度内（如一季度一次）定期公开适当程度的平台内部交易额度、企业授信额度、浏览量等数据。一方面可有效减少用户对中介平台发展潜力和可靠性的疑虑；另一方面也能契合用户寻求公平的心理，减少单方面信息过度曝光带来的困扰。

3）节日祝福和问候

共享竞界作为一家体育产业资源共享平台，需要与入驻企业的各方组织保持较强的联络关系,这种情感的联结也可通过温暖的祝福邮件加深稳固。

2. 举办共享竞界线下自有活动

共享竞界可借助合作组织的力量举办线下自有活动,全力调动入驻用户的积极性,增加多方间的交流交互,让用户更为直观地感受平台的服务和产品,培养企业的体育营销意识意愿。关于线下自有活动的举办形式有以下两点建议。

1) 原创最具赞助价值赛事排行榜及颁奖典礼

共享竞界可依托清华大学和中国传媒大学的学术影响力,邀请体育行业知名人士与平台专业人员组成项目小组,评估并发布共享竞界原创"最具赞助营销价值的大众体育赛事排行榜",并举行颁奖仪式。在内容上,此份排行榜的上榜赛事可与共享竞界入驻赛事及潜在目标赛事充分融合,同时详细介绍算法模型的科学性,间接起到对平台品牌的推广作用;在宣传上,共享竞界可充分利用懒熊体育、体育大生意、体育产业生态圈、网易体育等合作媒体,通过媒介渠道打通受众对平台权威性的认知,大力提升用户覆盖度;在颁奖典礼上,入驻赛事可以路演形式更为全面地展示赛事赞助权益和亮点,发挥活动的推介作用,增加赛事曝光率,触发企业体育营销动机。同时有助于提升资源对接效率,进一步拔高获奖赛事的商业价值。

2) 体育赛事营销学术论坛

共享竞界可进一步深化与清华大学体育产业研究中心的合作,充分利用母校丰沛的场地、宣传、学术资源,以 1~2 名体育行业资深从业者或学术名家的讲座配合共享竞界企业宣讲,举办特定主题的体育赛事营销学术交流论坛。论坛前期报名阶段可向入驻用户或潜在目标用户群体发出广泛邀请,讲座结束后的交流环节可设置餐会形式,以活跃轻松的氛围实现彼此间的充分沟通与了解,潜移默化影响企业的体育营销思维模式。

(四) 用户变现

1. 依托数据定向引导流量

共享竞界通过平台运作数据的支撑,可以准确地了解赛事服务的层次水平和入驻企业的需求情况。通过将各种服务提供方进行筛选,将这些需求进行精细加工,最终具备了进行流量重点服务的条件。平台可借助已建立的服务体系项目多、设置全的优势,将服务产品进行细分,主动设计若干套服务模式供用户选择。此外,共享竞界还可创建独立的赛事展销版面和企业赞助提供版面,提高企业端的活性,打通赛事—企业单向服务通路为双向车道。

2. 与大型电商平台建立合作关系

共享竞界不妨尝试挖掘与淘宝、天猫、京东等大型电商平台达成战略合作的可能性,借助其平台资源建设"共享竞界体育营销旗舰店",也可利用大型电商平台的广泛影响力深化用户的品牌认知。此外,还可通过淘宝或天猫旗舰店售卖赛事门票,给消费者提供便捷。

(五) 推荐传播

1. 部分收益转化为平台宣传

在为赛事和企业提供专项服务、促成体育营销交易的同时,共享竞界可以考虑除收取费用之外的多种获得回报形式,如将费用额度中的适度比例转化为赛事或企业方对共享竞界平台品牌的宣传。以同样入驻平台的排球超级联赛和纯悦品牌为例,当双方达成体育营销与赞助合作时,共享竞界可充分提升自身在此次合作后续线下活动中的曝光度。共享竞界可尝试与纯悦协商,在其赛事赞助特别版的瓶身上,添加共享竞界平台标志在排球超级联赛标志旁,并注明"平台提供合作"相关字样,突出资源服务平台起到的重要作用,以此抵消部分交易佣金。

2. 根据事件营销策划推荐活动

共享竞界在探索平台自身的热点营销传播方式时,应重点设置可以引起全民关注和讨论的特殊因素,借助共同话题产生互动性和社交性,并让品牌加入此次讨论,增强品牌存在感。共享竞界可通过线上或线下事件的创造引爆热点,刺激用户形成自传播机制。共享竞界可将一年的某段特定时间作为"体育营销电商节",具体实施建议可对照表 14-1。

表 14-1 共享竞界体育营销电商节计划概览

计 划	线上促销活动	线下展销活动
持续时间	7 天	3 天
活动载体	共享竞界官网平台 共享竞界体育营销旗舰店	中国国际博览中心等展销会场地
活动内容	1. 活动期间购买平台展销商品减免部分服务费及交易佣金。 2. 活动期间购买任意一种服务即享受平台 VIP 待遇,获赠 VIP 付费内容。 3. 推出"后悔保险服务",交易达成后给予试用服务,平台为买方提供一份策划报告,不满意则无条件终止合作	1. 赛事和企业分区域进行展销,通过视频、手册、文化周边等方式展示亮点,每展位配备一名以上商务代理人员。 2. 设置体育嘉年华区域,进行赛事活动和展示表演,邀请体育明星亲临现场参与其中。 3. 设置讲座区域,穿插共享竞界平台服务和理念宣讲内容

总体上,有效的客户增长需要共享竞界首要关注平台使用的便捷性和可操作性,并在用户进入的同时注重收集对后续商务开发有益的信息。其次,共享竞界可以选择以上包括精细化广告投放、话题社区运营、邮件营销在内的某种策略或多种策略组合,刺激潜在客户的关注,并不断加强用户与平台间的黏性,形成口碑传播机制。最后,对用户的有效吸纳和转化离不开线下推广和互动活动,共享竞界可以集中精力办好"原创最具赞助营销价值的大众体育赛事排行榜"、学术论坛、体育营销电商节等活动,促进平台发展的顺利落地。共享竞界作为数字体育市场的共享平台,资源和用户即意味着商机和发展,通过实际操作实现用户增长是平台的重要任务之一。

四、共享竞界平台推广方案

共享竞界是一家处于成立初期的创业公司,目前平台知名度较低,媒体曝光度不足,关注人数较少。作为互联网新兴平台,在短时间内让更多的用户了解共享竞界,认可共享竞界,并愿意加入共享竞界是个非常大的难题。在新媒体时代,"两微一端"给企业宣传提供了有力支持,但只有充分挖掘"两微一端"的价值,合理规划宣传推广方案,才能让共享竞界脱颖而出,为更多人所知晓。

(一) 共享竞界平台("两微一端")现状

主要分析共享竞界平台的不足之处,以便于完善。

1. 公司官网

(1) 共享竞界的定位是电商类网站,但目前版式的交易性质不是很突出。

(2) 共享竞界主页轮播图如"体育资产商业化服务平台"等没有下级页面,为用户带来了负面观感体验。

(3) 共享竞界产业资讯里的文章阅读量低,数量少,缺乏吸引人的高质量原创文章。且文章的字体颜色为白色,不够醒目,阅读体验较差。

(4) 网站目前很多功能尚不能使用,一级分栏里许多没有跳转链接。

(5) 缺少对共享竞界平台与公司的介绍。

(6) "我是赛事"分栏里有 12 个服务项目,但许多项目很难通过网站提供的转载文章了解该服务项目具体内容是什么。

2. 微信

(1) 推送文章数量少。

(2) 缺乏原创高质量文章,对用户吸引力较弱。

(3) 文章推送时间不固定,平台文章阅读量低。

(4) 平台缺乏特色,用户关注度低。

3. 微博

（1）更新条数较少。

（2）更新频率断断续续。

（3）微博内容运营较为单一。

（4）微博关注与粉丝数少，级别低。

（二）修改建议

1. 公司官网

对共享竞界官网的修改建议如下。

（1）明确共享竞界网站运营的目标。

（2）共享竞界的定位是电商类网站，就需要突出交易的性质。在主页轮播图就突出招商项目，如图 14-5 所示，并有"最近项目""最热项目"和"成功案例"的展示，让用户相信平台具备强大的交易功能。通过展示案例，让企业与共享竞界合作的意愿进一步加强。

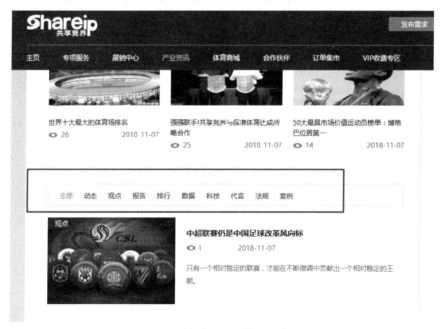

图 14-5　共享竞界官网资讯分类截图

(3) 以用户体验为首要目标,减少二级页面不能跳转的情况。

(4) 网站产业资讯内容需要一定数量的原创文章。

(5) 共享竞界网站要有自己的网站定位与公司介绍。

(6) 共享竞界官网资讯分类的位置需要更突出。

① 共享竞界网站"我是赛事"具体的服务项目,要细化"方法论"与"经典案例"的内容,让用户真正通过"方法论"与"经典案例"了解他们将要享受的服务。

② 通过社群实现用户运营。共享竞界官网可放上 QQ 群、微信群二维码,通过社群维护核心用户群体,并且建立合伙人机制,让这些核心粉丝成为产品合伙人。

2. 微信

对共享竞界微信公众号平台的修改建议如下。

(1) 明确共享竞界的微信定位。

(2) 共享竞界需要在预期客户的头脑里给产品定位,确保产品在预期客户头脑里占据一个真正有价值的地位。除了要依循企业已有的品牌定位,也建议在公众号创建前先进行比较细致的调研,包括对要运营的微信号的内容分析、竞争对手分析、受众兴趣取向分析等。

(3) 共享竞界要提供有价值的东西,给予用户确定性满足。

(4) 共享竞界基于自己用户的属性,提供与用户相关、对用户有用,或者能成为用户谈资的内容,而不仅仅是转载他人原创的体育资讯文章。

(5) 建议共享竞界开通订阅号,保持一定的更新频率。

(6) 建立共享竞界社群。

(7) 加强与粉丝的互动和管理。

(8) 找到竞品,作为运营参考,学习的同时优化升级自己。

(9) 共享竞界可举办活动或渠道投放来获取粉丝。

(10) 共享竞界可以通过举办公众号抽奖等活动给予粉丝福利,来吸引他们的关注。渠道投放包括广点通、粉丝通与微信互推。

（11）广点通、粉丝通：做好用户画像，根据用户习惯选好维度做推广，提高 ROI。

（12）微信互推：找相关性较高、用户重叠度高的公众号进行互推，交换粉丝。

（13）要善于使用微信后台的数据分析。

3. 微博

对共享竞界官方微博的修改建议如下。

1）明确共享竞界的渠道定位与用户定位

共享竞界首先要明确微博定位，是要做企业新闻窗口，还是要做一个有影响力的自媒体大号。其次，还需要明确渠道的用户群。结合品牌和产品的用户特性，定位微博渠道的用户群体。分析企业用户群体的时候，不要忘了微博平台本身有自己的用户群体特性。根据渠道和用户定位，再规划微博渠道内容。

2）共享竞界作为企业官微，要多关注三个账号

第一个是同行业的优秀企业账号，关注行业动态，学习先进微博运营的经验；第二个是行业媒体和大众人物账号，获取资讯，并尝试互动；第三个是微博上的热点人物和意见领袖账号，微博的热点往往出现在这两类人身上，共享竞界可以寻找机会与其及时互动，达到借势营销的目的。

3）互动很重要，要积极与粉丝互动

运营企业微博，一定要与粉丝积极互动，企业的微博活跃度会随着账号的互动性水涨船高。

4）根据企业风格对微博进行装修

进行装修的内容包括：公司基本资料、用户标签、头像、公司名、个性化皮肤背景完整，让新用户也可以直观精准地感受到企业定位。

首先，微博背景墙优化应当以简洁为主，醒目的微博图标和微博名称足以展示企业的主体身份。其次，需要注意微博的统一配图风格。共享竞界可以考虑制作微博配图模板，不同栏目系列设计不同的系列模板。

5)将公司形象拟人化

好的企业微博需要独特的拟人化形象支持。这个虚拟形象会成为用户的朋友,会让一个企业的微博变得有态度、有情绪,如图14-6所示。

图14-6　共享竞界吉祥物概念设计

6)确定微博发布时间

一般来说,9—12点、13—18点为上班时间,用户用PC(个人计算机)端访问微博概率较大,推送内容的类型可丰富一些,适合PC端访问的内容可在这个时间端推出,如带外链的内容、专题、长微博、视频等。除此之外,午饭、晚饭、睡觉前等时间段,用户用手机访问微博概率较大,可推送。微博推送不刷屏,防止刷屏导致的粉丝流失。发博间隔时间以30分钟至1个小时为佳,不能超过两天不发微博。

7)共享竞界官方微博内容运营建议

共享竞界官方输出的内容,首先要根据产品和用户特性,输出用户偏好的内容。可以多输出一些干货类的信息。其次,可以结合时间节点和热点事件策划活动。同时,建议微博栏目化运营,可以根据渠道和用户定位制定专题栏目。

运营微博内容同时还需要刺激用户输出内容、盘活用户。可以通过发起一些活动让用户参与,或者通过与用户互动刺激UGC产出。

8)共享竞界官方微博活动运营建议

活动分线上活动和线下活动。线上活动是增粉最快的手段,同时也可以刺激活跃度，尤其是在大型营销活动时期，抓住大型营销活动时机。线下活动的增粉关键则在于如何最大限度地导流。

　　微博线上活动的发起，共享竞界可以多使用微博活动平台。新浪的微博活动平台自带的活动，相当于免费的活动广告资源。关于线下粉丝活动，如果线下活动有抽奖的环节，可以把这个环节跟关注账号绑定一起处理。这种策略既可以增加最真实的粉丝，又能够带来传播和曝光量，同时也不需要高额经费。

　　总体上，不论是微博、微信还是官网，共享竞界都必须清楚自己的定位，这样才能知道自己该吸引什么样的用户。共享竞界各个平台都需要高质量的原创文章，这是非常有效的吸引用户关注公司的产品与服务的方式。在有一定积累后，共享竞界亦可以通过一些活动来推广自己的平台。

（冠军"Nice清北"队的成员：张忠建、黄嘉惠、陈怡莹、柴华君、肖刘政芃、辛明静）

案例点评

　　作为新创企业，共享竞界定位于"互联网＋体育资产商业化"服务平台。该企业通过提供权益规划、价值评估等专业的定制服务促进体育赛事商品化，通过提供赛事定制、品牌规划等服务辅助企业触达体育营销，从而搭建企业与体育资产之间互通的桥梁，整合体育产业核心资产，进行资源的汇集与分发，帮助企业实现体育营销价值的同时实现平台自身的价值。

　　在当前我国体育产业大环境中，体育产业生态系统十分复杂，从事体育赛事商品化工作困难重重。案例提出的问题是针对中国体育产业的发展现状，从保障体系、商业体系和消费体系三个维度进行分析，共享竞界该如何策划实施，才能更好地促进"体育赛事商品化"的转化？目前，共享竞界面临的主要问题就是如何使体育资产进行商业化，如何丰富和扩大自身平台上的资源，如何激发企业的体育营销需求以及如何推广和建设平台品牌。因此，可以从这些问题入手去思考。

在案例分析部分，需要重点思考以下几个问题：一是目前我国体育产业发展的现状，重点关注与互联网体育服务行业相关的分析。二是考虑体育赛事的资产价值有哪些，赛事的对价通道和对价方式是怎样的。三是在体育资产商业化过程中关于保障体系、商业体系和消费体系所涉及的内容以及当前存在的问题。四是共享竞界的发展现状分析，包括公司架构、发展战略、主要产品和服务、盈利模式等。五是对提供类似体育服务的竞争者进行分析，以寻求差异化。六是分析共享竞界平台的用户，了解供需双方的需求和消费行为特点。

在案例的具体策划方案部分，体育赛事商品化的推进措施可以从保障体系、商业体系和消费体系三个维度分别去讨论，然后将三个体系形成一个有机体，有效地推进共享竞界的业务发展。在此基础上，还需要考虑平台如何获得用户的增长，如何去做传播推广。最后，讨论可行性分析、财务预算和风险控制。

例如冠军"Nice 清北"队在商业体系方面，提出并购整合体育资源，打造体育商业生态圈；开发目标客户市场，搭建信息平台；多方战略合作，有力保障赛事运营体系；做好热点捆绑式营销；建立征信体系，主打技术服务五条建议。消费体系方面，给出了构建体育赛事可持续消费模式、营造多元赛事消费结构和拓宽共享竞界新的盈利渠道等建议。保障体系方面，提议建立体育赛事赞助保障体系和体育赛事服务评价体系。并对三大体系里的每一个解决方案都做了可行性分析，以确定每个解决方案都是可行有效的。除此之外，该小组也站在共享竞界公司的角度，提出了共享竞界平台用户增长策略和共享竞界平台推广方案，设计了企业化的管家形象"竞姐"。

而亚军"戊戌六君子"队则从企业和个人两个角度创新商业模式，推动体育赛事商品化。企业版即建立赛事权交易平台，进一步分化各项权益，建立赛事产权所有方与各项赛事权承接方的中间对接机构，提供透明、高效的交易平台；个人版即完善体育商城、建立短视频直播平台、论坛、新闻资讯平台、热搜榜等,利用大量互联网用户的关注为在平台上寻求赞助的赛事提升价值。基于两种创新化的商业模式,运用情感营销、口碑营销、事件营销等多种营销方式,对更新后的平台进行全方位推广,并在此基础上分析了该商业模式下企业的财务和预算、相关风险及应对策略。

案例 15

借势中国男篮大 IP，己所欲·亚麻籽油的全国化推广策略

案例

　　己所欲股份有限公司(以下简称"己所欲")成立于 2017 年,是在"健康中国战略"背景下成立的一家专注研发大健康产品的企业。公司旗下主导产品——亚麻籽油系列产品的推出受到市场的广泛欢迎。2019 年 4 月,己所欲·亚麻籽油正式成为中国国家男子篮球队的官方食用油(官方赞助商),在国际篮联男篮世界杯和东京奥运会两大顶级体育 IP 下,己所欲期望与中国男篮的合作能产生更大价值。

　　己所欲·亚麻籽油产品的健康属性与体育、与篮球运动,既有天然的相关性,也有利于与中国男篮产生深度关联。但公司面临推广运作成本相对较低、可投入的财力有限的问题。如何利用好篮球世界杯和奥运周期,借势篮球运动在中国发展的东风,将中国男篮的资源最大限度运用

起来实现价值最大化？己所欲期望从产品、渠道和推广三个角度获得解决方案。

（请扫描二维码阅读完整案例）

案例分析报告节选

该报告主要以激活"中国男篮"这一体育 IP 为重心，结合市场营销的相关理论和分析方法，对己所欲亚麻籽油市场营销策略进行分析，将己所欲亚麻籽油品牌定位为"高品质、健康而有温度的亚麻籽油"，并针对现有问题，围绕"己所欲，健康用油新定义"，提出了可行的建议和方案，以使己所欲亚麻籽油更贴近消费者，提升己所欲亚麻籽油的品牌形象和品牌价值。报告近 7 万字，共有七个部分：第一部分，分析了企业营销内外部环境和当前体育营销环境。第二部分，概述了策划的整体营销策略。第三部分，对己所欲亚麻籽油进行品牌定位。第四部分，对产品设计思路进行了说明和分析。第五部分，针对己所欲渠道营销的问题，提出了对应的渠道营销策略设计方案。第六部分，针对己所欲推广方面的问题，提出了事件营销和长期营销相结合的营销策略。围绕东京奥运会等具体热点事件提出了细致可行的营销方案，对于长期营销方面，也提出了对应的营销策略。第七部分为效果评估。以下为案例报告的节选部分。

一、营销策略概述

（一）产品方面

我们提出产品营销策略向六个方向延展，分别是：开发会员制，提供个性化的膳食营养咨询及健康分析服务；扫码溯源，定制礼盒包装上的故事；油票装礼盒；小游戏＋电子礼品卡；品牌联名。同时我们设计了企业吉祥物形象——小亚，拉近品牌与消费者间的距离。

（二）渠道方面

我们首先对于经销团购渠道与商超终端渠道在品牌传播的定位上进行了区分。针对经销团购渠道的客户群体，在品牌传播上要紧扣产品的品牌价值进行宣传，因此品牌传播应聚焦目标人群，考虑赞助金融等领域的企业篮球赛。针对大众商超渠道的消费者群体，要注重体验式消费和信任式营销，我们因此提出以"健康生活新定义，营养运动己所欲"为主题的一系列结合中国男篮体育 IP 的宣传方案。

（三）推广方面

我们提出了事件营销与长期营销相结合的推广模式，围绕东京奥运会等具体热点事件提出了具体可行、有针对性的推广体系和营销策略。为使己所欲与体育 IP 更加紧密地结合，我们对长期营销给出了翔实具体的营销方案，并提出了以"快闪店"为重点的线下相关主题活动及配套营销方案。

二、品牌定位

（一）企业战略及市场定位

企业战略：打造亚麻籽油行业内的高端品牌，占据国内亚麻籽油市场的主导地位，成为亚麻籽油行业的领导者以及健康用油潮流的引领者是己所欲的战略目标。

目标市场：企业短期内会将目标市场设定为以金融、保险、教育行业为主的中小企业消费群体和对养生保健、生活品质有诉求的中青年消费群体。

市场定位：赋予食用油健康"新定义"的高品质、高价格的中高端亚麻籽油产品（主）；赋予食用油健康"新定义"的营养健康定制化咨询服务（副）。

（二）品牌标的：己所欲，健康用油新定义！

1. "己所欲"的升级诠释

首先，"己所欲"意为"自己喜欢、希望、想要的东西"，表明己所欲的消费者善待自己、对自己健康负责。其次，"己所欲，施于人"，表明己所欲的消费者乐于将自己喜欢的事物与他人分享，体现出人与人之间温暖的爱与关怀。

2. "健康用油新定义"的诠释

（1）少放油不如用对油。如图 15-1 所示。

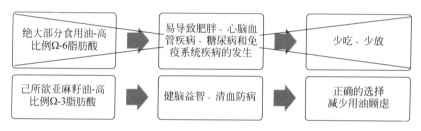

图 15-1　健康用油新定义

（2）健康用油定制化，更主动、更个性地实现用油饮食健康。

己所欲 180 位营养师携手大数据分析打造用户的私人定制健康专家，用户可上传自己相关的身体信息、食物偏好等到己所欲平台，通过平台专业分析得到一份体质分析报告、一份个性化膳食指南以及相应的亚麻籽油食谱——己所欲作为您的私人健康专家，伴您一起积极"定制"您的健康！如图 15-2 所示。

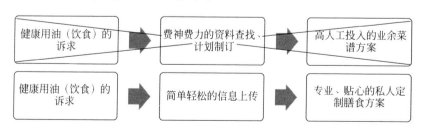

图 15-2　健康用油定制化

3. 定义亚麻籽油作为礼品的情怀

消费者在日常生活中几乎不会想到以油作为礼品。然而在人际交流减少、压力与日俱增的今天,或许就是一瓶己所欲亚麻籽油,就能够以其绝对的高品质、健康的属性和精彩的人文内涵,唤起人们对于健康、家庭温暖的关注,以油的方式表达消费者对上级和长辈的敬意,对家人和友人的爱意,使其消费者和使用者健康快乐。

(三) 品牌定位

己所欲的品牌定位为:高品质、健康而有温度的亚麻籽油。

(四) 己所欲品牌与中国男篮结合点

健康=运动+营养,中国男篮代表篮球这一种运动形式,是男篮一个人格化的代言,同己所欲的产品所代表的营养结合,正好反映了己所欲的健康理念,同时也响应了国家大健康战略。

三、产品设计

产品是品牌的基石。我们在己所欲现有的产品结构基础上,从服务、礼品、品牌联名方向上进行了设计。

(一) 会员制的开发

成为会员的标准可以是在己所欲消费 2 瓶及以上的油。采取积分制,设等级,等级越高的会员在购买产品、享受服务时可以有越多优惠和福利,平时会收到更加个性化的健康小贴士。公司还可开办有关亚麻籽油/健康主题的聚会。会员卡的设计如图 15-3 所示。

图 15-3　会员卡的设计

(二)"您的私人健康专家"

从服务上出发,赋值产品。设定此项服务只有己所欲会员能享受,其服务内容如图 15-4 所示。

图 15-4　私人健康专家服务内容

(三)扫码溯源,定制礼盒包装上的故事

瓶身、礼盒上印制二维码,用户只要扫一扫就可以了解到亚麻籽油的历史、己所欲亚麻籽油的故事、己所欲亚麻籽油原料的来源、制油过程等。

(四)油票装礼盒

仿照 20 世纪 50—80 年代票证时期油票,在礼盒里放一张精美的仿制油票,并做成限量版,有一定的序列号,具体设计如图 15-5 所示。油票带有文化气息珍稀性,凸显了产品的珍贵,同时增添礼品的趣味性。定制几张豪华油票,随机分布在油票礼盒中,拿到豪华油票的可以获得亚麻籽油体验之旅。

(五)小游戏＋电子礼品卡

设计小程序通道,可以通过"小游戏＋赠送电子礼品卡"的形式,进

图 15-5　油票装礼盒

行礼品赠送,同时扩大影响力,增强产品礼品属性的活力。男篮特定礼品卡的小游戏可以做成简单投篮游戏。日常礼品卡可以分两种:①为关心的人做一道菜+礼品卡;②"亲手榨油"+礼品卡。

(六) 品牌联名

与以中国古典艺术文化为主题的博物馆联名等,发售限量收藏版。

(七) 企业吉祥物形象设计

设计说明:

亚麻籽油是己所欲品牌的核心产品,因此选用亚麻籽油的油滴作为吉祥物的形象主体。吉祥物小亚(图 15-6)全身金黄,头、尾等部分有一些色彩的渐变,体现了亚麻籽油油滴的色泽鲜亮、流动性强以及层次丰富。鲜明的黄色色彩可以给消费者留下鲜明的视觉印象,吸引消费者的强烈注意。

图 15-6　己所欲亚麻籽油吉祥物——小亚

吉祥物的头上戴着一顶博士帽,体现了己所欲品牌在"健康用油"领域的专业形象。博士帽子上的 Ω 标志与吉祥物身后以"3"为造型的尾巴一起构成了亚麻籽油的黄金成分——Ω-3 脂肪酸,将亚麻籽油的特点进行凸显。

此外忽闪的大眼睛体现了小亚的机灵、聪敏，红润、微张着的嘴巴体现了小亚的活力、阳光，强有力的四肢体现了小亚的健康、茁壮，这些都与己所欲的企业希望带给消费者的印象不谋而合。

卡通吉祥物小亚特有的悦目感、明朗感、活泼感以及带有幼稚的可爱形象具有一种不可抗拒的亲切感，可以迅速拉近己所欲品牌与消费者的距离。

四、渠道营销

（一）己所欲亚麻籽油渠道营销目标

公司将对亚麻籽油产品进行全国性的全面推广，目标是成为亚麻籽油品类第一品牌。

（二）己所欲亚麻籽油渠道营销分析

己所欲在2019年成为中国国家男子篮球队的官方食用油，从企业提供的经销商和客户的反馈看，公司方的礼品渠道对这一品牌赞助反馈尚佳，中国男篮的品牌赞助强化了己所欲在B端消费者心中的中高端健康用油形象。

己所欲亚麻籽油产品从产品特性看，具有一定的特殊性，对企业渠道策略有所影响。其特殊性在于既是家庭用油又具有礼品属性。作为家庭用油，客户在没有体验式消费的情况下，购买决策风险较大。因此，作为家庭用油的亚麻籽油销售的关键是体验式消费和信任式营销。消费者需要通过体验来确认他们喜欢的产品并重复消费。营销渠道要通过增强消费体验和与客户建立信任的方式来促成最终的销售。

小品种类食用油消费群因为地域的关系有所区别。但随着全国物流流通越来越便捷，亚麻籽油的保健功能越来越引起人们的重视，地域因素造成的影响逐渐被淡化。

（三）渠道营销定位

针对经销团购渠道的客户群体，在品牌传播上要紧扣产品的品牌价值进行宣传。而针对大众商超渠道的消费者群体,则要注重体验式消费和信任式营销。

(四)己所欲亚麻籽油渠道营销战术建议

1. 经销团购

聚焦目标客户群体,赞助金融等领域企业篮球赛,强化己所欲——中国男篮官方食用油的客户印象,扩大品牌效应。

通过对一些体育赞助案例的分析,我们认为:

(1)中央金融系统篮球邀请赛符合己所欲的目标客户和对篮球赛事相关赞助的期望。

(2)可冠名金融系统篮球赛,赞助某(几)场金融系统篮球赛并尽可能做推广。

(3)在目标受众是中高端男性的情况下,己所欲可采取适当的会员制营销,提升服务质量,增强客户黏性。

(4)建议在赞助地方篮协与企业篮球赛的地点选择上,以广东、江苏、浙江、山东为主,且重点在一线以及新一线城市。

2. 大众商超

大众商超的品牌传播主题是"健康生活新定义,营养运动己所欲"。己所欲从健康生活角度出发,围绕其产品特性面对大众商超渠道进行宣传,将油和健康生活方式紧密结合起来。主题不仅说明了己所欲的营养健康价值,更主张强调了己所欲与健康生活融为一体的概念,在持续的品牌传播和印象强化中让消费者潜移默化地认为己所欲等同于健康生活方式。

在"健康生活新定义,营养运动己所欲"主题下设三个分线,分别从营养、运动与健康的角度进行更深入的宣传。

分线一:一路有你,I LOVE "油"(营养):通过体验导入品牌,如图 15-7 所示。

分线二:我"油"我的 freestyle(运动):强化活力健康形象,如图 15-8 所示。

图 15-7　分线一活动

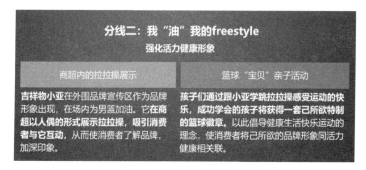

图 15-8　分线二活动

分线三：你的私人健康专家——定制你的健康（健康）：传递健康生活理念，如图 15-9 所示。

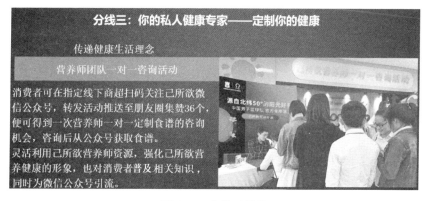

图 15-9　分线三活动

五、广告策略

（一）事件营销

1. 东京奥运会己所欲赞助男篮宣传计划

针对中国男篮进入东京奥运会的情况，己所欲应以"定义你自己"为大事件的宣传主题，同己所欲品牌"健康新定义"的定位相匹配，即男篮一扫世界杯的低迷状态，不惧外界的指责，通过自己的表现定义自己，打出成绩。

在赛前、赛中、赛后三个阶段，通过线上、线下等多种形式进行造势宣传，同时应对男篮在奥运会可能发生的成绩以及表现，及时进行舆论宣传。

在奥运会大事件期间，己所欲除了奥运会主线的营销，可以同时开展奥运爱心篮球公益项目，为边远山区的孩子送去篮球、学习工具、书籍以及爱心捐款等，以助力中国篮球未来发展为目的，同奥运会男篮比赛一起进行热点宣传，塑造己所欲正面的社会形象。

1）赛前

奥运会比赛前6个月，在微博、微信上发起抽奖活动，转发微博或者转发微信推送到朋友圈即可获得抽奖名额，各抽取15名幸运群众，赢取中国男篮比赛门票（小组赛某场门票）。

奥运会开始前1个月，在主流媒体开始报道奥运会相关消息的同时，己所欲应开始在自己的微博、微信平台上借势宣传亚麻籽油。

2）赛中

主打线上，在微博、微信公众号上及时跟进中国男篮备战、比赛情况。

（1）每场比赛前进行加油助力的宣传，在微博上发海报，为比赛造势。

（2）每场比赛前，发起线上抽奖活动。

（3）在每场比赛期间，通过微博进行不定时赛况报道，采取精彩时刻短视频的形式,每节比赛以及高光时刻都进行短视频播放,冠以例如"己所欲五佳球"等名称,不断强化品牌与男篮的联系。

(4) 在抖音平台上,转发男篮比赛集锦以及制作的宣传片等短视频,在视频开头结尾都要有己所欲商标以及产品的体现。

(5) 邀请前国家队队员例如朱芳雨、王仕鹏等人参加己所欲推出的"为男篮加油"自媒体美食节目,视频在微博、抖音上推出,最大限度曝光己所欲品牌。

(6) 通过权威媒体和一些自媒体微信平台发表己所欲亚麻籽油赞助中国男篮助力比赛的文章。

(7) 在奥运会期间,己所欲应在天猫旗舰店以及京东商城上发起"奥运狂欢季"的线上促销活动。线下主要是奥运会期间,在国内大型商超进行大规模商超售卖促销活动。可在商超设立专柜,有吉祥物人偶与消费者合照,有专业的售卖区促销员,同时在部分一、二线城市的公交站牌、地铁通道处投放己所欲赞助中国男篮广告,增加曝光。

3) 赛后

主要在线上平台,通过微信公众号及时转发男篮赛后报道,在微博上根据赛况发布海报、话题,注意言论要跟随官方媒体的方向,无论胜利与否,要时刻保持与中国男篮同一立场,"赢了一起狂,输了一起扛",通过社交网络引起话题讨论,侧面增加品牌曝光。

2. 中国男篮其他比赛营销推广策略

中国男篮除了在奥运会之外,也有很多洲际比赛以及一些其他热身赛友谊赛,己所欲可以借助这些赛事来进行品牌推广,如奥运会落选赛。

奥运会落选赛无疑是中国男篮在奥运会之前最重要的一项比赛,当然也是球迷与媒体关注度最高的一项赛事。作为男篮的合作伙伴,我们要始终扮演"男篮陪伴者"的角色,要给予中国男篮信心与支持。当然在落选赛的赛前、赛中、赛后也要形成一整套的营销推广体系。

1) 赛前

在赛前,己所欲可以以"谁说不可能?己所欲助力男篮冲击奥运"为标语进行一系列的宣传造势推广。

(1) 赛前微博抽奖送票。

假如奥运会落选赛在中国举办,通过微博的"关注+转发"的抽奖活动,以送票的形式送一些球迷到现场为中国男篮助力加油。

假如奥运会落选赛不在国内举办,那么可以"包门票、路费、食宿"的形式出现,势必会在微博上有更大的影响力,也会让人更加感受到己所欲品牌与中国男篮之间的深刻联结。在宣传推广中,可以通过"无论成败,无论西东,己所欲都与男篮同在"类似的宣传标语,进一步增加大众对己所欲与中国男篮联结的印象。

同时,为抽中的粉丝定制有己所欲标语的为男篮加油的海报横幅以及中国男篮加油 T 恤衫。同时赛场上拍摄这些球迷在赛场上为中国男篮助威的画面,在微信与微博端进行进一步的宣传,形成真正体系化的推广。

(2) 赛前促销推广策略。

针对本次奥运会落选赛中国男篮"迎战强敌、奋力一搏"的整体情况,己所欲在线上的销售平台京东与淘宝上推出一些促销,并结合"己所欲为男篮加油"等标语表明自己对于男篮的支持,不断加强公众对己所欲与中国男篮联结的印象。在线下的商超也开启促销活动,并在赛前进行推广预热。

2) 赛中

基于赛事期间的推广,除了实地推广外,线上推广应为主力。以下为微博、微信端推广策略。

己所欲在线上宣传方面应更多地与中国男篮进行结合。应用已有的肖像权权益,以主题海报的形式在微博端形成每一场比赛在赛前比赛预告、进行中的赛况播报、结束后的比分播报等全面宣传体系;微信端的频次可能会相对更少,但整个赛期也应该尽可能多地进行宣传,保证在 5 篇甚至更多的推送量。

其中最重要的就是每一场比赛结束后的宣传,尤其是输球后。输球的时候往往能够体现出一个品牌的温度与情怀,赞助商/合作方对中国男篮来说具有陪伴意义,无论成败,共同进退。在这样的时刻,己所欲应该站起来,始终以鼓励者的角度进行宣传文案的组织与写作,类似于"赢了一起狂,输了一起扛""风雨同舟、己所欲始终与中国男篮相伴"等类似的标语就很容易在人们心中留下好感。

赛中在线上双微的频繁发布及线上线下促销活动会吸引一定人群的关注,不断地使己所欲与中国男篮产生更多关联,使受众的品牌认知越来越深。

3)赛后

本次落选赛后会产生两种情况:一是成功拿到奥运会门票,二是30多年来首次无缘奥运会。针对这两种情况,我们作出了不同的营销策略。

(1)成功拿到奥运会门票。

①"火爆促销+男篮定制礼盒"的推广策略。

根据男篮的胜利对指定产品采取降价策略,加上赛前推出的男篮拿到奥运门票抽取免单的策略,这样的双重促销足以保证己所欲在赛后有足够多的品牌曝光。

同时在此前还推出过男篮的限量款定制款礼盒,这个时机也是推广定制礼盒的最佳时机。这样再一次在男篮最受关注的时刻与男篮达成捆绑,进一步增加大众对于品牌的认知。

②借助线上媒体进行推广。这样的胜利时刻更要在媒体端加强自己品牌的推广,己所欲可以借助男篮的形象不断形成宣传,同时表明自己在整个比赛期间关于男篮做的一些有意义的活动(例如我们送球迷去现场观赛等),当然推广不仅仅限于自己品牌的官方微信、微博,更可以借助其他拥有较大影响力的媒体对自己的品牌达成宣传。

(2)未能成功入围奥运。可以把主题定为"陪伴、希望"。"患难见真情",己所欲应该在宣传中表示出即使男篮处于艰难的阶段,但是己所欲依然会陪伴着男篮,并坚信中国男篮可以重获光明。我们可以"己所欲寄予中国男篮未来"为话题,在线上发起一波福利活动。

① 微信端"中国男篮未来的寄语"征集活动。比赛结束后,在微信端可以通过一篇充满温情的软文来鼓励中国男篮,并表明自己将会继续陪伴男篮的立场。在文末,我们以"希望"为主题,可以发起一波福利活动:在留言区写出对于中国男篮未来的寄语,我们将根据"点赞数"与"情怀感"挑选出3位幸运球迷奉上男篮限量定制款礼盒及男篮签名篮球一个。

② 微博端"为未来中国男篮加油语"征集活动。微博端也可以采取相同的方式,征集为未来的中国男篮的加油语,甚至可以由男篮队员挑选出自己最喜欢的那个加油语,同样奉上男篮限量定制款礼盒以及男篮的签名篮球一个。

③ "东京奥运公益方案"的提前执行。在此前提到的东京奥运的方案中,有与男篮有关的公益活动。如果奥运会落选赛中国男篮没能成功打进奥运,公益活动提前执行。

通过以上这些方式,可以让大家感受到己所欲品牌的人文情怀。虽然男篮输了球,但还是可以让大家看到我们的诚意,以及对于男篮暖心的呵护与支持、对于篮球这项运动本身的关注,从而更容易让大家对品牌产生认同感。

3. 其他友谊赛、热身赛的营销推广策略

中国男篮在每年都会进行一定数量的友谊赛与热身赛,这些赛事大多在国内各地举办,这为己所欲在这些赛事的推广提供了有利的客观条件。

1)线上双微端送票、宣传活动的执行

在这些比赛期间,官方微博与微信端同时要跟上进度,做到中国男篮赛事的全面宣传,从而借助男篮这个形象不断达到品牌曝光的目的。

另外,在此前的男篮落选赛中我们提到了微博端抽奖送票的策略,这样的方式在中国男篮的热身赛与友谊赛期间同样适用,包括此前提到的定制横幅与加油T恤衫,也要保持与奥运会落选赛的一致性。

2) 友谊赛、热身赛的实地宣传策略

线下的实地推广:在相对方便的地区,企业可以在线下实地推广。现场观赛的男性群体符合己所欲20～55岁男性的目标群体,具有极大的推广价值。而且赛程只有一天,活动成本较低。

线上的实地推广:让参与者率先扫码关注"己所欲亚麻籽油"公众号,并通过"问答得礼品"的形式,通过工作人员向参与者展示LED屏幕上的题目,答对五道题即可领取精美小礼品一份。问题既可以包括己所欲亚麻籽油的常识性问题,也可以包括中国男篮的相关问题。这样既为己所欲官方公众号扩大了用户基数,达成了对己所欲亚麻籽油的大众推广,也再次形成了己所欲与中国男篮的关联,形成了球迷群体中己所欲形象的夯实。

3) 企业篮球文化的构建

己所欲组织员工亲临现场观赛,现场的员工身穿己所欲服装,直接增加品牌的曝光。更重要的是,让员工亲身参与到赛事中更是品牌篮球文化的构建。通过这样的方式让篮球成为己所欲员工与企业的纽带,其所象征的拼搏向上、健康、阳光等运动精神真正写入企业文化的DNA(脱氧核糖核酸),做到"里应外合"。

(二)长期营销

1. 快闪店主题活动策划

快闪店带来的好处如图15-10所示。

1) 洞察——寻找机会点

在市场调研分析部分我们已经了解一些关键信息,因此针对用户的认知和品类的优势,选取其中一个角度切入,提出己所欲亚麻籽油×中国男篮"健康新定义"快闪店的概念。

2) 思路——主题概念

主题概念:己所欲亚麻籽油×中国男篮"健康新定义"快闪店——利用篮球元素与健康生活理念吸引用户。

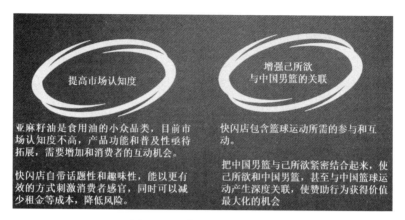

图 15-10　快闪店带来的好处

核心卖点：健康生活新定义——核心是健康、运动和好品质。

品牌态度：日常生活需要讲究健康，重视品质——传达品牌关于健康的新定义。

目标用户：家庭、20～55 岁的青年和中年男性、篮球爱好者、职业人群、学生——覆盖人群广。

产品品类：己所欲亚麻籽油目前的六大品类以及为此活动定制的中国男篮限量款亚麻籽油。

周期：7 天——限时营造消费紧迫感，同时节省成本，市场试水，速战速决。

场地：人流流动密集区——吸引过路行人，营造热闹的街边店氛围。

3）品质打造

（1）商品/服务。一方面从商品本身选品、包装提升品质；另一方面从服务（例如态度极好的营业员，小纪念品赠送等）提升用户好感。

（2）情感化/品牌感。利用店内五个主题的产品化展示，营造健康积极向上的生活氛围，加上温情的软促销话语，回忆性的中国男篮历程展示，打造情感化家庭化氛围，让用户自然地认同我们的健康新定义概念。强化店内的品牌露出，有效为平台引流。

(3)建立品牌文化。从消费品提升到品质生活消费的概念,改变中国消费者原有习惯,利用场景化营销给客户留下深刻印象。从一个简单的亚麻籽油产品上升到健康的生活理念和积极向上的追梦精神的塑造,让用户充分了解亚麻籽油是当下最适合国人的健康油,让用户在有趣好玩的商品推荐中不知不觉消费,让这次快闪行为为品牌注入精神内涵。

4)五大主题设计

总体设计:网红场景,抓住年轻人的拍照需求。拍照分享的场景应该兼具商业性与艺术性,能激发人们自行拍照发到社交网络的欲望,促进二次传播,制造线上大流量。

(1)家庭款。

场景设计:篮球场

互动设计:亲子篮球

爸爸篮球对抗赛:爸爸间进行3×3的篮球比赛,孩子和妈妈在旁边给爸爸加油。请受孩子或家长欢迎的少儿主持人或解说亲临现场做裁判,并现场解说比赛。

家庭投篮赛:妈妈把球传给小朋友,爸爸抱着小朋友,小朋友手里拿着篮球投篮。

繁忙的工作使打篮球都变成了一种奢侈,都是被工作所累的成年人,这一次,有家人的鼓励,回到青春,酣畅淋漓地再拼一场吧!

(2)亲子款。

场景设计:温馨的家庭厨房,给人舒适的感觉,又将亚麻籽油带入场景中,给人以实感。

互动设计:

今天爸爸来下厨:爸爸用亚麻籽油做简单的沙拉或亚麻籽油拌酸奶给孩子们吃,也可以采用互动的形式,如四组家庭,让孩子认一认哪个是自己的爸爸做的。

妈妈们辛苦了,这一次换爸爸来!简单的沙拉和酸奶却蕴含了浓浓的父爱啊!

(3) 调和款。

场景设计：专业的化学实验室设计，当中的工作人员都戴着科技感十足的眼镜，穿着试剂师的服装，各种各样的食用油以试剂的形式摆放。

互动设计：

调出健康：放几款常见的油，让用户按自己的想法来调制健康的油，由营养师或者机器人来判定哪款调和油最符合中国人的饮食习惯。

你真的会吃吗？你知道什么样的油最健康吗？我们期望以这个小游戏来科普适合中国人饮食的油的摄入量与种类。

(4) 亚麻籽油维E胶囊。

场景设计：胶囊的形状，里面放置中国男篮从创建到如今的一系列照片与纪念品，退役及现役球员球衣签名等，播放回忆短片。

互动设计：

我心中最好的中国男篮：写出你对中国男篮或其中一位运动员的记忆或对中国男篮的未来展望。

投3分球，赢限量中国男篮版"己所欲·亚麻籽油"定制产品。

根据亚洲人的饮食习惯，专家建议我们，应该积极地选择属于Ω-3系的油脂来食用，对应投3分球的互动，增强消费者对Ω-3的印象。

该环节可触发快闪活动，增加传播力、影响力。设置一个触发点，来开启篮球表演。可以询问观众，他最喜欢的中国男篮运动员是谁，如果点到了我们邀请的男篮运动员，即触发惊喜快闪活动。

表演形式示例：一堆人表演花式篮球或街舞，突然音乐停，人们静止，观众喜欢的男篮运动员惊喜出场。

(5) 智甲天（量贩装）。

场景设计：未来感十足的医院，里面有智能健康服务机器人和专业营养师，陈列着各种各样的药瓶状装饰，体现"健康新定义"的内涵。

互动设计：

你的健康专家：可进行健康监测以及健康咨询服务，现场有专业的营养师为用户提供专属食谱。

(6) 附加:"健康新定义"之健康美食。

场景设计:香味四溢的面包房。

互动设计:

定义新健康甜品:请知名甜点师以亚麻籽油为原料现场制作面包,提供试吃;也给有兴趣的观众提供材料和环境,可以自己制作面包。

与下厨房等美食 App 合作:制作亚麻籽油面包专题/亚麻籽油减肥专题。

5) 营销策略

(1) 开业前期:线上宣传,发放油券。

聚焦现代人的健康焦虑,发放试吃的亚麻籽油兑换券,以及#我与篮球的故事#或#我与中国男篮的记忆#等活动宣传造势,请有一定影响力的篮球博主或者生活类的 vlogger(微录主)进行体验并推荐,吸引开业到店消费聚集人气。

(2) 开业前期:线上产品预告、小礼品赠送。

可创意设计几款产品的活动预告,写明推荐理由,引起话题及传播。同时开业期间可开展到店用户分享 H5 页面或发朋友圈获赠免费亚麻籽油等活动,为线上引流。

(3) 开业中:平台会员专属优惠价。

部分商品给到平台会员专属优惠价,引导开通会员,为线上挖掘新用户。

2. 品牌长期营销的广告策略

作为一种新品牌,己所欲的产品仍然处于导入期。在这一阶段,己所欲的目标主要是宣传新产品,引导广大消费者了解产品,并开始试用产品。整个传播策略应以提高产品知名度为重点,以便迅速打开销路,占领市场。

1) 公关策略

优良的公关策略可缩短新产品导入期,降低新产品导入期的营销成本。

己所欲可以从以下几个方面利用公关。

(1) 针对新产品的上市发布新闻。

(2) 举办记者招待会。

(3) 设计公众活动。

(4) 散发有关新产品的宣传材料。

2) 广告策略

广告策略的策划应围绕如何扩大产品知名度、创品牌来进行。处于产品导入期的己所欲想要拥有一个较高的市场起点,"破圈刷屏",必须将传播链上的各个环节整合起来,然后把每个节点都做到极致。

我们一共设计了五个主要的广告脚本,分别从创立品牌故事(增强历史文化基因)、强调己所欲作为"健康好礼"的卖点、专注品质、与男篮风雨同舟、新时代好男人的选择五个角度进行策划。并在不同的媒体平台进行投放,形成全方位宣传产品的格局。

(1) 己所欲亚麻籽油广告策划一,如图 15-11 所示。

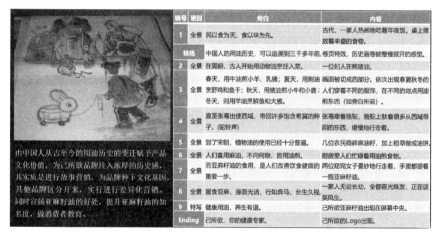

图 15-11　广告策划一——健康用油的变迁

(2) 己所欲亚麻籽油广告策划二,如图 15-12 所示。

(3) 己所欲亚麻籽油广告策划三,如图 15-13 所示。

镜号	景别	旁白	内容
1	全景	古语云："来而不往非礼也。"	一群人相互赠礼、作揖的热闹场面。
2	全景	古朴的配乐。	（古代）一男子提着一只鸡上门。少顷，主人在门口挥手送别，男子提着包糖回去。
3	中景	典雅的音乐。	（民国时期）戴眼镜、身着长袍的男子送上一盒茶叶，另一位相同打扮的男子回赠一套书籍。
4	全景	较为欢快的配乐。	（改革开放时期）新婚夫妇回门送上一个热水壶；返程时，女子坐在男子自行车后座，手里提着一壶油。
5	全景	礼尚尊贵，品尚康健。	（现代）一个商务范的男子在家拆礼物时发现是己所欲亚麻籽油，夫妻相视一笑。
Ending		健康首选亚麻籽，礼品当然己所欲。	己所欲的商品及Logo出现。

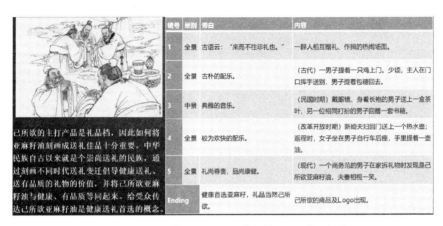

图 15-12 广告策划二——健康好礼,"油"来"油"往

镜号	景别	旁白	内容
1	全景		己所欲亚麻籽油位于风景右下方的一块岩石上。字幕"己所欲精选亚麻籽，只来自黄金生长带"。
2	全景	轻柔、悦耳但节奏一直向上的背景音乐。	亚麻籽油所处的背景飞速变化，极尽展示北纬50度到55度不同季节的自然风光。
3	特写	甄选新鲜，至诚奉献。	颗粒饱满、色泽鲜亮的亚麻籽中流淌出一滴金黄色的亚麻籽油。
Ending			己所欲的商品及Logo出现。

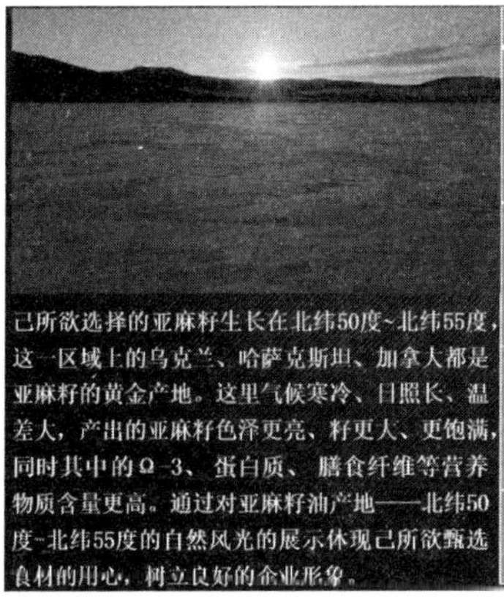

图 15-13 广告策划三——北纬 55 度,亚麻籽油的黄金生长带

(4) 己所欲亚麻籽油广告策划四,如图 15-14 所示。

(5) 己所欲亚麻籽油广告策划五,如图 15-15 所示。

3) 各大主流新媒体平台日常运营策略

己所欲更应注重在各大新媒体品牌的日常运营。除了几大主打广告的投放外,己所欲应该以高频的出现率活跃在各大媒体平台,吸引消费者的注意,建立与消费者长期的情感联系。

(1) 以抖音为首的短视频类新媒体平台。

① 几秒之内展示己所欲亚麻籽油生长环境、制作过程。

中国男篮的发展历史充满起伏和波折，迎来过巅峰，现在处于低谷。而无论处境如何，不惧困难、逆风而上都是中国男篮永不言弃的坚强意志体现。亚麻籽正是一种生命力极其顽强的耐旱抗寒植物，不论环境如何，它都如此蓬勃有朝气。并且温度越低，亚麻籽里的亚麻油含量就越高。将中国男篮的成长与亚麻籽的生长过程进行比拟，突出己所欲品牌与中国男篮一起成长，始终支持陪伴中国男篮，传递健康生活的理念和积极向上的追梦精神。

镜号	景别	旁白	内容
1	中景	充满希望的音乐	亚麻籽正在拼命生长，破土而出。
2	全景	掌声、欢呼声	2008年，中国男篮杀进八强，球员激动的画面。
3	全景	欢快的音乐	亚麻籽油开出花朵，蓝盈盈的花在绿油油的海洋里格外漂亮。
4	全景	欢呼的海洋	2015年，中国男篮夺冠，重回亚洲之巅，观众振臂欢呼。
5	全景	低沉的音乐	亚麻籽在严酷的天气下（冰天雪地中）有些萎靡不振，打蔫的状态。
6	全景	低落的音乐	2019年，中国男篮错失晋级16强的机会。
7	全景		天气发生剧烈的变化，云朵快速聚集又散开
8	中景拉至全景	充满希望、昂扬向上的音乐	亚麻籽重新生长，结出金灿灿的亚麻籽
9	近景		字幕“不惧严寒，逆风启航”
Ending			出现中国男篮群像以及己所欲亚麻籽油、Logo

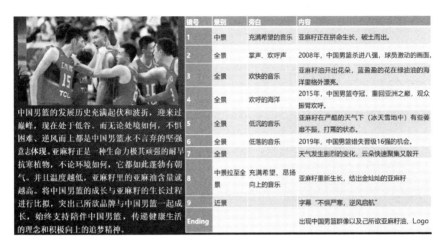

图 15-14　广告策划四——不惧严寒，逆风启航

通过“左手打球、右手加油”的动作来塑造篮球运动员既是阳光的运动达人，也是顾家、关注健康的好男人形象，与己所欲的主要消费者——20～50岁中青年男性的目标人群相符合。并通过这个广告突出己所欲与中国男篮形象的紧密结合，使消费者将对男篮健康、快乐的印象转移到己所欲身上。

镜号	景别	旁白	内容
1	中景	充满节奏感、律动的音乐	男子身着篮球服，在用健硕的左臂运球，表情激动，动作快速、充满动感与活力
2	中景	温柔、舒缓的音乐	男子身着家居服，右手正在将亚麻籽油倒入沙拉中，表情温柔微笑
3	全景	快乐打球，健康加油	画面为男子左手打球与右手加油的形象的拼接
Ending			己所欲的商品及Logo出现。

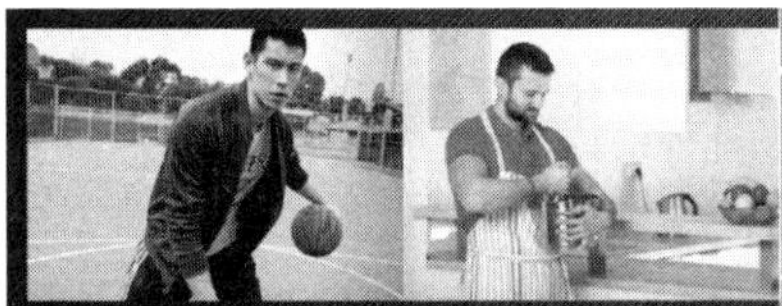

图 15-15　广告策划五——左手打球，右手加油

② 短时间内制作营养早餐、健康晚餐。

③ 结合抖音热搜进行热点营销、推广。

④ 剪辑播送男篮精彩集锦，不断加深大众对自己赞助男篮的认知。

(2) 以小红书为主的生活方式分享平台及下厨房等人气高的美食分享平台。

请小红书或下厨房的红人分享亚麻籽油食谱系列——拌沙拉、拌酸奶，重点突出亚麻籽油的美容、健康功效。最后透露最近食用的亚麻籽油和以前食用过的不太一样—— 己所欲亚麻籽油“良药利病不苦

口",吃不出亚麻籽油的味道。

(3) 以微博为主的社交平台。

品牌官方微博区承担着品牌形象塑造、产品推广、危机公关和提供用户服务等职能,不过己所欲亚麻籽油官方微博现在最大的问题就是粉丝基数的缺乏,因此需要频繁地开展一些活动来促进粉丝基数的增长。

① 新产品上市时,有选择地购买热搜作为产品推广。

② 推出《男篮一日》的系列 vlog(微录),从不同角度展示男篮的日常(训练、饮食、休息等),提升己所欲品牌与中国男篮的联系,利用中国男篮的高知名度提升己所欲的品牌影响力。

③ 男篮成员食谱揭秘——亚麻籽油占据一席之地。

④ 利用转发抽奖等形式进行产品促销、提升品牌知名度。

⑤ 生活类大 V 博主对亚麻籽油的种草、安利。

⑥ 在宣传己所欲亚麻籽油产品的同时,己所欲应该以"健康博主"的形象活跃在网友面前,介绍养生知识与健康常识等(尤其在二十四节气等时间节点等)。

(4) 微信公众号平台。

① 以故事、情感类文章进行隐形的软文宣传。

② 以科普的方式进行亚麻籽油的宣传。

③ 把握内容基本方向,适当创新。

针对己所欲品牌产品处于导入期的现状,目前在微信公众平台上整体的内容推广是基本正确的,也就是说要向大多数还不了解品牌的用户普及品牌的基本情况,要将自己的"核心竞争力"作为宣传核心,不断在用户心中达成认知。

④ 扩大用户基数,增强与用户的互动。

(5) 以知乎为主的知识分享平台。

① 以科普帖的方式普及亚麻籽油的功效与作用,并在文末提到己所欲亚麻籽油的好口感。

② 在知乎收集油类、健康养生类热门问题,整理分析粉丝热点问题(如怎样用油更健康),回复粉丝,进行互动。

（6）以淘宝直播为主的直播带货平台。以淘宝红人直播用亚麻籽油烹饪的形式销售产品。

六、效果评估

（一）品牌影响力

提升品牌影响力是企业最终想要达到的核心目的，通过赞助中国男篮从而增加品牌曝光，扩大品牌影响力。线上的社交网络宣传以及线下的落地活动，都推动了品牌影响力的发展。在方案中我们加大了对于线上销售的力度，因此电商平台用户评价反馈可以作为评判影响力的指标。也可以通过向传统团购渠道以及线下销售渠道的客户、经销商发送问卷调查的方式，了解市场对于己所欲品牌认知度情况。

（二）销售与市场

销售状况最直接的反应体现在销售量上，收集线上线下的数据，通过与往年同期销售量涨幅的对比，以及与竞争对手在销售量、收入、涨幅方面的对比，判断此次营销是否成功。而对于销售情况的分析，要从线上消费者、线下直销、线下经销、团购等多渠道进行分析，从而判断各种渠道销售情况。

（三）传播能力

企业的宣传包括线下投放广告、线上新媒体的推送、视频等，因此要对每一类宣传进行分析。但线下的数据没有办法测量，因此主要对推送、微博、视频的浏览量、点赞量、转发量等进行统计。

（四）消费者人群

产品目标人群定位于20~55岁男子，企业在销售过程中，应记录消费者基本情况，通过消费者行为画像，对消费者的相关数据进行统计，评估自身的目标人群以及市场定位是否准确，从而进行及时调整。

（冠军"嗅嗅"队的成员：李翊麒、刘方亮、霍润彤、龚文欣、高畅、项雪婷）

案例点评

作为食用油市场新品类的小众品牌,己所欲主要面对企业用户,品牌知名度不高,产品定位为高端礼品,渠道以线下为主。新品牌需要培育市场,教育消费者,但公司现在可以投入的资金有限。作为中国国家男子篮球队的官方食用油赞助商,己所欲·亚麻籽油希望通过体育营销活动助推产品全国化推广。作为企业和消费者沟通连接的平台,体育营销的目标受众比较明确,企业可以借助体育营销开展各类活动,同目标受众建立情感连接,以获得高关注度,提升企业形象和品牌价值,包括市场表现。

因此,本案例要求为了最大限度利用好世界篮球赛和奥运周期,选择有效的广告形式(非传统广告形式)来促进品牌和销售双提升。同时要求设计一些能够与中国男篮密切关联的线下主题活动,普及亚麻籽油的知识,对用户进行教育,将活动互动和有趣相结合,拉近用户与品牌之间的距离。

在案例的营销分析部分,需要重点考虑以下几个问题:己所欲面临的外部环境和行业环境有什么特点?主要竞争对手的情况如何?当前市场上亚麻籽油的需求如何?消费者对亚麻籽油的认知如何?购买中高端食用油的企业用户和一般消费者的消费行为是怎样的?分析研究中国男篮IP的特点、目标受众和赞助商,调查其他的赞助商如何在做体育营销?食用油行业体育营销现状如何?己所欲公司的现状如何?目前品牌定位如何?

在案例的营销策略及具体执行方案方面,首先需要探讨中国男篮与己所欲之间可以从哪些方面去建立深度关联。然后本着与品牌建立关联和对用户进行教育的目的,制定营销策略,选择有效的广告形式和营销传播内容,精心设计线下的主题推广活动,有效传播产品知识,与消费者深度互动,实现赞助价值最大。

冠军"嗅嗅"队通过前面分析,将己所欲品牌定位为"高品质、健康而有温度的亚麻籽油",并针对现有问题,围绕"己所欲,健康用油新定义",对产品进行了再设计,渠道方面就经销团购提出可以聚焦赞助金融等领域的企业篮球赛,就大众商超提出在"健康生活新定义,营养运动己所欲"主题下设三个分线,分别从营养、运动与健康的角度进行更深入的宣传。在广告策略方面,针对奥运不同时期设计主题进行宣传,关注奥运会落选赛及其他相关赛事的营销推广,提出详细的快闪店主题策划活动,设计了企业吉祥物,提供了5个广告脚本,并探讨了日常媒体运营策略。在效果评估部分,简单总结了若干评估指标。"嗅嗅"队提供的方案系统完整、内容丰富,但对男篮与品牌的结合点可以挖掘更深入些,围绕企业用户设计的内容也可以更丰富些。

亚军"FTD"队的体育营销市场分析部分做得很扎实,尤其对男篮赞助的分析。深入讨论了体育营销目标和回报评估方式,认为己所欲可以从传播与媒介维度、销售与市场维度、品牌与企业维度和综合效益维度四个方面进行目标设定,每个维度中有详细的指标。在具体执行方案部分,以"把油加满"为主题,设计了线下观赛活动、建立线上和线下打球团体、举办线下篮球赛事、拍摄微电影等活动。最后,制定了微博和微信的传播策略。该小组提出了标语,设计了海报、文化衫、文创产品、书签等衍生品。由于己所欲主要客户为企业用户,所以该方案的设计如果侧重点从C端转向B端,会更有针对性。

体育营销的执行方案最后一定要进行可行性分析和成本收益计算,当然赞助球队面临赛事成绩的不确定性,所以也需要讨论风险控制。

案例 16

恒源祥如何借势冬奥赞助商身份打造年轻化品牌

案例

恒源祥(集团)有限公司(以下简称"恒源祥"),创立于1927年的中国上海,是享誉全国的中华老字号品牌,亦是中国纺织行业的翘楚。拥有10多家产业公司,产品涵盖绒线、针织、服饰、鞋类、家纺等大类,旗下有"恒源祥""彩羊""小囡"等品牌。恒源祥是一家专注于品牌经营的高新技术企业和现代服务业企业,秉持"持续为社会创造价值"的价值观,致力于推动人类社会的进步和发展。

恒源祥与奥运情缘深厚。作为2022年冬奥会和冬残奥会官方正装和家居用品赞助商,恒源祥计划开展系列与冬奥有关的品牌营销活动、创意事件话题等,积极传播奥林匹克文化与精神。期望通过案例大赛平台征集更有创意的奥运营销方案,以进一步激活恒源祥冬奥会和冬残奥会官方正装和家居用品赞助商的身份,打造年轻化的品牌。

(请扫描二维码阅读完整案例)

案例分析报告节选

该报告通过对恒源祥企业的背景分析,对其社会责任和品牌研究做了梳理,然后对恒源祥市场现状进行调查,在此基础上讨论了品牌年轻化的必要性,分析其存在的各类问题。然后围绕"别看我只是一只羊"设计了一系列的主题活动,从多方面阐述了一只羊可以产生的社会效应和延伸价值。以下为案例报告的节选部分。

一、恒源祥的市场分析

(一)恒源祥的社会责任

恒源祥的企业理念就是将公益参与体育事业相融合,创富与担当并行,恒久承担企业的责任。"恒源祥"这三个字不仅代表着美好的寓意,更蕴含着与公益慈善和社会责任的缘分,凝聚品牌与爱心的力量。

恒源祥坚持每年把盈利的10%用于公益慈善事业,永葆一颗慈善之心,结下了与公益慈善事业的深情厚谊。图16-1为可可西里的藏羚羊保护中心和对奥运会的赞助。

(二)恒源祥品牌年轻化的必要性

淘宝等电商平台已经成为商品销售的主要渠道,尤其在疫情的冲击下,一些新兴促销模式出现,如直播带货的兴起,几乎所有品牌都开启了线上销售。如今的电商平台不仅起到监督交易的作用,还能为商

图 16-1 企业基因：公益慈善—体育事业

家进行引流推广，使得优质商品被真正发现。艾媒咨询在电商报告中提道：年轻化是淘宝平台近年来的发展趋势，如图 16-2 所示。

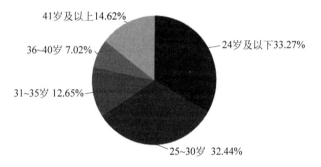

图 16-2 2019Q3 淘宝平台用户年龄分布

资料来源：艾媒咨询报告

AgeClub 是国内首家专注于老年群体的商业创新与创投孵化的产业媒体，它在其 2019 年关于恒源祥的报告中提道：通过分析 1.1 万条恒源祥品牌的男装电商数据（数据采集截至 2019 年 4 月 30 日），发现其中老年群体已占到整个客群的 2/3。

由此可见，电商平台的消费群体与恒源祥消费者的年龄分布并不匹配，即使恒源祥作为老字号品牌在电商转型过程中取得过成功，但是延续旧的战略也会使其增长缓慢、缺乏活力。

从消费者需求来看,恒源祥能够满足中老年消费群体对于羊毛衫保暖、实用等需求,但是当下年轻人追求个性化、新鲜刺激多样化、高品质、体验式消费。美国一个著名研究机构统计显示,24 岁以下群体,千禧一代的种种消费偏好,正在潜移默化地左右着整个消费群体的偏好和需求。恒源祥有必要重视年轻群体,因为年轻群体的消费需求具有辐射性,会对中老年消费群体的消费习惯起潜移默化的作用,小红书等种草主要由年轻人主导,却能带动整个社会的消费潮流,品牌战略上的年轻化十分必要。

(三) 恒源祥 AIDA 模式分析

AIDA 模式是国际推销专家戈得曼总结的推销模式,指一个成功的推销员必须把客户的注意力吸引或转变到产品上,使客户对推销人员所推销的产品产生兴趣,这样客户购买欲望也就随之产生,而后再促使其采取购买行为,达成交易。

在恒源祥案例中,由于缺乏客户忠诚和年轻化战略,恒源祥无法引起消费者的注意,同时由于品牌定位原因,无法将注意力转化为消费者兴趣,如淘宝页面中,无法快速展示自身品牌特点,导致潜在消费者流失。

另外,由于毛衫产品的商品属性,很难快速刺激消费者的消费欲望,容易出现"躺在购物车中犹豫不决"的情况,最终交易无法完成。综上所述,恒源祥的 AIDA 模式堵塞,是难以吸引年轻人、新消费者的主要原因。AIDA 模式分析如图 16-3 所示。

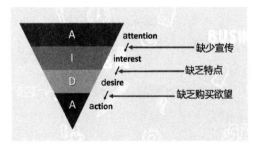

图 16-3　AIDA 模式分析

（四）恒源祥 SWOT 分析

恒源祥 SWOT 分析如图 16-4 所示。

图 16-4　恒源祥 SWOT 分析

1. 有效利用优势，把握机会

恒源祥应有效利用冬奥、电商经济资源，抓住年轻人需求，找到新时代的营销方式。恒源祥本身已经具备了不错的口碑和市场占有率，过去也有优秀的奥运营销和广告投放，可以进行借鉴并在此基础上加入时代新元素。中老年市场是恒源祥的优势，而在争抢年轻人市场方面应做一些小的战术转型，追求品牌多元化，融入新动力。

2. 抑制劣势，迎合机会

可以利用冬奥进行体育营销，以弥补在年轻群体中知名度和客户忠诚度的不足，需要策划一系列营销事件以吸引新的年轻消费者。同时，要抓住电商红利，加大线上营销的力度，参与到平台活动之中（如直播带货、购物节促销活动等），增加渠道广告的投放，宣传品牌形象和理念。

3. 避免威胁，稳固优势

恒源祥需要加大产品研发和创新，应对友商竞争，以保持在产业内的头部地位，总结成功经验，进行适当战略转型，寻找新的市场增长点。

4. 分析劣势威胁，解决问题

恒源祥需要通过有创意的、年轻化、有吸引力的营销事件提升其在市场中的竞争力，并在此过程中建立客户忠诚。新媒体、新技术、新理念将为恒源祥注入新的活力，让老字号也能被年轻人所接受喜爱。

二、系列营销活动策划

系列营销活动策划如图 16-5 所示。

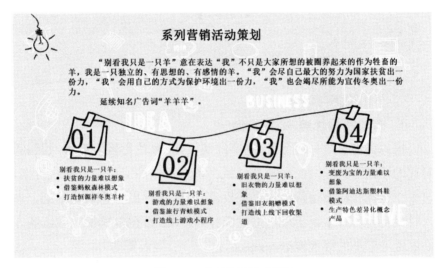

图 16-5 系列营销活动策划

（一）"别看我只是一只羊"——"扶贫的力量难以想象"

1. 活动创意来源

恒源祥是享誉全国的中华老字号品牌，具有非常浓厚的文化底蕴和很强的经济价值与历史价值，以"温暖厚重"的品牌形象在老一代中国老百姓心中留下了不可磨灭的时代印记。但是，在当今市场竞争越发激烈、消费者需求日益多样化、消费群体日益年轻化的背景下，恒源祥如何进一步保持自身活力，能够不被市场淘汰就成了当务之急。热心公益一直以来被认为是建立良好企业形象的有效路径，基于此我们想到的是可以借鉴目前市场上最受欢迎并且口碑比较好的公益类的产品"蚂蚁森林"。我们还加入扶贫的计划,希望能够借助政策的优势来助推活动的开展。

另外,"蚂蚁森林"作为一个公益类产品,在支付宝平台上一直广受年轻人的青睐,其中一个重要的原因就是其带有的社交属性。

对于当代年轻人来说,基本上有1/3的时间都花在社交软件上,足以可见其对年轻人的重要性。从这个角度出发,我们的活动也会通过带有社交属性的活动来吸引更多年轻的受众群体加入进来,一定程度上就可以提高恒源祥在年轻一代中的知名度。

2. 标语解析

"别看我只是一只羊"是这次大活动的标语,它也是著名国产动画《喜羊羊与灰太狼》的主题曲名字。"别看我只是一只羊"意在表达"我"不只是大家所想的被圈养起来的作为牲畜的羊,我是一只独立的、有思想的、有感情的羊。"我"会尽自己最大的努力为国家扶贫出一份力,"我"会用自己的方式为保护环境出一份力,"我"也会竭尽所能为宣传冬奥出一份力。从某种意义上讲,羊的意象也是对之前"恒源祥 羊羊羊"的广告语的传承。子活动的标语是"扶贫的力量难以想象",直接道出活动的主要内容。"力量难以想象",其实意思就是虽然每个人的力量是微薄的,但是汇聚在一起就是非常强大的力量,其中也寄托了我们对扶贫的美好希望。

3. 活动具体介绍

概述:注册或者登录成功后,通过购买产品或者平台签到等一系列交互行为获取"青草值"助力小羊成长,当"青草槽"满了之后即可获得一只成年羊,并通过网络平台"云养羊",观看一只羊从出生到成年到剃毛的一系列流程,深入了解一件衣服是怎样做成的。

4. 核算方式

购买产品:每5元1个单位青草值。

平台签到:每日1个单位青草值。

分享到朋友圈或者微博：每次 2 个单位青草值（每日上限为两次）。

邀请好友：每一个好友 3 个单位青草值。

具体核算方式如图 16-6 所示。

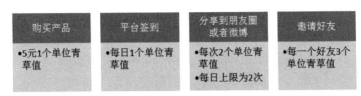

图 16-6　核算方式

PS：青草值除了可以线上养羊还可以在"冬奥羊村商城"中根据相应要求兑换真实羊毛制品。

相关细节：此次活动计划采用"线上＋线下"联动的形式进行。对于线下门店，提前布置好"冬奥羊村计划青草槽"的展示实物（图 16-7）以及宣传海报，消费者在购买完成后小票下方会有相应的二维码，扫描二维码就会进入相应界面并且会自动将购买价格所对应的"青草值"加入消费者的账户中。除此之外，店内的广播也会向消费者宣传活动。对于线上门店，将开通活动入口，只需点击即可进入界面。为了扩大活动的参与人数，在微博、微信、抖音等社交媒体平台进行前期的预热和宣传。在精准扶贫方面，提前选择内蒙古、宁夏或青海三个省区中盛产羊毛同时符合国家精准扶贫政策的区县，点对点对接贫困户，并安装相应的远程设施，让远在城市的人们也可以看到羊的真实生活环境。

图 16-7　"冬奥羊村计划青草槽"的展示实物

（二）"别看我只是一只羊"——"游戏的力量难以想象"

产品与服务——养成类游戏化营销产品"冬奥羊"。

1. 产品技术概况介绍

用户通过之前提到的积分机制，领取到"恒源祥冬奥羊村"中一只属于自己的"冬奥羊"，在"冬奥羊村"通过每日签到、分享朋友圈、好友助力、观看冬奥赛事等方式，领取对应积分，更多参与到"云养羊"活动与冬奥赛事之中。

玩家可参与的互动模块有自定义"我的冬奥羊"、冬奥羊助力激情冰雪等，在游戏设计的基础上通过研究探讨发掘碎片化时间蕴含的商业价值，使用游戏的形式表现。在游戏设计中结合营销的理念。

2. 产品技术分析

养成类游戏营销产品，在各大电商、互金、社媒等众多行业的移动端应用中遍地开花，并演化出了各式各样的产品模型与包装。

国内目前的养成类游戏包装概括起来主要是两类：种植业与畜牧业。众多主题包装在产品玩法设计、用户基本路径、权益模式等方面大同小异。

3. 产品的名称、特征及性能用途

游戏设计思路：玩家进入游戏界面后，带着自己的"冬奥羊"，通过每日签到、分享朋友圈、好友助力、观看冬奥赛事等方式获得养羊基金来饲养"冬奥羊"，同"冬奥羊"一同助力2022年北京冬奥会。

玩家可为"冬奥羊"进行外形设计、饰品搭配等，并且可以与"冬奥羊"共同在冬奥地图旅行，探访不同场馆，进行不同冬季项目的活动体验。整个系统功能包括以下模块：养羊基金模块（通过多种互动方式获取）、商店购物模块（消耗养羊基金）、打卡相册模块（合影展示）、物品栏模块（"冬奥羊"拥有物品的分类）。游戏流程图如图16-8所示。

1）养羊基金模块

养羊基金模块主要分为获取功能和商店购物使用等部分。考虑

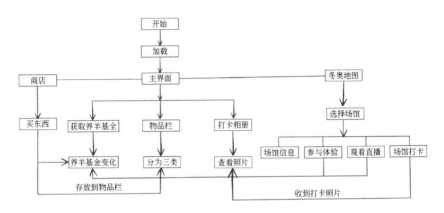

图 16-8　游戏流程图

手机游戏界面有限,兼顾商店购物中货物的价格,将可养羊基金的最大数额设定为 500,每日签到增加 1 点"养羊基金",分享朋友圈增加 5 点"养羊基金",好友助力增加 10～30 点"养羊基金"(养羊基金点数与用户使用频率相关,使用频率低者首次助力基金值较高,反之则较低,借此提高活动推广度)。养羊基金模块流程图如图 16-9 所示。

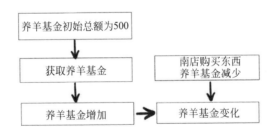

图 16-9　养羊基金模块流程图

2) 商店购物模块

自定义"我的冬奥羊"。

通过养羊基金累计获取,用户可在"冬奥商城"购买装饰品,自己动手制作自己的"冬奥羊"。

冬奥商城中拥有不同模块——"羊羊造型""羊羊服饰""其他饰品"。

(1)"羊羊造型":通过养羊基金购买,自己动手制作"冬奥羊"造型,包括羊角造型(尖刀状弯角、螺旋状弯角等)和羊毛造型(黑色、灰色、白色、黄色)。

(2)"羊羊服饰":通过养羊基金购买不同的服饰,可供玩家选择不同类型的服饰(上装、下装、套装、鞋子等),例如:中国体育代表团入场服装、各冬季项目运动服饰(短道速滑服装、花样滑冰服装……)。

(3)"其他装饰":各冬季运动项目的运动器材(如冰球杆、冰壶等)、冬奥吉祥物冰墩墩雪容融、冬奥脸部彩绘等。

3)打卡相册模块

打卡相册模块是"冬奥羊"的旅行系统。通过玩家进入冬奥地图,与"冬奥羊"一同浏览不同场馆、参与各种冬季运动项目体验,进行照片打卡,存放进打卡相册,并带有分享功能,扩大传播范围,如图16-10、图16-11所示。

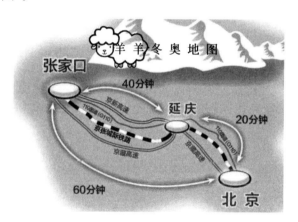

图16-10 羊羊冬奥地图

(1)给羊羊与场馆合影:完成"羊羊冬奥行"系列照片打卡,可分享至朋友圈,扩大宣传范围。

(2)羊羊体验冬奥活动:进入对应场馆,相关的场馆介绍动画(场馆建造情况、场馆举行的比赛、比赛介绍等);分设有体验活动,用户可通过手机云端体验冬季体育项目的魅力。

图 16-11 "羊羊冬奥行"打卡相册

(3) 羊羊助力中国必胜：

① 点击各个场馆,除了之前详述的介绍与体验活动外,在冬奥比赛期间,还可以进入该场馆,观看冬奥赛事直播,提供清晰的直播画面、运动员信息。观看时长达到 30 分钟,可以领取 50 养羊基金,为冬奥助力。

② 查看冬奥奖牌榜(放在地图索引版面),实时关注比赛动态,添加更多与冬奥的关联度。

图 16-12 为游戏主界面,游戏启动单击按钮加载界面,游戏场景可单击右侧及右上角按钮在物品栏、商店及冬奥地图之间切换,如"加载界面"和"场景界面"。在商店界面内,可以看到冬奥羊的造型、服饰与饰品等。

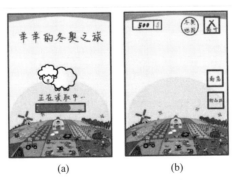

(a)　　　　(b)

图 16-12　羊羊的冬奥之旅游戏界面
(a) 加载界面；(b) 场景界面

图 16-13 为商店购物界面,单击主界面的"商店"按钮即可进入。

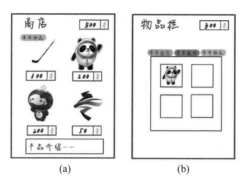

图 16-13 商店购物界面
(a) 商店界面;(b) 物品栏界面

单击右侧的商店按钮进入商城买东西[图 16-13(a)],商店界面的正下方介绍栏介绍商品属性,当购买任一商品时养羊基金计数框中数值发生相应的减少,同时购买成功的商品分类存放至物品栏的各栏中[图 16-13(b)]。

4) 物品栏模块

物品栏模块是"冬奥羊"的背包系统。物品栏下有三类,分别为羊羊造型、羊羊服饰、其他饰品,这三类在游戏中被设置成父物体,之后存储的所有物体都是分属于这三个父物体之下的子物体。商店里买的物品会分好类,存放于物品栏的三类中。

触发事件界面如图 16-14 所示。选择冬奥地图后点击不同地区(北京、延庆、张家口)后点击选择相应场馆[图 16-14(a)],就可以到达对应的运动场馆了。在当前场馆进行游戏体验后,可触发该场馆的打卡拍照机制,实例化打卡相册图集里的合照,让它在事件被触发之后显示在打卡相册里[图 16-14(b)],多张合照留念可以在打卡日历中滚动查看。

综上可见,在采用原有游戏的图像素材和产品思路的基础上,冬奥羊营销游戏能够实现游戏的主体功能。即可以实现养羊基金的获取,以及"冬奥羊"在各自场景下的连续动作,较为方便向玩家展示游戏

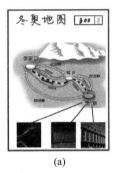 

图 16-14　触发事件界面

(a) 冬奥地图界面；(b) 打卡相册界面

过程和内容,具有较好的展示性,提升了用户体验感。

(三)"别看我只是一只羊"——"旧衣物的力量难以想象"

1. 旧衣物回收意义

恒源祥作为百年老字号的大企业,积极承担社会责任,践行绿色、低碳、环保的理念,将对废旧羊毛衣物(不限任何品牌的羊毛织物)进行回收处理,于旧物再利用中折射出恒源祥对美好城市建设的支持。同时,回收衣物的活动会发动大学生这一年轻群体的参与,增进年轻群体对恒源祥环保理念的认同,提高品牌美誉度和忠诚度,扩大品牌影响力。

2. 回收流程

利用互联网创设一个交流平台,线上、线下同时回收旧衣物进行改制、加工,变成新的款式或其他物品,如抱枕、玩偶、坐垫、饰品等。交费改造或回收义卖活动在线上通过公众号、官微、官网和短视频进行宣传,在线下通过店铺海报、工作人员讲解以及高校红十字会进行宣传。对活动参与者采取自愿原则。

3. 前期宣传

其一,通过互联网进行市场调查,面向全国各大高校和社会发放调查表,搜集意见,预估项目的可行性。其二,借用媒体和政府的力量,与相关部门合作,扩大宣传面和普及度,大范围地搜集意见。宣传渠道及方式如图16-15所示。

图 16-15　宣传渠道及方式

1) 线上宣传

在恒源祥的官网以及官方微信公众号平台发布旧衣物回收利用的宣传信息,扩大对大众的宣传和普及度,增强大众的环保意识,引导大众积极参与到旧衣物回收的活动中。

制作旧衣物回收利用的短视频,在抖音、快手等当红短视频自媒体平台发布。

短视频具体内容包括旧衣物回收之后如何"变废为宝"的过程,让回收利用过程变得公开透明,取得大众的信任,同时视频内容还应加大对旧衣物回收对于环保促进作用的宣传,强化大众的责任意识,让大众明白参与旧物回收也是实现社会价值的一种途径,获得自我满足,从而激发更多参与的积极性。

在恒源祥官方微博上发起旧衣回收的超话话题,吸引大众广泛参与讨论,扩大宣传。

2) 线下宣传

在各大店铺粘贴有关旧衣回收的宣传海报,在购物卡或者会员卡上印刷旧物回收的宣传信息,吸引客户关注。

对销售人员进行回收衣物讲解培训,客户到店购买衣物时由销售人员对客户进行旧衣物回收活动的讲解与推广。

借助大学生公益组织的力量,加深年轻群体对恒源祥的认识,联系各大高校大学生红十字会进行衣物募捐,为红十字会的学生提供志愿证书。

4. 回收模式

回收模式如图 16-16 所示。

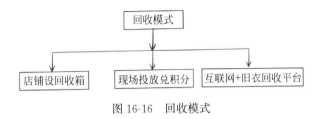

图 16-16　回收模式

一是传统的旧衣回收箱：在恒源祥的各个卖场设置回收箱，客户无须联系工作人员，可随时将衣物放入回收箱中，由工作人员定期进行处理。

各高校红十字会组织在其微信公众号等官方宣传平台上发布旧衣物回收信息，在各高校进行摆摊开展旧衣物现场募捐活动，为前来投放衣物的同学颁发证书，以此鼓励同学们积极参与衣物回收。各高校红十字会在收集到旧衣物之后联系就近恒源祥店铺将衣物进行投放。

二是现场旧衣回收活动：客户可到各店铺联系工作人员投放旧衣物，根据旧衣物的数量、重量、新旧程度等标准兑换相应的积分，可凭借积分到各店铺兑换相应的商品。

三是互联网+旧衣回收平台：与飞蚂蚁等废旧衣物回收平台进行合作，利用互联网，为居民提供上门收衣服务，再结合线下的环保衣栈（回收点），打通线上线下，把收衣网点全面铺开，逐步引导居民主动投放废旧衣物，才能形成长期的旧衣回收机制。

（四）"别看我只是一只羊"——变废为宝的能力难以想象

1. 恒源祥"变废为宝"过程介绍

首先我们将回收到的旧衣物统一送到恒源祥集团，与其他产业的剩余材料一起，研发可回收再利用的材料；然后恒源祥集团开始设计概念产品，包括确定概念产品的外观、颜色、版式等；之后用旧衣物以及可循环利用的材料生产出新产品，其既能代表恒源祥品牌，又能传递环保、绿色冬奥理念；最终，通过对概念产品的营销，完成恒源祥"变废为宝"的过程，如图16-17所示。

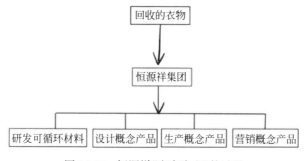

图16-17 恒源祥"变废为宝"的过程

2. 概念产品营销

1) 宣传片的制作

为概念产品制作宣传片，可以做成动画的形式，从一只小羊的出生、剃毛等画面切入，然后讲一个小女孩穿上了恒源祥的毛衣（由这只小羊的毛制成），她和想象中的小羊成为朋友。后来她的毛衣太旧了，不能再穿，她想念小羊（毛衣）的温暖，小羊也想念可以温暖陪伴小女孩的时光。于是小羊把毛衣带回了恒源祥，恒源祥用可循环材料和旧毛衣做成了新的毛衣（也就是我们的概念产品），小羊带着新毛衣去找小女孩，小女孩再次穿上毛衣，他们都很开心。

2) 线上营销

运用数字媒体全网营销：包括付费媒体（广告投放、谷歌关键词等）、赚得媒体（媒体关系、博客关系、意见领袖关系等）、自有媒体（公司网站、电子邮件列表等）、分享媒体（社交媒体、口碑传播、推荐等）。在各大数字媒体平台上投放宣传片，如恒源祥的官方网站、微博、微信公众号、抖音、腾讯视频、新闻平台等。同时可以结合宣传片进行线上营销，提升恒源祥概念产品的知名度和美誉度，打造影响力，同时也能提升恒源祥消费者的品牌忠诚度,塑造恒源祥环保、有社会责任的大品牌企业形象。如图 16-18 所示。

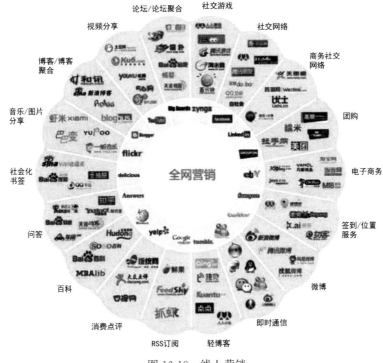

图 16-18　线上营销

3) 线下展示与公益营销

通过开展线下的公益营销活动,可以在线下展出恒源祥的概念产品,展示或让消费者现场体验恒源祥概念产品的诞生,即"变废为宝"的过程,吸引更多年轻消费者,让消费者更加熟悉概念产品和恒源祥的企业价值观以及冬奥理念。

4) 效果评估与后期促销跟进计划

对恒源祥概念产品营销效果进行评估,通过调查恒源祥概念产品的知名度、美誉度以及影响力,确定是否进行下一步计划。若效果好,可以考虑对概念产品量产发售,通过各种营销策略组合,继续扩大影响力,持续营销,获取社会效益和经济收益,与冬奥并行,实现可循环发展。

3. 概念产品与冬奥理念的契合

恒源祥概念产品与冬奥会三大理念中的"可持续发展""节俭办奥"的两大理念完美契合。在做到环保节俭、可持续发展的前提下,充分体现了恒源祥作为全国的中华老字号品牌、国内纺织行业的龙头企业的企业地位和社会责任感,同时也反映了恒源祥"持续为社会创造价值"的企业价值观。恒源祥品牌的价值将不断提升。

(冠军"腐草为'赢'"队的成员:张雨佳、施雨霞、张仕陶、任泽萱、符雁翔、苏曼亚)

案例点评

作为 2022 年北京冬奥会和冬残奥会的官方正装和家居用品的赞助商,恒源祥计划开展一系列与冬奥有关的品牌营销活动,来积极传播奥林匹克文化与精神。恒源祥的企业理念就是将公益与体育事业相融合,创富与担当并行,恒久承担企业的责任。对于常年开展奥运营销的恒源祥来说,希望能有更新的创意形式,进一步激活恒源祥冬奥会和冬残奥会的官方正装和家居用品赞助商的身份,打造年轻化的品牌。

该案例要求通过富有创意的活动来激活冬奥会的赞助商身份,打造年轻化的"恒源祥"品牌,因此需要考虑以下几个关键问题:为什么恒源祥品牌要年轻化以及怎样才能年轻化?恒源祥赞助冬奥的赞助类别和权益是什么?恒源祥的文化和长期致力于公益活动与冬奥蕴含的文化和精神如何连接?恒源祥与冬奥的契合点在哪里?什么样的创意形式才是新颖的?

在案例的市场分析部分,需要对企业品牌及企业自身进行分析,要了解恒源祥的文化,如恒源祥认为没有竞争对手,只有合作伙伴,因此这里不做竞品分析。此外,需要对市场现状进行分析,了解消费者,探讨年轻化的必要性和途径。冠军"腐草为'赢'"队认为,当下年轻人追求个性化、新鲜刺激多样化、高品质、体验式的消费,营销方案需围绕这些特点展开。亚军"回锅肉"队则通过对企业内部和品牌画像、宣传渠道的梳理,以及目前营销面临问题的思考,对消费者做了问卷调查和消费者画像,并结合国外类似的冬奥会开幕式服装供应商做了对比分析。

在案例的营销战略和具体实施方案部分,围绕年轻化、公益和新的创意,辅以冬奥会的元素,开展策划活动。冠军"腐草为'赢'"队在具体设计中,主题是"别看我是一只羊",从公益角度出发,用一只羊把公益扶贫、游戏、旧衣物的回收以及"变废为宝"的概念产品营销等活动串联起来,与冬奥秉承的"绿色奥运"理念一致,整个创意令人耳目一新,既体现了品牌的年轻化,又与冬奥紧密契合,呈现形式新颖。亚军"回锅肉"队的报告完整而丰富。营销主题为"冬奥赋能,助恒源祥品牌实现羊羊2.0",从恒源祥冬奥赞助权益激活和品牌年轻化两方面入手,在冬奥的大框架下,分冬奥会举办前预热、冬奥举办时高潮、冬奥举办后沉淀三个营销周期制定不同的营销活动,在坚持羊毛产品为核心的基础上,通过产品设计焕新、宣传渠道焕新、品牌形象焕新、回溯品牌价值观的主要手段夯实营销基础,积极与年轻人进行对话,推动奥运理念、体育资源和企业战略深度融合,优化赞助效益和投资回报。在公益活动方面,设计了《冬奥二十时辰》广告,致敬冬奥幕后的人们,聚焦冬奥20位工作人员,讲述他们一天十二时辰的故事,来打造冬奥会期间中国人的群像,以小见大,彰显出恒源祥一直以来的品牌价值和品牌温度,引起受众的共鸣。

案例主要要求活动富有创意并实现企业诉求。但在最后策划活动落地方面应详细讨论可行性以及成本收益分析等内容。

案例 17

中国女排"黄金 IP"加持，惠达卫浴如何实现体育赞助价值最大化

案例

惠达卫浴股份有限公司（以下简称"惠达卫浴"）始建于 1982 年，是卫浴行业国家及行业标准的制定者。当前，惠达卫浴正以"智能化、整体化、生态化"三大战略为驱动，创新提速发展，建设整体卫浴生产线和智能卫浴生产线，打造"百亿惠达、百年惠达"，为创建世界级卫浴家居品牌，向数字化、综合解决方案服务商转型奠定坚实基础。

2019 年，惠达卫浴成为中国国家女子排球队官方赞助商，为期三年，是卫浴领域唯一携手中国女排的企业。但受到 2020 年新冠疫情的影响，中国女排现役队员封闭集训，很多赞助商权益项目无法推动。在即将到来的东京奥运会上，惠达卫浴如何将品牌与中国女排更好地结合？在中国女排的"黄金 IP"加持下，惠达卫浴如何实现体育赞助

价值最大化?

(请扫描二维码阅读完整案例)

案例分析报告节选

该报告从中国女排和惠达卫浴品牌发展历程两方面入手,通过对二者的特点进行分析寻找契合点。市场分析发现,我国的卫浴市场目前仍以外国品牌为主导,以惠达为首的国有品牌正在逐步发力。随着智能卫浴的发展,市场竞争将进入白热化的阶段。卫浴行业未来发展趋势主要是用户年轻化、市场下沉化以及产品智能化。研究三大竞争对手的体育赞助行为时发现,成功的体育赞助必须强调品牌与所赞助项目的关联度。

为了解消费者的需求,通过问卷调查的方式对目标消费者的消费习惯以及品牌认知度进行调查。调查显示,在关键的选择因素上,产品的质量和价格最为受访者所看重,信息获取方式也以口碑和实地观看为主。受访者对于惠达比较了解,但是产生的购买行为较少。对于智能卫浴产品,大多数人处在观望状态,但是深入了解后有购买意愿。大多数受访者的意向装修时间在每年的第二、三季度。受访者对于中国女排关注度很高,但是对于惠达赞助中国女排的了解度不是很高。

通过STP分析确定消费市场,运用SWOT分析制定营销战略,构建"追梦者"的形象,将惠达卫浴和中国女排有机地绑定融合,设计各类体育营销活动,达到赞助权益最大化,最终实现通过体育赞助推动业务发展的战略结果。以下是案例报告的节选部分。

一、战略规划

通过调查分析,我们确定惠达卫浴应该针对卫浴产品"低频消费,高频使用"的产品特性,通过产品端的自主研发和科技赋能逐步提高市场竞争力。在稳固大众消费市场的同时,将产品线逐渐向高端消费市场靠拢。经营品牌打造品牌文化。通过品牌价值量的提升来打破产品同质化和价格战的竞争怪圈。

(一)惠达卫浴与中国女排合作 SWOT 分析

惠达卫浴与中国女排合作的 SWOT 分析和战略选择分别如图 17-1、图 17-2 所示。

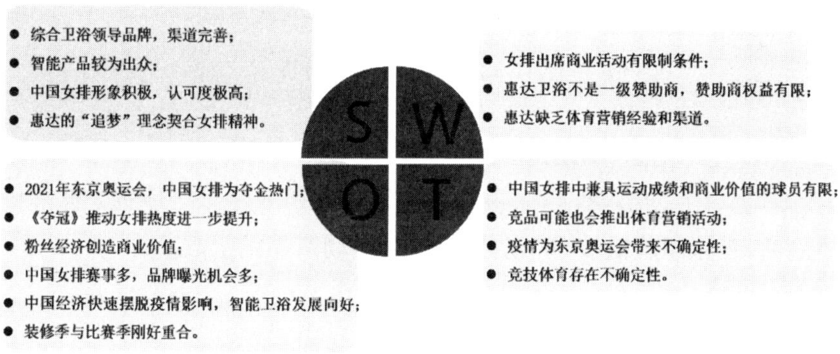

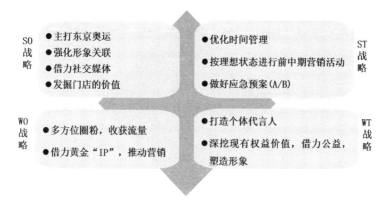

图 17-1 SWOT 分析

图 17-2 战略选择

（二）惠达卫浴 STP 分析

惠达卫浴 STP 分析如图 17-3 所示。

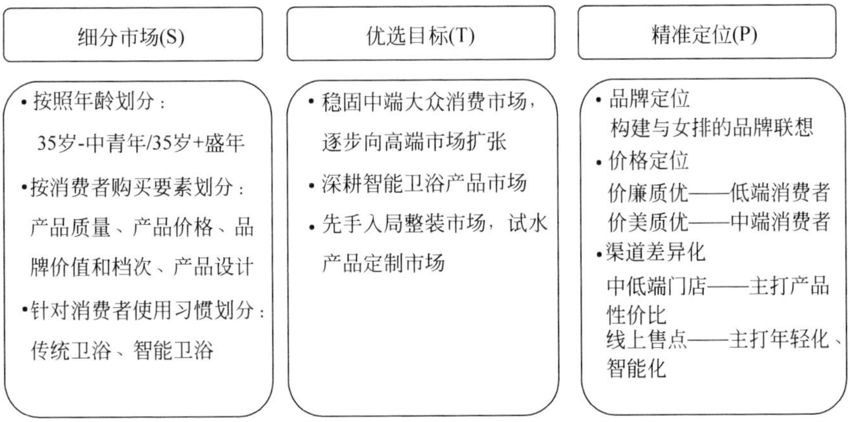

细分市场(S)
- 按照年龄划分：
  35岁-中青年/35岁+盛年
- 按消费者购买要素划分：
  产品质量、产品价格、品牌价值和档次、产品设计
- 针对消费者使用习惯划分：
  传统卫浴、智能卫浴

优选目标(T)
- 稳固中端大众消费市场，逐步向高端市场扩张
- 深耕智能卫浴产品市场
- 先手入局整装市场，试水产品定制市场

精准定位(P)
- 品牌定位
  构建与女排的品牌联想
- 价格定位
  价廉质优——低端消费者
  价美质优——中端消费者
- 渠道差异化
  中低端门店——主打产品性价比
  线上售点——主打年轻化、智能化

图 17-3　惠达卫浴 STP 分析

（三）营销战略的核心

基于以上分析，我们认为惠达卫浴的营销战略核心应为：提升传播能力，强化品牌链接，扩充目标客群，推动产品销售。

二、战术设计

具体营销策略如图 17-4 所示，包括四个部分。第一部分重塑媒体矩阵，通过信息多元化的加工，来提升我们的传播能力，其余部分我们分别打造主线活动、支线活动以及公益活动。主线活动分为赛前、赛时、赛后，目的是打造品牌链接，扩大客户人群。

（一）重塑惠达卫浴媒体宣传矩阵

重塑惠达卫浴媒体宣传矩阵如图 17-5 所示。

通过重塑媒体宣传矩阵实现内容多元化、增加消息到达度、协同放大宣传效果。根据不同营销阶段的诉求与目的，通过媒体宣传矩阵对宣传与广告进行针对性投放，实现效果最大化。

案例 17　中国女排"黄金 IP"加持,惠达卫浴如何实现体育赞助价值最大化

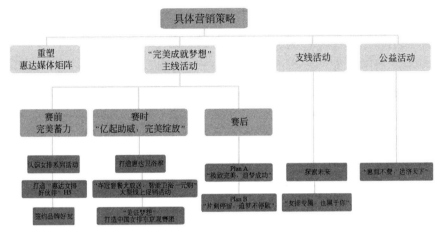

图 17-4　具体营销策略

图 17-5　重塑惠达卫浴媒体宣传矩阵

1. 官方渠道

配合官网对全时段营销活动信息进行第一时间投放。微信以图文详细报道为主,微博以短状态加照片为主。采用相对正式的调性,旨在持续传递惠达的官方声音。

2. 创意短视频渠道

主要发力营销活动前中期，将重要信息通过多元化加工以短视频形式呈现给大众，旨在持续扩大在年轻人和二、三线消费者中的影响力。

3. 行业自媒体

配合"两微及官网"扩大营销活动信息扩散范围，如网易和头条。在有价值的时间点单点强化，形成受众记忆峰值的冲击波。

4. 电商平台

电商平台作为中期大型营销活动的线上承载平台，如天猫和京东。在传递信息的同时，产生购买。

5. 高关联度 App

在活动中期进行启动页广告投放，如安居客、58同城，将促销活动信息直接快速地传递到潜在消费者。在有落地活动的时段，通过对品牌资产的提示和联想，配合线下优惠活动，直接促成购买。

（二）营销活动主题

追求完美立峰巅，拼搏向前梦成圆。

——致敬每一位前行道路上的追梦人

对于惠达品牌来说，赞助中国女排是惠达品牌战略的重要支点，同时也是企业逐梦的重要一步。惠达卫浴心怀梦想从唐山大地震的废墟中毅然启航，历经38载的风风雨雨，不断前行。从生产者、制造者到创造者，实现了一个又一个的梦想与追求，终成大国品牌。这种企业历程与中国女排40年追梦史如出一辙。惠达的品牌梦，女排的冠军梦，我们每一个人前行的梦想……人人皆是追梦者，每一个梦想汇聚起来就是整个民族的复兴梦。在追梦道路上，我们力求完美，砥砺前行。所以我们借用"追梦者"这一象征并结合女排精神助力每一位"追梦者"打造每天的完美，"每一天惠达的完美陪伴成就生活品质的完美，每一次的完美练习成就女排赛场的完美"。我们将从"完美追梦"这一主题出发,主线活动以 2021 年东京奥运会为契机,从"赛前""赛时"和"赛后"三方面形成营销方案并配合支线活动来完善本方案。

(三)活动设计

惠达卫浴季活动设计参见表 17-1。

表 17-1 惠达卫浴季活动设计

活 动	内 容
中国女排 100 天出征仪式暨惠达卫浴季线下启动	1. 邀请惠达卫浴的品牌好友丁霞作为女排代表参加出征仪式和卫浴季线下启动仪式。 2. 邀请惠达卫浴董事长为中国女排赠予"金色龙头",象征着"夺冠",也包含着全体惠达人对女排的真挚祝福。 3. 播放由"女排好伙伴"收集而来的女排祝福 VCR 浓缩剪辑,向中国女排送去全国人民的祝福。 4. 在现场搭建"菲凡、国风、匠心、欲望都市、Kloss"等系列的展示空间作为线下展示平台和线上实景展示空间,从线上和线下渠道,满足大多数消费者实地观看产品的偏好。凡参与现场体验获得的消费者,均可获赠带有女排 IP 信息的相应品牌的优惠券
惠达卫浴季线上启动	1. 邀请惠达卫浴的老朋友惠若琪参加线上直播活动"惠达万家",与现场的丁霞形成线上线下的新老女排联动。 2. 由惠若琪担任出题官,提出 5 道关于中国女排、防疫健康和惠达产品的题目(2+2+1),观众在"惠达女排小伙伴"H5 平台完成作答。并从完成作答的参与者中随机抽出 5 位幸运观众赠送恒温花洒一套。 3. 由惠达卫浴执行总裁殷慷,开启惠达卫浴季第一轮线上"中国女排加油券"大放送。面向所有直播间观众和所有注册会员发放不同数量数额不等的满减券(例:1 000 减 99,2 000 减 199,5 000 减 999,20 000 减 6 666)
线上后续营销活动	1. 比分竞猜。在每场女排奥运比赛开赛前 48 小时,在"惠达女排好伙伴"H5 设置输赢、比赛比分(大比分)竞猜以及主要得分手得分数竞猜。每次参与竞猜的玩家需要从惠达会员卡中扣除 50 积分。每日比赛结束根据比赛结果给予精彩成功者以不同金额的天猫和京东店家抵扣券的奖励。(例:输赢 10 元抵扣券 大局比分 30 元抵扣券 队员得分 50 元抵扣券) 2. 在安居客、58 同城、贝壳找房等房源平台进行启动页促销广告投放并设置点击跳转,将潜在购买者直接与惠达卫浴产品建立联系。通过入口红包进行打折促销,将入口流量直接转化为购买力

续表

活　　动	内　　容
线下 后续营销 活动	1. 进店皆有礼,在活动期间进店的客户都会获得减免优惠,根据消费金额的不同匹配相应的减额。 2. 在线下门店营造助威氛围,增添女排元素(张贴相关宣传海报,摆放相关易拉宝宣传资料),店员统一身着女排×惠达主题文化衫,并提前摆放电视搭建助威观赛场地。单独设计一批文化衫等其他低值产品作为礼品,在线下观赛期入店扫码注册惠达会员卡时赠送。通过小礼品赠送,为惠达消费者数据库积累数据,同时强化消费者心中与中国女排的关联度。 3. 在北京、天津、南京、南昌等排球热地的惠达旗舰体验中心,设置女排观赛区和"Spikeball"迷你排球体验区("Spikeball"是一种迷你排球,它是需要配好地上的一个弹性球网的一种竞技运动。两组队员围绕球网,相互向对方击球,不过球击向对方时,必须先在球网上弹一下)。民众可以前去惠达门店与大家一起为女排加油助威,也可以亲身体验迷你排球的乐趣。此外,在惠达门店还计划安排以排球为主题的快闪,明星或退役女排名将也有可能空降助阵,将线下观赛打造成群众狂欢。 4. 在女排比赛日,线下门店推出"女排助威补贴",购买一件商品第二件半价(售价高商品自动视为第一件)活动。通过大力度的促销活动,吸引价格敏感的消费者进店消费

1. 主线活动——完美成就梦想

1) 赛前——"完美蓄力"(2020.12.31—2021.4.14)

(1) ATL(线上)"猜猜我是谁,惠达带你认识中国女排"系列活动。

① 打造原因。从调研数据分析发现,在中国女排的高关注度下,受访者对"朱袁张"以外的女排队员缺乏熟悉度。所以通过多种类、长周期的系列活动,加强消费者对女排队员的了解和关注度,潜移默化地解决消费者对于惠达品牌和中国女排之间认知模糊的问题,并在消费者印象中提升惠达卫浴与中国女排的品牌关联度。聚焦"品牌＋女排＋Vlog＋女排粉丝应援",深入粉丝经济,在为消费者和粉丝带来诸多优惠福利的同时,也带来了更多有趣、有活力的泛娱乐社交活动,还为后

案例17 中国女排"黄金IP"加持,惠达卫浴如何实现体育赞助价值最大化

续大规模营销活动"暖场热身"。

② 活动一。在惠达的抖音、快手短视频平台以每周一位的频率投放"另面女排"系列视频,着重挖掘各位女排队员赛场下的故事,丰满女排队员的形象,提升大众对女排内部的熟悉度。在惠达官网和"两微"上,辅助推送相关宣传文案扩大视频的到达范围,并将其他平台的流量导入惠达微信平台。

③ 活动二。依托惠达微信平台,开发"惠达女排好伙伴"H5小程序,植入每日签到、知识竞猜小游戏和留言功能。通过每日签到并设计成就奖励机制,来培养用户使用习惯养成。以排球规则、女排历史和"另面女排"系列视频为基础设计题目,在每个问题结束后进入卫生小常识和惠达产品普及界面,设计知识竞猜小游戏。通过富有趣味性和奖励性的小游戏来增进大众对女排的了解,也让大众更加了解惠达的智能产品,将卫生健康、惠达、女排有机地联合在一起。

④ 活动三。设置V/AR留言窗口,配合惠达官方微信公众号和微博#汇聚祝福,女排加油#话题活动,鼓励粉丝上传自制女排助威视频,将征集到的视频浓缩成1~2分钟的精华最终呈现在女排姑娘的面前,由此从形象和人设上拉近与女排粉丝之间的距离。

⑤ 活动四。利用微信卡包功能,为每一个进入"惠达女排好伙伴"小程序的用户自动生成会员卡并进行积分累计,如图17-6所示。

图17-6 会员卡示例图

附:奖励细则

- 每日打卡:以1分为基础连续一天单次加1分,单次签到积分

上限为 10 分,中断后重新开始从 1 分记起。总累计积分计入用户会员卡账户中。
- 知识小竞猜:每日 5 题,答对 3 题及以下得 5 分,答对 4 题得 10 分,全对得 15 分。通过累计总答题量赢取额外积分奖励。
- 留言:留言获得 5 积分,上传视频获得 10 积分。经筛选后的优质留言获得额外 20 分奖励。
- 积分兑换方式:50 积分可兑换 1 元现金抵用,兑换无上限,兑换金额可在惠达线上商城以及线下指定门店使用(线下门店应选取销量较大、战略位置重要等较好落地执行的门店)。
- 在奖励基础上设立月奖励:每月积分最高的前 5 名用户,可获得与中国女排的电子合影(充分使用中国女排集体肖像权)。

(2) BTL(线下)签约品牌好友,宣传形象大使。

① 内容。在女排现役队员中,单独签约一位队员作为品牌好友和宣传形象大使,参与后续相关线上线下的营销与公益活动。

② 优点。从短期来看,因为女排赞助权益的限制,单独签约既可以一定程度地避开集体肖像权与线下活动的次数限制,又能更加灵活地调配备战训练与相关活动的时间。从长期来看,惠达卫浴单独签约队员在女排赞助权益到期后,可以借助女排队员与女排的高关联度,在消费者心中保持惠达卫浴与"超级符号"中国女排的联想。品牌好友的营销活动与中国女排营销活动相辅相成形成"1+1>2"的效果。

③ 人选。签约丁霞为惠达卫浴品牌好友。作为中国女排的中流砥柱,丁霞 7 年的国家队生涯为其积累了大量的粉丝,吸引了巨大的流量,且丁霞的粉丝年龄结构与惠达卫浴的潜在客户群年龄结构较为相似。基于惠达卫浴与丁霞的过往成功的合作经历,相信在签约后双方可以在最短时间内形成合力。

④ 活动策划。

线上:以惠达卫浴标语"致敬梦想,智净世界"为主题拍摄惠达卫浴×丁霞宣传海报和短片。将惠达卫浴的品牌大片与中国女排出征两个高热点事件建立联系,利用宣传矩阵进行精准投放,将女排自身流量与丁霞个人流量导入惠达,为后期大型助威和促销活动造势。

线下:作为特邀嘉宾出席"女排出征仪式"暨惠达卫浴季开幕,参与现场活动与粉丝进行现场互动,作为代表将所有粉丝和现场观众的祝福带回女排,带到东京。

2)赛时——"亿起助威,完美绽放"(2021.4.14至女排比赛结束)

(1)打造惠达卫浴季(TTL)。

① 设计目的。根据调研结果显示,80%的受访者意向装修时间集中在Q2和Q3两个季度,这与中国女排倒计时100天备战冲刺和奥运正赛的时间高度重合。借助中国女排的黄金"IP"的桥梁作用,将装修高峰期与惠达卫浴季完美匹配,通过直观的价格刺激,吸引更多的女排关注者和潜在消费者了解惠达卫浴并产生购买行为。

② 活动方案。依托惠达卫浴已经开展的3·26"智净中国总裁直播",借助女排出征倒计时100天的契机打造惠达卫浴季,将覆盖面从线上淘宝、京东电商平台延展到线下惠达的各经销门店,延长活动周期,给消费者市场留有充足的反应时间。

(2)"夺冠套餐大放送,智能卫浴一元购"线上促销活动(ATL)。

① 设计想法。通过此活动在大众层面制造热点话题,形成广泛的话题传播,也将赞助活动回归促销,同时直接突出惠达卫浴与中国女排的强关联。在为女排助威夺冠的同时,也提升了智能卫浴产品的曝光度,拓宽了高价值产品的受众面,无形中也减少了公司后续需要投入的营销费用。

② 活动时间。2021年7月1日00:00—2021年7月23日23:59。

③ 夺冠套餐。产品搭配可根据后期惠达卫浴具体业务发展方向进行组合与调整,使赞助活动与商业活动更高效结合。(例:7001T智能马桶+HD101按摩浴缸+5015恒温花洒)

④ 活动规则。在活动期内购买冠军套餐享总价9折,根据女排的最终成绩进行不同级别返现。进入四强返还20%支付金额;进入决赛返还50%支付金额;夺冠仅扣除1元,剩余金额全数返还。(返还款项以30%现金+70%天猫超市卡和京东E卡形式返还)

⑤ 宣传渠道。惠达全媒体平台进行全覆盖高频率的造势推广。

(3) 打造中国女排东京观赛助威团——见证梦想(BTL)。

① 设计原因。通过组建观赛团,将中国女排、惠达卫浴和奥运联系在一起。通过奥运观赛为女排现场打Call(网络用语),将观赛机会作为激励手段,激励员工和消费者,同时也将梦想的力量传递给每一位追梦人。

② 人员组成。

领队:惠若琪

观众:惠达会员10人(由"惠达女排好伙伴"H5平台选取积分最高前10名);惠达优秀员工5人(公司内部推选);10～15岁进行排球运动训练的青少年10人(从女排家乡体校选出)。

3) 赛后(女排最后一场比赛结束后)

(1) 计划A:女排成功卫冕——"极致完美,追梦成功"。

① 线上活动。

在惠达卫浴的"双微一抖"官方账号上迅速发布为女排夺冠制作的海报与短片,结合惠达卫浴与中国女排的形象。以女排"再次完美,铸就梦想"为主题进行设计。同时惠达官网以及天猫和京东官方商城的广告页面持续把女排夺冠画面置顶。

通过一些有影响力的新媒体以及体育自媒体(ECO氪体、懒熊体育等)发布惠达卫浴赞助中国女排的营销稿,通过第三方讲述来体现惠达卫浴助力中国女排、投身体育事业发展的正面形象。

在女排夺冠后,要以最短的时间展开"再续辉煌,极智完美"为主题的智能卫浴产品的促销活动。

② 线下活动。

在惠达线下门店中,可以利用店面的数字显示屏、海报、条幅等充分体现女排与惠达的联系。在女排夺冠后,要以最短的时间展开相对应的促销活动。

(2) 计划B:女排遗憾出局——"片刻停留,追梦永不止步"。

虽然女排实力强劲,但如果最终未能夺冠,加之近年来国人对女排的高期待,势必会对赞助效果有所影响。这种情况下惠达卫浴不要过度宣传品牌,而是要侧重情感,输球的时候往往能够体现出一个品牌的温度与情怀,毕竟赞助商、合作方对于这种国字号球队来说本来就具有一种陪伴的属性。惠达卫浴可以结合品牌标语"享受停留,再出发",以"夺冠不是对成功的唯一定义,跌倒了,再爬起来,我们依然能够勇往直前"的女排精神以及"追梦永不止步"进行宣传文案的组织与写作。

线上:由于女排未能卫冕成功,因此不必在线下做太多宣传,将重心放在线上宣传。在"双微"端发布软文,给予女排未来祝福与陪伴。在"惠达女排好伙伴"鼓励网友为女排写下祝福,或交流中国女排征战奥运期间印象最深的时刻。

2. 支线活动

1)"探索未来"惠达智慧情境展示

在惠达卫浴唐山总部打造惠达智慧空间。利用5G、VR以及全息投影技术的科技赋能,将惠达智能卫浴与VR实景看房结合在一起,以全维立体的方式展示惠达智能卫浴在不同装修风格和环境的实地效果,营造沉浸式体验。

同时将智慧空间进行展示,开展"探索未来"体验活动,邀请新老女排队员和消费者做客智慧空间,并对惠达智能卫浴产品购买者开启预约体验通道。

在未来技术和资金支持的前提下,提供缩小版体验空间逐步完成从旗舰店到所有线下门店的覆盖。通过沉浸式的真实体验让产品选择更方便,让智慧从门店陪伴消费者走进家门。

2)女排专属,也属于你

(1)活动设计。

女排队员普遍身形高大,因此惠达为女排定制专属的卫浴设施,如加高的浴室柜和智能马桶等,并通过宣传矩阵进行大规模宣传。

面向广大消费者尤其是特殊体型消费者推出卫浴设施尺寸定制

服务，并在中国女排东京奥运会比赛期间免定制费。

（2）设计目的。

① 通过满足特殊需求，培养用户忠诚。

② 在未来 5G 和 3D 打印技术的科技赋能下，提升惠达卫浴"智能"的形象。

③ 构建更丰富细致的用户定制数据库。

3. 公益活动

主题："惠而不费，达济天下"

"惠而不费"取自《论语》，"达济天下"借自《孟子》。惠达卫浴甘于奉献，在自己前行的过程中也为别人度出一片一望无垠的梦想疆土。惠达卫浴自成立起，38 年来一直把回报社会、践行企业社会责任作为自身文化的重要组成。惠达卫浴致力于缩小国产卫浴与国外品牌的鸿沟，并发挥自身优势，在扶贫、教育、环保等领域，贡献了诸多力量——赞助支持北京世园会、支援武汉"抗疫前线"、科技赋能厕所革命等，积极投身社会公益事业。而中国女排同样认为做公益是女排精神的延续，惠若琪、魏秋月、龚祥宇等队员都默默为公益事业作出贡献。惠达卫浴与中国女排携手，要为中国女排提供力所能及的帮助，同时积极承担社会责任。

1）"致敬英雄，回报梦想"

2020 年是抗美援朝 70 周年纪念，昨日，先辈跨过鸭绿江用鲜血打赢了这场"立国之战"，为我们换来了今天来之不易的美好生活，也用鲜血实现了国泰民安的梦想。今日，惠达卫浴携手中国女排为女排家乡获得抗美援朝纪念章的老英雄免费升级卫生间抑菌辅助设施，让惠达卫浴与中国女排用今日之成就，致敬民族英雄，致敬家国强大的梦想。

2）"守望未来，呵护梦想"

青少年是排球发展的未来，也是国家发展的未来，更是"女排精神"与民族精神的传承者。关爱青少年的成长，是惠达卫浴与中国女排义不容辞的社会责任。

2021年我国已经实现全面脱贫,但仍然有发展极为落后地区的孩子需要社会的支持与帮助(图17-7)。惠达卫浴携手中国女排选择我国最后脱贫的5个县的高中,进行卫生间升级改造以及排球场和排球设施的捐赠。为孩子打造一个更卫生健康的生活环境,并希望孩子能通过排球锻造健硕的身体,磨砺坚强的意志,作为女排精神和民族未来的传承者在以后追梦的路上走得更远。

图17-7 落后地区校园

致敬女排精神,致敬追梦人,惠达卫浴愿与中国女排一起追梦不停,再立巅峰。

(冠军"天堂小队"的成员:王青维、范嘉成、刘沛林、史雯琦、张苏桐)

案例点评

近40年来,惠达卫浴凭借不断创新的商业模式、全球化的发展视野,已成为享誉国内外的综合卫浴领导品牌。中国女排,是体育领域中商业价值不断提升的优质体育IP,其积极、正面的公众形象以及深入人心的"女排精神",是品牌最为看重的价值所在。2019年,惠达卫浴在成为中国国家女子排球队官方赞助商之后,重点加强了与中国女排的关联度。但受新冠疫情的影响,中国女排现役队员封闭集训,很多赞助商权益项目无法推动,目前只使用了广告拍摄权和集体肖像权。另外,由新冠疫情带来的不确定性和竞技运动本身的不确定性都需要企业思考如何应对。案例提出了两个问题:伴随2021年的奥运年,惠达卫浴如何进行体育营销以更好地激活赞助权益?如何实现体育赞助价值最大化?

惠达卫浴赞助中国女排的主要目的是提升惠达品牌整体美誉度以及品牌价值,扩大智能卫浴领域的市场份额,提升品类地位。既有品牌诉求,也有市场诉求。因此要想回答上述问题,重要的是结合赞助权益,根据女排活动的节奏,设计系列营销活动,充分激活赞助权益,推动公司赞助目标的实现。

在本案例的营销分析部分,需要考虑以下几个方面:一是惠达卫浴与中国女排的赞助契合点。应分析惠达卫浴的品牌内涵,中国女排所代表的精神和内涵,找到契合点作为宣传主题。二是要了解官方赞助商所获得的赞助权益内容和限制条件,不能超越所获权益进行策划。三是对消费者进行调查,尤其是了解消费者对惠达卫浴的品牌看法以及对惠达赞助女排的认知。四是对竞争对手的调查。调查行业竞争对手及其体育营销行为,以及同期赞助中国女排的赞助商的体育营销行为。五是对企业自身情况的摸底调查。根据这些分析,确定惠达卫浴如何将自己的定位与女排结合,从哪些能与女排产生关联的点切入。

比如冠军"天堂小队"在分析部分对竞争对手做了调查,选择三个知名卫浴品牌的体育营销行为进行分析(科勒与曼联,TOTO与东京奥运会,九牧与中国短道速滑队),强调品牌与所赞助项目关联度的重要性,具有较好的借鉴意义。而亚军"再秀一次"队则对历史上企业赞助中国女排IP的事件进行分析和回顾,对不同赞助商行为做了梳理。在消费者调查方面,冠军"天堂小队"对消费者选择卫浴的关键因素、获取信息的方式、对惠达品牌的态度、是否知晓惠达赞助女排等方面进行了调查和访谈,所做的研究与后期的战略规划及具体方案紧密联系,而多数队伍忽略了这部分。

在本案例的营销战略和战术层面,参赛小组多数一开始确定了营销战略,并提出自己的主题。如冠军"天堂小队"的"追求完美,立峰巅,拼搏向前,谋长远",亚军"再秀一次"队的"拼搏无界,筑梦有家",季军"追光者"队的"传承初心,扣响未来"。

冠军"天堂小队"的策划方案规范完整,不乏创意手段。该队先提出重塑惠达的媒体矩阵,提升品牌传播能力,然后按照奥运会赛事的赛前、赛时、赛后三个阶段设计了丰富的主线活动、支线活动和公益活动,比如赛前的 H5 小程序,赛时的线上线下联动促销和创造话题,赛后根据比赛结果的不确定性准备了两个方案,考虑周全。公益活动又带来话题并表达了品牌态度,从而促进了与中国女排的品牌联想,提升了惠达品牌形象。总体上,很好地将中国女排与品牌建立了连接,扩大了目标客户群,提高了品牌美誉度,各个活动围绕在清晰的主线下分阶段有序进行,可执行性强。

亚军"再秀一次"队,将奥运年划分为五个阶段进行营销:春节、女王节、世界排球联赛、奥运会和奥运后。每个阶段都有具体的细节和策划,传播和营销手段多样化、年轻化,尤其是线上线下各类传播互动活动,如春节的 VLOG,女王节的在线营销、游戏和活动,奥运会后的直播带货、快闪店等,各类线上传播工具运用手法娴熟。

季军"追光者"队提出成长线的概念,将惠达企业成长史与中国女排重要时间节点相契合,从成长的角度设计推广方案。将企业文化与女排精神融合起来,着重讲好陪伴传承和延续的故事,并且品牌层面的传播设计较好。

总体上,本案例要求基于中国女排的赞助权益但不限于此,提供一个切入点恰当的、完整的策划方案,既要有赞助周期日常活动的设计,也要有奥运时期的设计考虑。方案要求详细、全面、具有创新性,可执行性强,要充分考虑成本及收益、活动预算等。